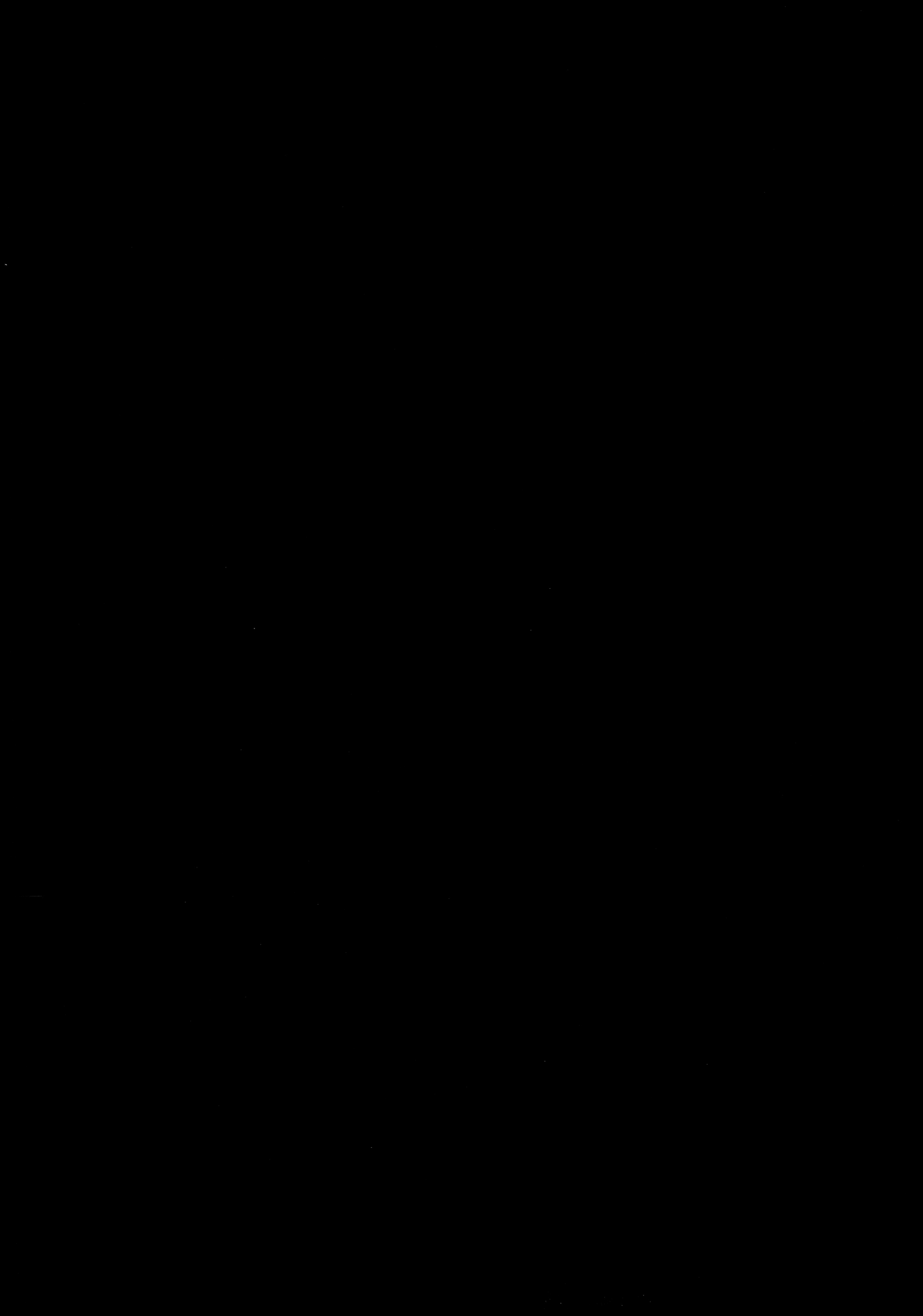

金陵全書

丙編・檔案類

南京近代教育檔案

教育概況（上）

南京市檔案館 編

南京出版傳媒集團
南京出版社

圖書在版編目（CIP）數據

南京近代教育檔案. 教育概況. 上 / 南京市檔案館編
. -- 南京 : 南京出版社, 2019.12
（金陵全書）
ISBN 978-7-5533-2711-2

Ⅰ. ①南… Ⅱ. ①南… Ⅲ. ①地方教育—教育史—史料—南京—近代 Ⅳ. ①G527.531

中國版本圖書館CIP數據核字(2019)第264066號

書　　名　【金陵全書】（丙編・檔案類）
南京近代教育檔案・教育概況（上）
編　　者　南京市檔案館
出版發行　南京出版傳媒集團
南　京　出　版　社

社址：南京市太平門街53號　　郵編：210016
網址：http://www.njcbs.cn　　電子信箱：njcbs1988@163.com
聯系電話：025-83283893、83283864（營銷）　025-83112257（編務）

出 版 人　項曉寧
出 品 人　盧海鳴
責任編輯　凌　霄
裝幀設計　王　俊
責任印製　楊福彬

製　　版　上海雅昌藝術印刷有限公司
印　　刷　上海雅昌藝術印刷有限公司
開　　本　889毫米×1194毫米　1/16
印　　張　30.75
版　　次　2019年12月第1版
印　　次　2019年12月第1次印刷
書　　號　ISBN 978-7-5533-2711-2
定　　價　1000.00 元

南京出版社
圖書專營店

目録

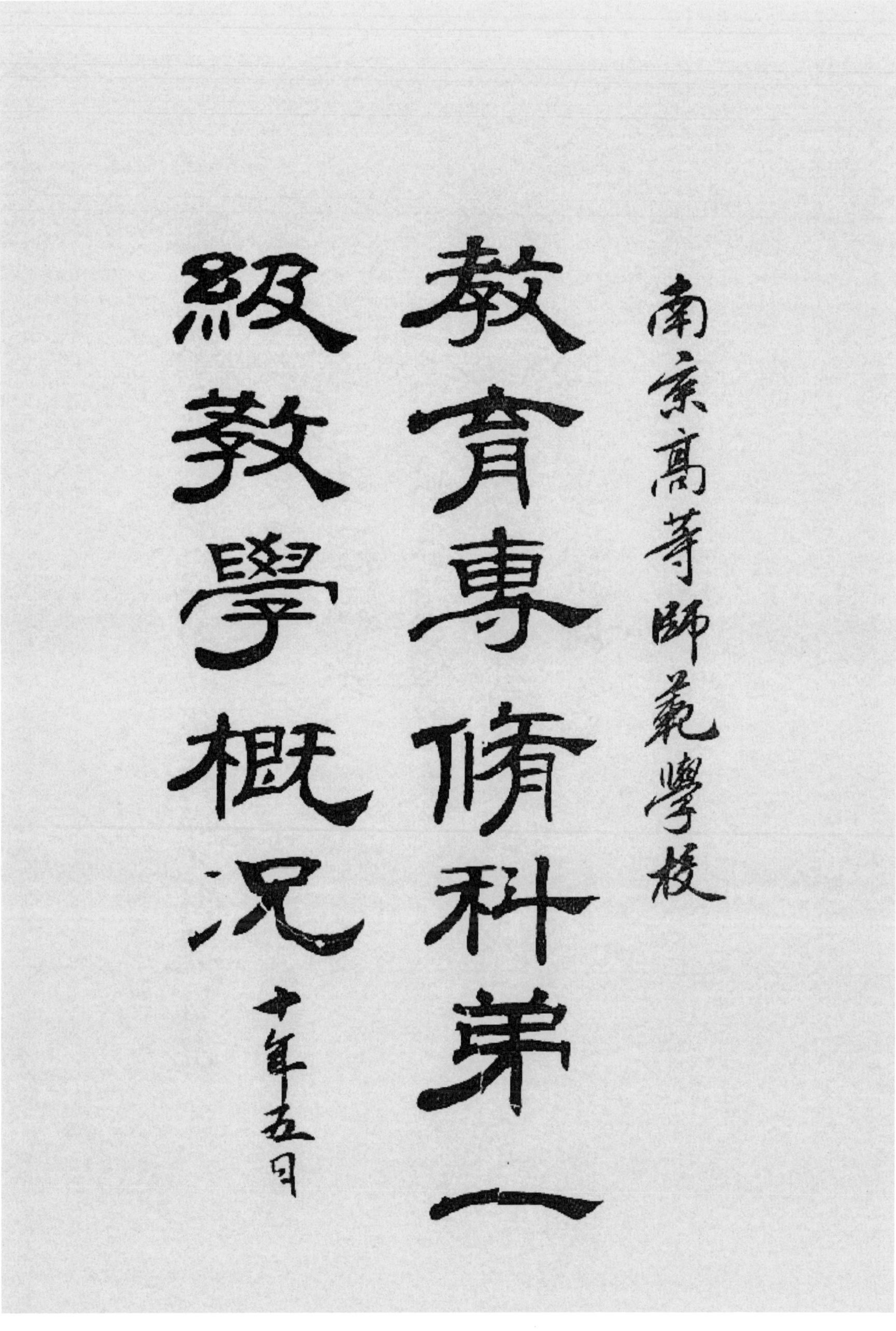
南京高等師範學校
教育專修科第一級教學概況
十年五月

南京高等師範學校教育專修科第一級教學概況（一九二一年五月）

檔號：1001-5-221

教育專修科第一級教學概況目次

沿革

本校因鑒於社會之需要專門教育人才之缺乏於民國七年五月呈准教育部添設科請本校教育行政教員陶知行為主任規畫課程設備進行九月錄取第一級新生三十九人定修業期限為三年本年添請鄭曉滄為教育學教員姜伯韓為教育史教員並請劉伯明兼教育哲學教員雖為提高學生程度起見增設學科八年九月錄取第二級新生三十七人改修業期限為四年添請廖茂如為教育心理學及中等教育教員陳鶴琴為教育心理學教員王伯秋為公民教育教員並請附屬小學主任俞子夷兼初等教育教員以期本科與小學部互融貫九年四月本科中等教育教員廖茂如兼任本校附屬中學主任

本科與中學部更有聯絡之機會四月杜威先生來校講授教育哲學及哲學史七月辦理第一屆暑期學校本科教員擔任實驗心理學教育社會學小學教學法小學組織法心理測驗等學程九月採用選科制學程分教育學與心理學二系教育學系課分教育原理教育行政教育史教學法四門并兼收女生錄取第三級新生二十二人添聘陸志韋為心理學教員徐則陵為教育史教員王倉夫人為幼稚園講師并添購心理儀器及教育心理等學參攷書以供研究教學之用此本科設立後之大概情形也

學程綱要

普通學程

實踐倫理

第一學年上學期 每週一小時

朱進先生

綱要 (甲)人生之目的

(乙)實踐倫理之要旨 以修養身心為基礎以改良社會為方法以振興國家為目的

(丙)部分 1.振興國家 2.改良社會 3.修養身心

教法 注重解決各種問題而期實行不尚理論

倫理學

第一學年下學期 每週一小時

綱要 (甲)汎論

(乙)良心論 1.先天說 2.經驗說 3.折衷說

(丙)至善論 1、快樂說 2、勢力說 3、結論

(丁)意志之自由 1、先定說 (乙)自由說

備注 是科討論之問題有二

(1)道德至高之標準何在

(2)何為吾人最後之正鵠

教法 注重理論與實踐倫理之注重實行者不同

中國倫理學史 第一學年全年 每週二小時 劉伯明先生

綱要 (甲)上古倫理思想 1、總論 2、道家 (a)老子 (b)莊子 3、儒家 (a)孔子 (b)孟子 (c)子思 (d)荀子 4、墨家、5、法家

(乙)中古倫理思想 1、總論 2、淮南子 3、董仲舒 4、王充 5、清談家之倫理思想

(丙)近古倫理思想 1.總論 2.王荊公 3.邵康節 4.周濂溪 5.張橫渠 6.程明道 7.程伊川 8.朱晦庵 9.陸象山 10.王陽明 11.清初諸儒倫理思想 12.結論

西洋倫理學史 第二學年上學期 每週二小時 劉伯明先生

綱要

(甲)總論

(乙)希臘倫理學說

(丙)羅馬倫理學說

(丁)基督教及中世紀倫理學說

(戊)英國倫理學說

(己)法國倫理學說

(庚)德國倫理學說

（辛）結論

論理學　第一學年上學期　每週二小時　劉伯明先生

綱要　以杜威所著之思維術為課本，此外取他派學說而比較之。思維術之內容如下：

（甲）練思之問題　1、何謂思想　2、練思之緊要　3、練思中之自然能力　4、學校狀況與練思　5、心理的訓練之目的及方法

（乙）邏輯大旨　1、思想歷程之分析　2、系統的推考（內籀與外籀）　3、判決（事實之解釋）　4、意義（概念與理解）　5、具体與抽象的思想　6、經驗與科學的思想

（丙）練思　1、動作與練思　2、語言文字與練思

3、練習中之觀察與智識　4、教課與練習
5、結論

社會學　第一學年下學期　每週二小時　朱進先生

綱要　(甲)世界各國社會之研究　1、各國社會之狀況　2、男女長幼之分配　3、生產問題　4、婚姻問題　5、死亡問題　6、戶口蕃殖問題

(乙)中國社會之研究　1、民質　2、民藝　3、民生　4、民實　5、民風　6、民育

教法　注重統計語語皆有根據

哲學概要　第一學年上學期　每週二小時　劉伯明先生

綱要　(甲)總論　哲學之意義

(乙)純正哲學　1、宇宙本體問題　2、宇宙發生

問題　3、智識問題（a）智識之性質（b）智識之起原（c）智識之真妄

（丙）實踐哲學　1、價值之意義　2、倫理的價值　3、美術的價值　4、宗教的價值　5、結論

哲學史綱要

第二學年全年　每週二小時　杜威　劉伯明先生

（甲）上古哲學　1、總論（希臘思想之大概）　2、希臘哲學之緣起　3、墨理聲學派　4、黑來克來斯學派　5、依理埃梯學派　6、折衷派　7、闢塞哥來斯學派　8、希臘啓明時代之哲學　9、系統的哲學（柏拉圖與亞理斯多德）

（乙）中古哲學　1、總論　2、中世哲學　3、過渡時代哲學

(丙)近世哲學　1、總論　2、理性派　3、經驗派　4、啟明哲學　5、德國唯心哲學　6、黑格兒後哲學　7、近今哲學派別

近今文化史　第三學年下學期　每週三小時　徐則陵先生

綱要　目的在研究近今智識經濟政治社會的趨勢其綱要如下

(甲)近今文化地理的基本

(乙)近今文化經濟的基本

(丙)近今文化智識的基本

(丁)西方文化東漸的影響

統計數學　第一學年下學期　每週三小時　吳家高先生

綱要　(甲)基本理論

（乙）順列
（丙）組合
（丁）二項定理
（戊）比
（己）比例
（庚）等差級數
（辛）等比級數
第一學年全年每週三小時
第二學年上學期每週二小時

國文　顧實先生

綱要

（甲）雜文共三十一件　史記貨殖列傳 附註　孔子世家 附註　漢書藝文志　管子天下一篇　燕丹子 孫星衍校本并序　淮南子道應訓武王太公之陰謀一則　仲長統昌言内篇 理亂篇 法誡篇

襍益篇　陸機文賦一篇　陶潛詩七首　章
雜篇
炳麟明農辨詩本兵共三篇　縣認讓續明治
論一篇　嚴復譯原富卷九案語一則　論收稅
章行嚴新時代之青年演說稿一篇　唐紹儀
等為和議決裂通電一首　判決書四件　對
聯語一則

(乙) 講義共三種

一 文學史概論　裁者自編

(子) 文學與文學研究　(1) 文學與文學史
(2) 文學之定義　(3) 文學之目的　(4) 文
學之方法　(5) 文學之分類

(丑) 文學與語言文字　(1) 語言文字之重要

(〢)古之正名者何　(〣)漢唐辭之態解　(〤)世界語言文字之比較

(寅)文學與學術文籍　(〡)原始學術文籍之剝剛　(〢)文籍之存亡　(〣)文籍之校理　(〤)群經文學一　(〥)群經文學二　(〦)群經文學三　(〧)諸子文學一　(〨)諸子文學二　(〩)諸史文學一　(〸)諸史文學二

(卯)文學與宗教學制　(〡)文學與儒教道教　(〢)文學與釋教耶教　(〣)文學與學校　(〤)文學與科舉

(辰)文學與地理民族

(巳)本書編纂之旨趣

二 文學要義 教者自編

(子)作文自習之必要
(1)協和社交之動物
(2)思想交換之方法
(3)動作言語
(4)文字文章
(5)思想之永留弘布
(6.)思想與文章
(7)文學之必要 一、二、三、四、五、
(8)必要以外之利益

(丑)文章之二大別
(1)作為文章之目的
(2)足供世間之用
(3)依據者與美感
(4)實用的文章普通文
(5)美術的文章美文
(6)普通文與美文之差異 一、二、三、四、
(7)文章兼備兩者之必要
(8)人盡有學美文之必要
(9)普通文及美文一覽

（寅）散文與律語（1）散文（2）律語（3）六
詩字數一言—長短句（4）音節（5）平
仄（6）协律（7）洋詩抑揚（8）押韻
（9）隔句韻（10）洋詩頭韻（11）日本和韻
（12）古詩、（13）樂府（14）近体詩律詩
（15）竹枝詞（16）柳枝詞（17）詞（18）辭賦
箴銘頌贊祝祭（19）對聯（20）謠諺（21）
唱歌（22）新体詩（23）慣用詩歌

（卯）國文諸體（1）古今語之古今文（2）文
言體 譯文 駢文 散文（3）散文之第一分
類 古文 時文（4）其第二分類 時文体裁
章体 公文体（5）時文體 雜文 諧文（6）

外國文直譯 古體文直譯 今洋文直譯
(7) 口語體之文章 新文學 (8) 速記式
(9) 析衷式
(戊) 文章之落第及第值等 (1) 落第之文章
其諸列 (2) 及第之文章(其餘依正、明、純、
穩) (3) 正確之文章 (4) 明瞭之文章
(5) 純粹之文章 (6) 穩當之文章 (7) 優
等之文章(其種類 强文章 美文章 强
而且美之文章)
(己) 文之三要素 (1) 字形 (2) 字音 (3) 字
義 (4) 古語廢語與雅語 (5) 科語學術
語遊語 (6) 外國語 (7) 文法 (8) 舊文
法 (9) 新文法之要求 (10) 句讀舊式新

貳

（11）使用正式之言語為紳士淑媛之

一資格

三、古韻陰陽聲轉表解　教者自編

國語　第一學年全年　每週二小時　周盤先生

綱要

（甲）字母　1.聲母　2.介音　3.韻母

（乙）讀本　1.敘述語　2.議論語

（丙）會話　1.日常會話　2.貿易會話

（丁）注音練習　1.長短句練習　2.成篇練習

（戊）聽寫和繙譯

（己）課外教育　1.研究　2.演講　3.參觀實習

英文　第一學年全年每週十二小時　師廣爾夫人
　　　第二學年全年每週五小時　陸殿揚先生

綱要

（甲）英文會話　英文劇本

（乙）英文誦讀　1.矯正讀音　2.指示語法構造　3.試驗翻譯　4.練習閱讀能力　5.增進閱讀速度

教法　增進閱讀準確及速度，即逐漸減少閱讀時間而能充分了解不致誤會

樂歌　第一學年全年每週一小時　第二學年上學期每週一小時　周景鏞先生

綱要　（甲）樂典　（乙）聲學　（丙）中英文唱歌

體育　第一二學年全年每週三小時　張元禎先生

綱要　（甲）學理　1.遊戲運動教育綱要　2.原人活動論　3.田徑賽球類史略　4.體操教程編組

法

(乙)實習(体操及運動)　1.呼吸体操　2.改正体操　3.柔軟体操　4.防敵体操　5.個人器械　6.團体器械操　7.田徑運動　8.棒球　9.隊球　10.足球　11.籃球　12.踢鉤球　13.橄欖式足球　14.網球

(丙)教學法　1.柔軟体操教授法　2.球術教學法　3.器械操教授法

(丁)評判法　1.田徑比賽評判法　2.球術比賽評判法　3.標準比賽評判法　4.學校体育測驗法

(戊)体格檢查　每學期開始行之

專門學程

（一）教育學系

（甲）教育原理門

教育哲學　第二學年全年每週六時　第三學年上學期每週三小時　杜威　劉伯明先生

綱要　以杜威所著之平民主義與教育為課本討論時參以他派學說其綱要如下

(1)論教育為人生之要件　(2)論教育為社会之職能　(3)論教育為指導之義　(4)論教育為生長之意　(5)預備發展與形式的訓練　(6)論教育為保守及改進兩義　(7)教育中之平民主義　(8)教育中之目的　(9)論自然發展及社会效率為教育目的　(10)興味與訓練　(11)經驗與思

想 (12)教育中之思想 (13)方法之性質 (14)材料之性質 (15)課程中之遊戲與工作 (16)地理與歷史之意義 (17)課程中之科學 (18)教育的價值 (19)工作與遊戲 (20)理論與實用的學科 (21)自然與社會的學科 (22)個人與世界 (23)教育之職業的方面 (24)教育哲學

教育學　第一學年全年　每週三小時　陶知行先生

綱要

(甲)教育的意義與價值

(乙)教育目的

(丙)教育原理普通要與原則

(丁)教育工具

(戊)教育方法

(乙)教育效果

教法 演講討論參攷

教育社會學 第二學年上學期每週二時 下學期每週二時 廖世承先生

綱要
(1)教育學與社會學之關係
(2)個人與羣眾
(3)社會組織
(4)學校與家庭
(5)學校與遊戲團体
(6)學校與鄰里
(7)學校與其他居間群体
(8)國家與教育
(9)德謨克拉西與教育
(10)近代學校之演進
(11)學校調查與社會調查
(12)學校行政之社會化
(13)社會化的訓育
(14)社會化的課程
(15)社會化的教育與功用主義
(16)社會化的教育與職業問題
(17)職業指導
(18)社會化的教育與文雅問題
(19)社會化

的教授方法　(21)社會化的學校

教法　注重討論與實際調查

職業教育　第二學年下學期　每週三小時　鄭宗海先生

綱要　(1)職業教育與普通教育　(2)職業教育所以需要之理由及其位置　(3)職業教育之組織與系統(職業調查附)　(4)職業教育之課程　(5)職業教育之分類　(6)農業教育之方法及問題　(7)工業教育之方法及問題　(8)商業教育之方法及問題　(9)家事教育之方法及問題　(10)職業指導之方法及問題

教法　講題研究及對於實際社會之觀察

(乙)教育行政門

教育行政問題

第三學年上學期 每週二小時 陶知行先生

綱要

(甲)總論 1.社會化與化社會之教育行政 2.科學的教育行政 3.教育的教育行政

(乙)中央教育行政 1.各國中央教育行政之比較 2.教育宗旨 3.中央政府與教育 4.教育部之組織及沿革 5.教育部之職權 6.教育部之部員 7.中央教育經費 8.教育部所管之教育 9.非教育部所管之教育 10.理想之中央教育行政

(丙)省教育行政 1.省教育行政機關之沿革 2.省議會與教育 3.省公署與教育 4.省教育廳之組織職權與廳員 5.省視學制度

之懷疑　6.省教育經費　7.教育廳直隸之
教育　8.非教育廳管轄之教育　9.省教育
會與省教育之關係　10.各省教育討論之比
較與理想之省教育行政
(丁)縣教育行政　1.縣教育行政之沿革　2.縣
署之任務屬縣視學勸學所之關係　3.縣視
學制度之懷疑　4.勸學所制度之懷疑　5.
縣教育行政　6.縣教育經費　7.縣教育行
政與特別教育之將來　8.理想之縣教育行
政
(戊)市教育行政
調查參考演講討論　在第二學期教學綱要未易編
教法

都市教育行政綱要　第三学年下学期　每週二小時　陶知行先生

本學程之宗旨在研究關於都市教育之各種問題順序略仿貝勒克先生公立學校行政一書但各題均依據中國情形參攷各國制度討論研究之

(1)總論　a.各國都市教育略論　b.中國教育行政組織系統　c.中國之都市及都市教育之萌芽　(2)都市教育議事機關之需要及應有之組織職權　(3)都市教育局長應有之資格應操之職權與應享之待遇　(4)都市教育局之組織（一二三等都市教育局之組織）　(5)教員問題　(6)學校設置　(7)課程編制與適應　(8)成績測

驗（另有教育測驗機關）、(9)衛生行政 (10)就学
督促 (11)庶務行政 (12)資產處理 (13)教育經
費與會計 (14)學務表冊與報告（另有學務表冊
及學務調查與報告六學程機關） (15)與其他市
政之聯絡 (16)與其他教育機關之聯絡 (17)都
市教育行政人員之培養

教法 調查、參考、演講、討論

中等教育 第三學年下學期 每週三小時 廖世承先生

綱要 (甲)中學校之組織及行政 1.中學校之歷史
(2)吾國歷年教育概況、(3)與歐美中等教育
之比較 4.中學與小學之關係 5.中學與
高等專門及大學之關係 6.中學與鄉土職

業之關係　5.中學學生　(a)中學生體育上之發達　(b)中學生精神上之發達　(c)中學生個性之同異　6.中學校之組織及行政　(a)學校設備與學校衛生　(b)職務支配與辦事系統　7.中學校之課程　(a)選科問題　(b)分科問題　8.中學校之學級編制　(a)升級留級問題　(b)改良考試問題　(c)測驗教育成績　9.中學校之訓育　(a)學生自治　(b)課外組織　(c)課外運動　10.中學教師之修養　11.中學教師之待遇　12.中學男女同學問題　13.中學教育之推廣

(乙)中學教學法

(A)普通教学法　1.中学教学法之定義　2.教室管理法　(a)時間經濟　(b)教室中之訓育問題　3.選擇教材　4.教学法之種類　5.課前預備之計畫　6.輔導自修　7.口問之方法　8.適應個性之方法　9.選擇課本與參考書之標準

(B)特殊教学法　1.定奪各科價值之標準　2.國文在中等教育之位置　3.國文教学法　4.英文在中等教育之位置　5.英文教学法　6.數学在中等教育之位置　7.數学教学法　8.自然科学(物理化学等)在中等教育之位置　9.自然科学教学法　10.社會科学

（歷史地理公民学等）在中等教育之位置 11.

社會科学教学法 5.藝術教育

教法 注重解決實際問題與調查

師範學校之組織及行政 第三学年下学期 每週一小時 陶知行先生

綱要 本学程之目的在研究關於師範教育之各種問題尤注重各種師範課程之編制

（甲）總論 1.各國師範教育之史畧 2.中國與日本師範教育沿革之對證 3.師範教育之需要 4.師範教育之種類

（乙）初級師範之各種問題 1.初級師範分區與校址 2.初級師範之組織與行政問題組織教職員師範行政與附屬学校之關係設備学

生之入學程度年齡收費服務升學　5、分科問題分工設置　4、課程編制問題專科第一部第二部講習科　5、實地教學與附屬學校　6、推廣教育改良現任小學教員改良私塾改良社會

(丙)中學校師範組之實施及課程之編制

(丁)師範講習所之實施及課程之編制

(戊)高等師範與大學教育科問題

小學校之組織及行政　叁學年上學期　每週二小時　俞子夷先生

綱要

(一)學級編制法　(二)升級留級的問題　(三)成績考查　(四)課程和時間表的問題　(五)訓育賞罰自治的問題　(六)表冊的問題　(七)社會教育家

應聯絡的問題　（八）設備的問題　（九）衛生的問題　（十）學校慣例　（十一）事務分掌的問題　（十二）實地研究——參觀實習報告

教法　注重調查討論

體育行政：第二學年全年　每週二小時　饒米斯先生

綱要　（甲）泛說學校管理者與普通人之關係　培育德智體三育之領袖

（乙）凡為德智體三育之領袖者當注意下列各條

1. 體育與普通教育之關係

（a）智育與體育之定律及其效果　（b）生長之定律　（c）教育之游戲

2. 體育史與普通教育之關係

體育之原起始於希臘羅馬上古英法瑞士之

中古及近代之趋向　3.如何習練游戲
2.團体游戲　4.專門運動如足球籃球網球
田徑等類是也　5.游戲運動之理論　(a)
如何組織法及編定規則使運動者有所遵循
(b)如何組織團体比賽法　(c)如何評判當
知一切規則及用最善態度使之可以實行
(d)如何教授各校之普通学生　5.体育場
游戲及建築之一種目的　6.社會與教育之
關係　7.應完具体育健全之学術及能採
集專門体育之学識
(丙)綜上之言故体育科應含下列数條
1.簡單之体育史須包括由古至今發達之情

形

2.体育與普通教育之關係應有之討論

3.体育之理論所含下列各條 (a)運動游戲之規則 (b)教授運動之方法 (c)評判之方法 (d)鼓勵及組織比賽之方法 (e)組織及鼓勵公共体育場之目光 (f)

(丙)運動實習 1.各種游戲運動能獲辦事之学識 2.團体游戲為最合宜於体育場因能以最多數之人民聚集運動於最小之地位最短之時間也

市政 王伯秋先生

第三學年上學期 每週二小時

綱要 (一)市政問題之重要 (二)現今文明各國都市膨脹之勢 (三)市之立法及行政 (四)都市計畫

(五)都市建築　(六)現代都市之住宅政策　(七)都市衛生　(八)都市之電氣電燈及煤氣事業　(九)都市之警察與消防　(十)都市之教育慈善娛樂諸事業　(十一)田園都市　(十二)我國都市之現狀及將來

學校籌辦方法　黃炎培先生

綱要

(甲)籌辦前應注意　1.目的分析　2.經濟限度

(乙)籌辦時應注意　人地相宜之真相

(丙)籌辦事項　1.規定意思及執行機關之組織

2.訂立規章　3.編製預算　4.從事設備

5.校具購置　6.物色人才

教法　演講

学校建筑及卫生 每周二小时 第二学年下学期 余祖卿 陈鹤琴 赵士法 先生

纲要

(甲)校舍之建筑 1.教室 2.寝室 3.道路 4.浴室和厕所 5.运动场 6.取温法 7.通气法 8.椅桌之支配

(乙)卫生 1.疾病检查 2.儿童的普通疾病 3.个人卫生 4.教授卫生 5.卫生的教授

幼稚园教育 第三学年下学期 每周二小时 王余夫人

纲要

(甲)办法 1.幼稚园之性质 2.办幼稚园之精神 3.幼稚园之意义 4.师生之接触 5.训练问题

(乙)设备 1.幼稚园之环境 2.卫生问题 3.教室 4.装饰 5.图画 6.蔡养物 7.沙

8.樂具 9.花木 10.玩物 11.遊戲具

(丙)教材 1.幼稚園教材之特性 2.選教材之標準 3.選教材之方法

(丁)恩物 1.恩物之意義 2.恩物之用法 3.教授恩物之要則 4.由第一恩物至第十恩物之解釋

(戊)故事 1.說故事之難 2.說故事之要素 3.說故事之方法 4.故事不宜有之教材 5.故事應有之教材

(己)遊戲 1.遊戲之意義 2.運動身體之遊戲 3.發表意見之遊戲 4.模倣之遊戲

(庚)手工 1.手工之心理 2.手工之範圍 3.

手工之種類　木手工之教授法

(丙)幼稚園與小學　1.幼稚園教育應有效果

2.幼稚園對於小學希望　3.幼稚園與小學

協力共作之益

教法　講演參觀證驗

比較教育　第二學年上學期　每週三小時　鄭宗海先生

綱要　研究西洋諸大國(英法德美)之教育制度及其精

神與特點并擷其足為我國借鏡者而闡發之

關於各國研究之大點如下

(甲)教育行政

(乙)教育系統

(丙)小學教育　1.強迫教育　2.小學組織　3.

小學課程及教法　丙、小學師資師範教育

(丁)中等教育　1.受學者之多寡　2.中學組織

3.中學課程及教法　丙、中學師資及培養

(戊)職業教育

(己)高等教育

(庚)各國教育之新趨勢

教法

1.用問題解法尋其重要之點　2.互為比較

3.有足為我國參考之處特别標出之

實用教育統計學　第二學年上學期　每週三小時　陶知行先生

綱要

(甲)統計學史略

(乙)統計學與科學的教育

(丙)事實之徵集(列表和分類)

(丁)平均數　1.均中數　2.中數　3.衆數

(戊)參差　1.四分差　2.均中差　3.標準差

4.參差度

(己)關係　1.相關度　2.相關比例　3.等第法

4.四號法　5.異號法　6.均方機會相關度

7.圖表之編制

(庚)度數法

(辛)中國現有教育統計之研究　1.學校統計

2.地方教育統計　3.國家教育統計　上列

三類各擇一種評論之

教法　講演討論習題

學務調查及報告　第三學年上學期　每週一小時　陳鶴琴先生

綱要

分討論與實習二部

討論

(甲)怎樣測驗教育成績

1.研究重要教育測驗

(a)算學測驗 (b)識字測驗 (c)填字測驗

(d)默字測驗 (e)書法測驗

2.教育測驗之核算法（各種統計表格與統計方法）

(乙)怎樣調查學校設備

(1)校舍 2.教室

(丙)怎樣調查普通學務情形

1.校長 2.以下法 3.教員 4.課程

(丁)學務報告怎樣做的

(戊)各種表格以及統計方法

實習：在南京實地練習

教法 討論和實習

學務表册　第三學年下學期　每週二小時　陶知行先生

綱要

本學程之目的在研究如何改良現在通行之表册使學務得有更確之稽核内容包含關於學生數職員課程設備經費以及其他辦學手續上必須之表册總以合於地方教育行政機關初等學校中等學校之用途為主大學校所應用之表册亦略加研究教學方法在調查美國日本中國通行之各種表册加以討論研究使學生實習編制以資改良

(丙)教育史門

中國教育史　第二學年全年　每週三小時　姜琦先生

綱要

(甲)緒論　1.教育史之意義　2.教育史之必要

3.教育史之本質　4.中國教育史研究

(乙)中國上古之教育　1.概論　2.周以前之教育　3.周之教育及教育制度　4.周之教育法　5.周之學風　6.孔子　7.孔子派　8.諸家

(丙)秦漢至隋之教育　1.概論　2.秦與教育之關係　3.秦之學說　4.秦代之文字書体　5.漢之教育　6.漢之學制　7.漢之學說　8.漢之選舉　9.漢之學風　10.漢之學者　11.三國之教育　12.晉之教育　13.晉之學風　風學者　15.南北朝之教育　16.隋之教育　17.隋之學風

（丁）唐及五代之教育　1.唐之教育　2.唐之学制　3.唐之科举　4.唐之学風　5.唐之学者　6.佛教　7.道教　8.圖畫

（戊）宋至元之教育　1.宋之教育　2.宋之学制　3.宋之学風　4.宋之科举　5.宋之学者　6.遼之教育　7.金之教育　8.元之教育　9.元之学制　10.元之学風　11.元之科举　12.元之学者　13.元之佛教數歷醫方小說

（己）明清之教育　1.明之教育　2.明之学制　3.明之学風　4.明之科举　5.明之学者　6.清之教育　7.清之学制　8.清之学風　9.清之科举　10.清之学者　11.數歷書畫

西洋教育史　第三學年全年　每週三小時　徐則陵先生

綱要　編用鄭譯孟羅氏之教育史並隨時加減材料

教法　注重討論　學生隨時參考擇要筆記由教員檢查

(下)教學法門

普通教學法　第三學年上學期　每週二小時　徐則陵先生

綱要　本學程以根據心理學的原則討論教學上的根本原則及其應用為本學程內容分

(一)教學之目的　(二)教材之選擇與排次　(三)本能在教學上之位置　(四)學習之公例　(五)學習之種類　(六)學習上所用之心理的作用　(七)教之種類　(八)教之具　(九)個性差與教學　(十)學

之經濟 (十)教之經濟 (十一)改良教學

初等教學法 第三學年十一學期 每週二小時 俞子夷先生

綱要

本學程宗旨是研究小學校各學科目教學方法的原理教材方法結果調查法並且實地研究小學校在城市的和在鄉村的有不同所以本學程雙方並重先研究鄉村小學的教學法再研究城市小學的教學法同時行實地研究

(甲)教材 a.機械和構造 b.練習 c.教科書

(乙)動機和興味聯絡

(丙)學習法的原理和教法

(丁)上課時的動作

(戊)結果的調查法

實地研究可以隨學生將來的志願分兩組
甲組志願辦小學校的
乙組志願做師範教員或小學指導員視學員的
甲組 (1)在附屬小學實習各科教學法至少十六時每
次須有教案及教授報告書或擔任實習小學教
務至少十六時每次須有教案及報告書
(2)在附屬小學或實習小學參觀至少四個半天
的上課每次須有報告書
乙組 (1)在附屬小學或本地各小學校參觀至少十六
個半天的上課每次須有報告書
(2)在附屬小學實習至少四時每次須有教案和
報告書

教法　注重討論閱讀在自修時实地研究注重教案的準備參觀注重報告書的討論

(二)心理學系

系統心理學　第二學年上學期　每週五小時　陸志韋先生

綱要　(甲)心理學的界説和材料

(乙)心理學各部近來的進步

(丙)各派的主張(心識、機能、行動)

(丁)比較 Wundt, James, Watson.

教法　演講自己參考

實驗心理學甲　第二學年上學期　每週五小時　陸志韋先生

綱要　(甲)演講本能的試驗法和近年所得的效果

(乙)學習的方法種類習慣的養成

(丙)人的工作

教法　實驗兼演講(學生自行試驗由教員指導)

實驗心理學乙　第三學年上學期　每週三小時　陸志韋先生

綱要　(甲)研究各種刺激色聲香等等

(乙)空間時間習慣的養成

(丙)個人能受刺戟的分別

教法　實驗兼演講

生理心理學　第三學年上學期　每週四小時　陸志韋先生

綱要　(甲)心理學在生理學上的基礎

(乙)神經系統進化史大概　1.由動物進化

2.由胚胎進化

(丙)神經系統的組織

教法 (丁)神经系统的機能

演講 偕重圖表模型

變態心理学

第三学年下学期 每週二小時 陳鶴琴先生

綱要

(甲) Amentia 智力缺陷 1. Definition 分類 2. Causation 緣因 3. Feeble mindedness in Children and adults 兒童和成人中的智力缺陷 4. Imbecility 癡 5. Idiocy 呆 6. Idiot Savants 呆才 7. Diagnosis and Treatment and Training 診斷 特殊教育

(乙) Dementia 1. 神經病 Insanity (a) Nature of Insanity 性質 (b) Classification 分類 (c) Causation 緣因 (d) Treatment

2. Hysteria (a) Somnambulism (b) Double personalities（兩重人格）

(丙) Abnormal Phenomena 變態現象 (a) Dream 夢 (b) Sleep 睡眠

兒童心理學綱要

第三學年全年 每週二小時 陳鶴琴先生

(1) 天性之來源 a. 近祖之影響 b. 屬性之影響 c. 種族之影響

(2) 天性之特徵 a. 反應的式樣及特徵 b. 改變天性之方法

(3) 非社會的本能 a. 食物 b. 取美 c. 占有 d. 爭鬥

(4) 社會的本能 a. 母性 b. 羣集 c. 讚許及[illegible]

d.競爭 e.模倣 f.性欲

(5)情緒的傾向 a.滿足之生理的基礎 b.教育上情緒之利用 c.美的情緒 d.原始的情緒

(6)注意 a.注意之根源 b.成人及兒童注意之差異 c.注意之訓練

(7)感覺 a.感覺之根源 b.感覺之發達 c.感覺器觀 d.感覺之訓練

(8)記憶 a.記憶之生理的基礎 b.各種材料的記憶 c.学習速率與保持之關係

(9)想像 a.想像的基礎 b.兒童及成人想像之差異 c.戲曲化 d.象徵

(10) 思考　a. 思考力之基礎　b. 成人及兒童思考力之差異　c. 思考訓練之必要

(11) 習慣與學習　a. 構成習慣之生理的基礎　b. 構成習慣之原則　c. 習慣之重要

(12) 遊戲　a. 遊戲之學說　b. 遊戲之意義　c. 遊戲興趣之變遷　d. 遊戲須指導

(13) 道德及宗教之發達　a. 道德傾向之定義　b. 宗教傾向　c. 道德及宗教之訓練

(14) 兒童身体之發達　a. 成人與兒童身体之差異　b. 身体發達之事實　c. 健康之增進

(15) 五歲及十一歲時橫截面之兒童生活　a. 五歲時之生活　b. 十一歲時之生活

(16)特殊兒童 a.通常與特殊之界限 b.特殊的德性 c.特殊的身体状況 d.特殊的心理 e.特殊兒童之教養

(17)研究兒童心理學之方法 a.心理學共同採用之方法 b.統計之方法

教法 注重問答討論研究不用講義

比較心理學 第三學年下學期 每週四小時 陸志韋先生

綱要 (甲)有脊動物的反應

(乙)又特别注重哺乳獸的反應

(丙)本能問題

(丁)禽獸習慣的養成

教法 演講兼討論高等動物的試驗

教育心理学　第二學年下學期　每週四小時　廖世承先生

綱要　(甲) 1.意識與行為　2.動作與學習　3.不學而能之動作　4.動作與感情　5.動作與注意

(乙) 1.神經系統之組織　2.本能之作用　3.習慣之造成

(丙) 1.感覺與動作　2.知覺與動作　3.想像與動作　4.記憶與動作　5.聯念與動作　6.學習方法　7.動作與高等精神作用

教法　(1)多用參考書　(2)注重口問

智力測驗法　第二學年上學期　每週二小時　陳鶴琴先生

綱要　(甲)智力測驗之用處

(乙)智力測驗之性質

(丙)智力測驗之歷史

(丁)智力測驗之分類　1.高深類為測驗中学三四年級以上的学生　2.普通類為測驗高小以上中学的学生　3.容易類為測驗小学生以及無知識的成人　4.機巧類為測驗個人的智力

戊試法說明

(己)核算法　1.中數　2.總合數

(庚)測驗標準之求法

注重實驗学生必須練習施行測驗並且每学生必須擔任一種測驗至少測驗二百人

教法

智慧測驗與教育測驗　每二学年下学期　每週五小時　廖世承先生

綱要

(甲)智慧測驗　1.智慧測驗的歷史　2.智慧測驗的性質　3.智慧測驗的功用　(a)關於教育方面　(b)關於社會方面　4.智慧測驗的說明　5.改良智慧測驗的方法　6.求標準的手續　7.實習與表現

(乙)教育測驗　1.教育測驗的歷史　2.教育測驗的種類　(a)書法測驗　(b)綴法測驗　(c)算術測驗　(d)讀法測驗　(e)字彙測驗　(f)方言測驗　3.教育測量的價值　4.做教育測驗的方法　5.求標準的過程　6.表現與實習

教法　注重求標準的方法與實習

心理學史　第三學年下學期　每週二小時　陸志韋先生

綱要

(甲)現代心理學所受希臘各學派的影響

(乙)Leibnitz以來的學派

(丙)十九世紀所受生物的影響

(丁)實驗心理的歷史

(戊)Behaviorism和Freudianism的大概

教法

(1)講演　(2)課外參考

職教員履歷表（以到校先後為序）

姓名	字	年歲	籍貫	經歷	職務	通信處	備註
郭秉文		四三	江蘇江浦	美國務恩透大學理學士，哥倫比亞大學師範科博士，前江蘇歐美教育調查員	校長	上海蘭芷堂通豁西號	民國四年到校
劉伯明		三三	江蘇江寧	美國西北大學哲學博士，金陵大學社會學教員	校長辦公室副主任兼本科教育哲學教員	南京半面街	民國五年到校
陶知行		二九	安徽歙縣	美國伊利諾大學碩士，哥倫比亞大學師範院給都市學務總監資格憑	教務主任兼本科主任教育科教員	南京城內成賢街	民國六年到校
俞子夷		三五	江蘇吳縣	江蘇派赴歐美調查教育員，江蘇省立第一師範教育科教員兼附屬小學校主任	本校附屬小學主任兼本科初等教育教員	蘇州十全街四十四號	民國七年到校
鄭宗海	曉滄	三〇	浙江海寧	浙江高等學校、清華學校畢業，美國惠斯康新大學、哥倫比亞大學碩士，又教育院給都市教育學教授資格憑	教育學教員	浙江硤石鎮迪秀橋堍	民國七年到校

廖世承	茂如	二八	江蘇嘉定	上海南洋公学北京清華学校畢業美國勃朗大学教育科学士碩士哲学博士	本校附属中学主任兼本科心理学教育学等教員	嘉定西門内	民國八年到校
陳鶴琴		二九	浙江上虞	美國霍布京大学吉哥倫比亞大学教育碩士	心理学教員	本校	民國八年到校
姜琦	伯韓	三六	浙江永嘉	日本東京高等師範学校畢業浙江省立第十一師範学校校長暨南学校師範科主任	教育史教員	溫州三官殿巷	民國七年到校九年離校
王伯秋		三六	江蘇江寧	留学日本早稻田大学及美國哈佛大学政治經濟科現任江蘇省立法政専門学校教務長兼教員	市政教員	南京紅紙廊法政専門学校	民國八年到校
陸志韋		二七	浙江吳興	美國支加哥大學哲学博士	心理學教員	本校	民國九年到校
徐則陵	養秋	三五	江蘇金壇	美國伊利諾州立大学碩士支加哥大学哥倫比亞大学研究歐史及教育学	教學史教員	本校	民國九年到校

吴越	秉剛	二六	安徽歙縣	江蘇省立第一工業學校電機科畢業曾任南京中學理化教員	助理	上海法界自來火街仁昌里唐第轉	民國九年到校
朱濟明		二八	江蘇崇明	江蘇省立第一工業學校機械科畢業	助理	崇明協平鄉三光鎮	民國九年到校

講師

杜威

黃炎培

王余夫人

教育專修科三年級學生 共三十八人

姓名	字	年歲	籍貫	入學前經歷	通訊處
沈炳文	賓夫	二一	江蘇松江	江蘇省立第三中學畢業，曾任松江市立第十國民校助教一年	江蘇松江西門外塔橋西
林枕華	少西	二四	福建仙遊	福建省立第四中學校畢業，曾任仙遊師範附屬小學校地理博物教員	福建仙遊西門外保安堂
金海觀	曉晚	二四	浙江諸暨	浙江省立第五中學校畢業，曾任諸暨民範高等小校教員年半	浙江姚公埠壽送佳山覺民學校轉寄金曉晚
施鍾麟	江夫	二八	江蘇常熟	江蘇省立第一師範學校畢業，曾任母校附屬小學教員三年	江蘇崑山轉東唐市河西街
徐熙	孝敷	二三	江蘇高郵	南京暨南學校畢業，曾任江蘇河海工程測繪養成所英文算術教員年半	江蘇高郵縣城內前觀巷
張念祖	誦幽	二四	江蘇吳江	吳江縣立中學校畢業，曾任吳江第四高等小學英文教員	蘇州黎里鎮東市同興織綢號轉[illegible]號
章表廷	天覺	二五	江蘇江陰	江蘇省立第三師範學校畢業，曾任[illegible]縣立小學高等科主任二年	江蘇江陰南街一百三十一號
楊偉文	[illegible]	二五	江蘇武進	江蘇省立第一師範學校畢業，曾任武進縣立[illegible]高等小學教員二年半	江蘇常州北直街小大井二號
王織昌	天任	二三	江蘇常熟	江蘇省立第二師範學校畢業，曾任常熟縣立[illegible]高等小學教員一年	江蘇常熟[illegible]大圍涇鄉第一國民學校轉
王德熙		二六	四川[illegible]	四川[illegible]縣立中學畢業，曾任[illegible]高等小學校校長	四川重慶[illegible]商業場西三街新蜀報社轉

王樹棠	蔭民	二七	江蘇無錫	江蘇省立第三師範畢業，曾任母校附屬小学級任教員一年	江蘇無錫轉碩山鎮交五房莊
朱文治	殿廷	二五	浙江上虞	江蘇省立第五中学畢業，曾任上虞通明國民学校校長兼教員二年	浙江上虞東門外仁壽堂轉
汪尚華	綺璋	二六	安徽休寧	江蘇南通代用師範学校畢業，曾任南通縣立第一高等小学校主任教員一年	江蘇南通城內公廨
金森寶	書麒	二五	江蘇泰興	江蘇省立第四師範畢業，曾任母校附屬小学級任教員一年	江蘇泰興大西門司徒廟北
許文鏘	叔鳴	二三	浙江永嘉	浙江省立第十師範学校畢業，曾任母校附屬小学級任兼英文教員一年	浙江永嘉城內縣城殿巷龍王廟警局對門
錢泉	芝生	二五	江蘇江陰	江蘇南通代用師範学校畢業，曾任南京高等師範附屬小学教員一年	江蘇無錫後塍轉三甲里
龔家騶	均如	二四	江蘇太倉	江蘇省立第四中学畢業，曾任嘉定縣三鄉第二國民学校教員一年	江蘇太倉三家市
石良臣	斌房	二七	山東郯縣	山東省第二中学畢業，曾任郯縣縣立高等小学英文算術教員半年	山東郯縣勸学所
解廷庚	仲蘇	二二	江蘇儀徵	安徽安慶六邑中学畢業，曾任省立第一師範附屬小学教員一年	安徽安慶電燈廠西首恒泰里
羅廷光	炳之	二四	江西吉安	江西省立第六中学畢業，曾任吉安縣立第三國民学校教員一年	江西吉安新安市吉祥號收交雲樵
陳熙光	燮卿	二八	浙江寧海	浙江省立第十中学畢業，曾任寧海觀瀾高等小学教員暨國民学校校長教員二年	浙江寧海城內龍生號轉
王衍康	仲和	二二	安徽銅陵	安徽省立第一中学畢業，曾任省立第五中学教授助教一年	安徽銅陵縣城內西街

傀文卿	哲生	二五	浙江紹興	浙江省立第五師範学校畢業曾任紹興文新高等小学教員二年	浙江紹興城內府直街太平弄孫宅孫吉之轉
楊敘春		二六	浙江義烏	浙江省立第七師範畢業曾任義烏第二高等小學教員二年半	浙江義烏城內振懋號轉
龔壽山	就三	二一	江西宜豐	江西省立第八中学畢業曾任宜豐新安高等小学副教員一年	江西宜豐縣棠浦市
張裕卿	綽然	二五	湖南辰溪	湖南光澤中学畢業曾任辰溪縣立高等小学英文詠学教員一年	湖南辰溪縣正街陳源春號轉
郭智方	允喆	二四	浙江崇德	浙江省立第四中学校畢業曾任崇德縣立第四高等小學教員三年	浙江崇德李茂豐轉御駕橋
劉世珍	愷生	二九	湖南長沙	湖南省立第一師範学校畢業曾任長沙公益学校周南女校教員五年半母校附小教員二年	長沙南门外書院坪第一師範附屬小学校
馮崇翰	墨林	二六	陝西韓城	陝西省立第一師範学校畢業任嘉善縣立第一高等小学教員一年	浙江嘉善東門外統捐局对門
李乃城	哲成	二四	浙江嘉善	浙江省立第一師範学校畢業曾任嘉善縣立第一高等小学教員一年	浙江嘉善東門外統捐局對門
王克仁	鏡如	二七	貴州貴陽	貴州南明中学畢業曾任湖南黔陽女学浙江黔南学校教員	貴州貴陽中街三十六號
謝焜	守丞	二五	湖南寶慶	湖南中学校畢業曾任湖南公立濱東兩等小学校教員	湖南寶慶大東鄉黑田市郵政代辦所轉
吳定良	駿一	二五	江蘇金壇	江蘇省立第五師範畢業曾任金壇縣立第三國民学校教員一年	江蘇金壇社頭鎮吳瑞泰轉
邵爽秋	叔龍	二四	江蘇東台	江蘇省立第五師範畢業曾任泰縣時堰安定小学副教員	江蘇泰縣時堰鎮

謝家禧	鴻生	二九	安徽合肥	安徽廬州中學校畢業曾任合肥縣立高等小學教員一年	安徽合肥縣鉅豐厚號
江鼎	禹九	二七	江蘇如皋	江蘇省立第七中學畢業第二師範第二部畢業曾任常華國民學校教員一年	江蘇如皋縣西門外
薛鍾泰	翹東	二六	江蘇漣水	江蘇省立第五師範畢業曾任漣水五國市第一國民學校教員	江蘇阜寧北沙郵局轉徐碧岩先生轉
張鑄	子陶	二五	江蘇泰縣	江蘇省立第五師範畢業曾任私立培紀高等小學英文算術教員	江蘇泰縣姜堰洪義和茶號轉張義慶號

南京高等師範學校
教育專修科第一級畢業生學業圖表

入學前學業	人數
中學校畢業	21
師範學校畢業	17
總　　數	38

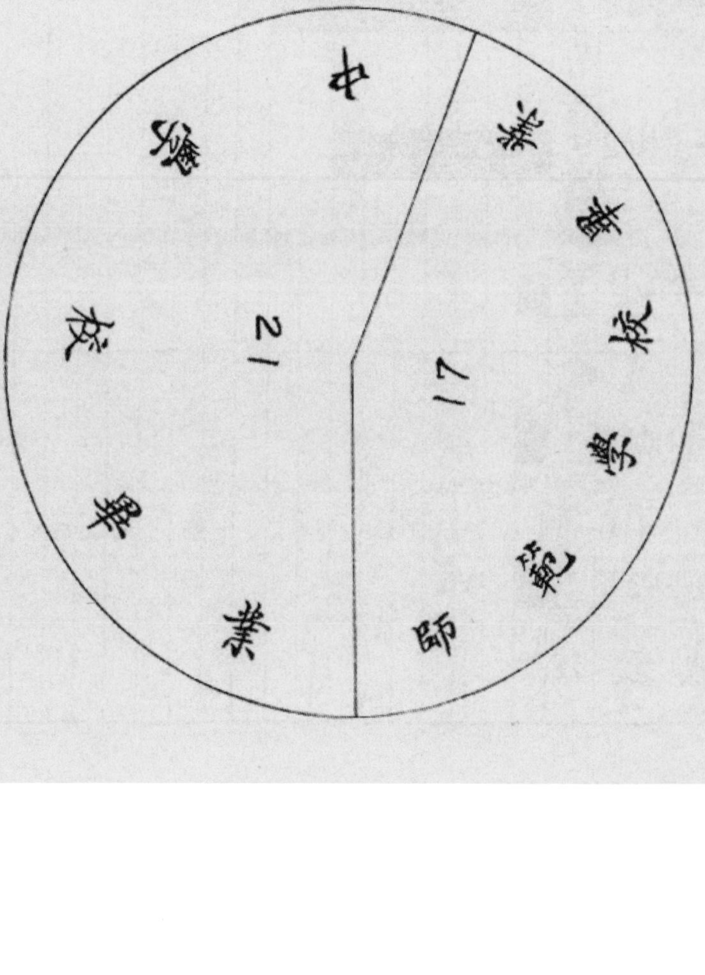

南京高等師範學校

教育專修科第一級畢業生經驗圖表

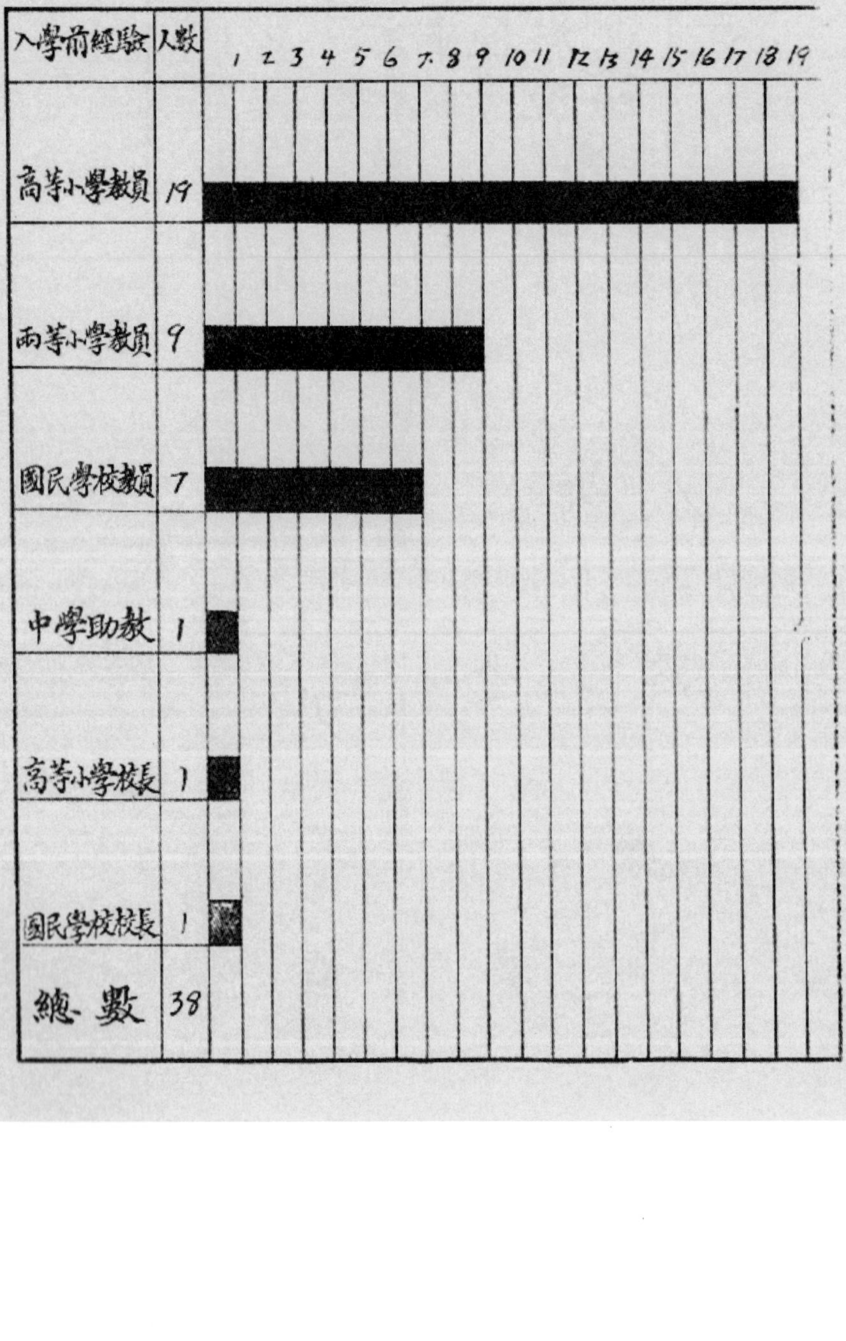

南京高等師範學校

教育專修科第一級畢業生年齡圖表

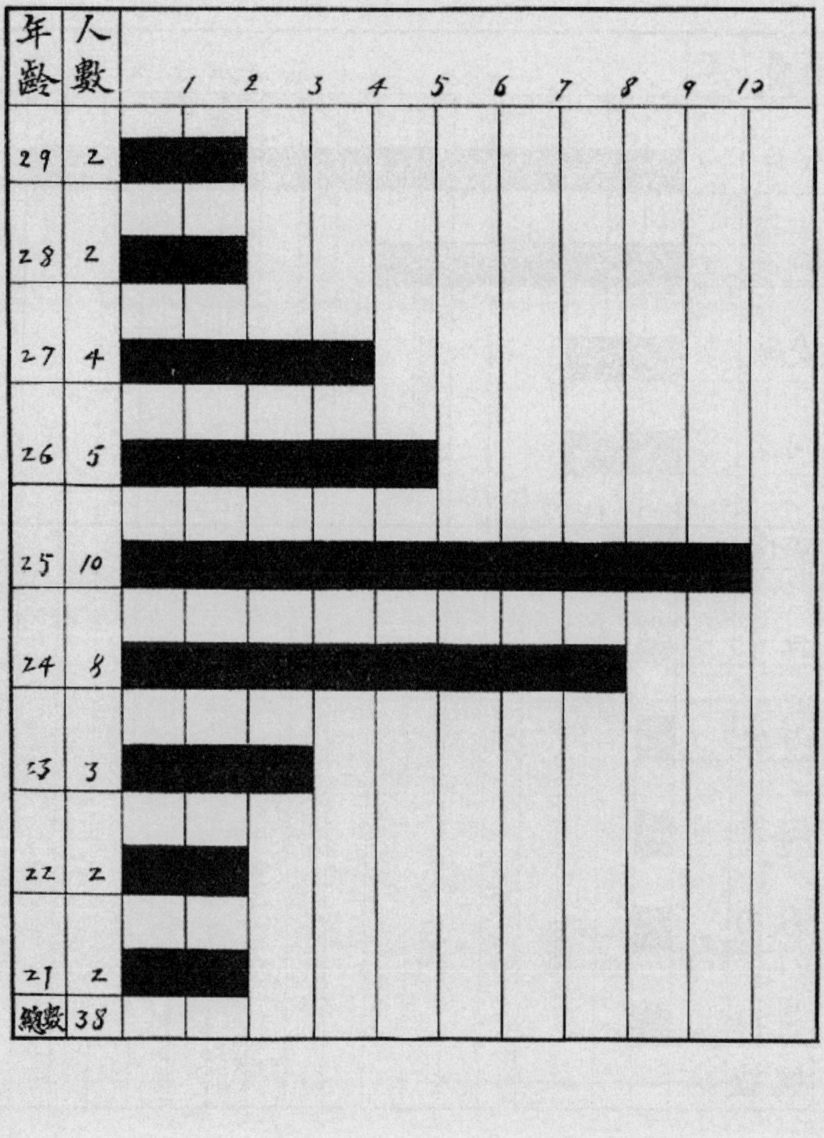

南京高等師範學校
教育專修科第一級畢業生籍貫圖表

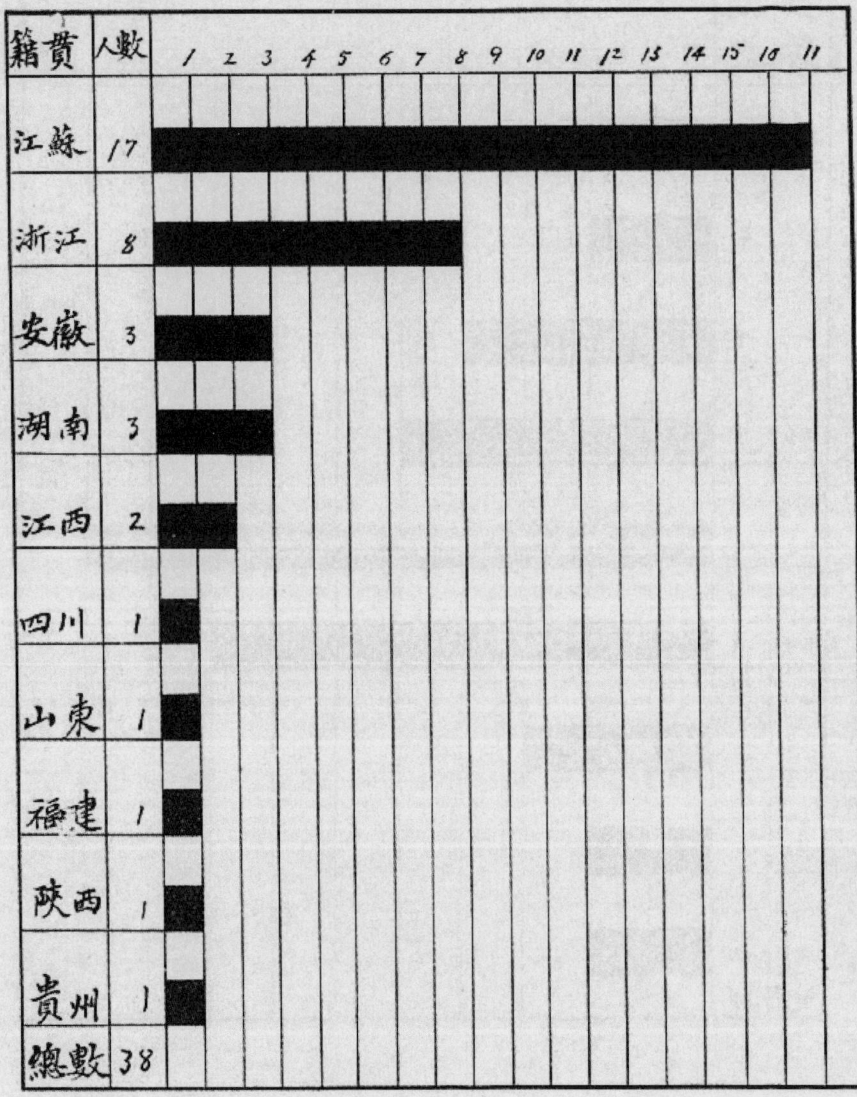

中華民國十年十二月印行

國立東南大學農科之基礎與計畫

農科報告第一冊

國立東南大學農科之基礎與計劃（一九二一年十二月）
檔號：1001-5-198

本校擬建之農業院

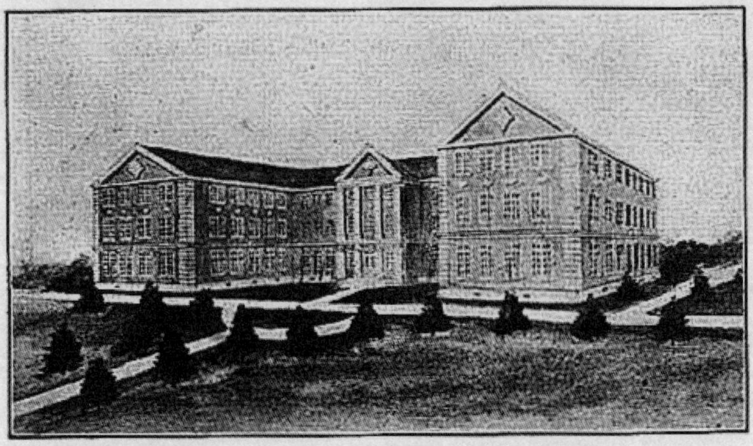

本校擬建之生物院

東南大學農科教職員

國立東南大學農科之基礎與計畫

組織

國立東南大學農科爲南京高等師範學校農業專修科所改組本年秋學期開始時實行現有七系曰生物系農藝系園藝系畜牧系蠶桑系病蟲害系農產製造系科設主任一人主持全科事務各系設主任一人教授教員技師助教等若干人主持一系之教務科有教授會議以全科教授教員技師組織之每月開會一次議決關於本科之一切重大事項

科設農事試驗總場一所分場現有九所總計面積爲三千五百五十餘畝尚擬續購四千餘畝之小麥試驗場及五百畝以上之畜牧試驗場各一處現在各試驗場之地點面積事業均詳下表

東南大學農科農事試驗場一覽

場名	地點	面積
東南大學農事試驗總場	南京大勝關	一千八百畝

東南大學農事試驗第一分場畜牧部園藝部	南京城內	一百畝
東南大學農事試驗第二分場小麥部	南京城內	一百零六畝
東南大學農事試驗第三分場蠶桑部	南京太平門外	一百四十畝
東南大學農事試驗第四分場棉作部洪武區	南京洪武門外花園村	五十四畝
東南大學農事試驗第四分場棉作部江浦區	江蘇江浦縣永寧鎮	四百畝
東南大學農事試驗第五分場棉作部楊思區	江蘇上海楊思鄉日新橋	六十畝
東南大學農事試驗第五分場棉作部引翔區	江蘇上海楊樹浦附近	五十五畝
東南大學農事試驗第六分場棉作部碭山區	江蘇碭山黃口	一百二十畝
東南大學農事試驗第七分場棉作部長樂區	河南鄭縣長樂鄉五龍口	一百六十四畝
東南大學農事試驗第七分場棉作部定安區	河南鄭縣定安鄉白廟	三百畝
東南大學農事試驗第八分場棉作部武昌區	湖北武昌關家河	六十畝
東南大學農事試驗第九分場棉作部保定區	直隸保定	二百畝

教授

本科現有農學教授十六人名譽教授二人畢業於美國農科大學者十二人法國農科大學者三人比國農科大學者一人美國工科大學者一人其中得博士學位者二得碩士學位者七得學士學位者八又助教助手及其他職員共四十人畢業於國外農科大學者一人國內農業專門學校者十七人中等農業學校者十六人非農業學校畢業者六人姓名履歷及所任學科職務詳見後表

郭秉文	教育學博士	美國哥倫比亞大學師範院	本校校長
鄒秉文	農學士	美國康南耳農科大學	本科主任植物病理學教授
李炳芬	機械工程師	美國衣利諾大學	農具學教授
汪德章	農學碩士	美國衣利諾及康南耳農科大學	畜牧學教授
何尚平	農學士	比國莊白路農科大學	名譽蠶桑學教授
吳耕民		北京農業專門學校畢業日本國立園藝試驗場實習三年	園藝學教員
秉志	科學博士	美國康南耳農科大學	動物學教授
胡先驌	農學士	美國加利福尼亞農科大學	植物學教授
竺可楨	科學博士	美國衣利諾農科大學及哈佛大學	氣象學教授

孫恩麐	農學碩士（美國衣利諾農科大學及晉衣夕亞奈農科大學）	作物學教授
原頌周	農學士（美國埃奧華農科大學）	試驗總場主任作物學教授
張巨伯	農學碩士（美國烏海烏農科大學）	昆蟲學教授
費咸邇	農學士（法國蒙百勒農科大學）	名譽蠶桑學教授
葉元鼎	農學碩士（美國裔治亞農科大學）	棉作技師兼教授
過探先	農學碩士（美國康南耳農科大學）	作物育種學教授
葛敬中	農學士（法國部露士農科大學）	園藝學教授
楊炳勛	農學碩士（美國威斯康新及甘謝斯農科大學）	作物學教授暫代農產製造學教授
賀康	法國蒙百勒蠶桑會技士意大利拜庭蠶絲大學工程師	蠶桑學教授
錢崇澍	科學碩士（美國衣利諾農科大學及芝加哥大學哈佛大學）	植物學教授

普通科教授人員分見各科一覽表中不贅錄

農科各職員姓名履歷及所任職務如下

王志成	江蘇省立第一農校畢業	江浦棉作分場技術員
王蔭槐	同上	同上

王慶餘	江蘇省立第一農校農林職工班畢業	鄭州棉作分場助手
王欽福	南京高等師範農業專修科畢業	試驗總場技術員
王宗佑	同上	畜牧分場技術員
田　瑾	江蘇省立第一農校畢業	棉作改良委員會助理
李文渠	附貢生日本弘文學院師範科畢業	試驗總場文牘員
吳福楨	南京高等師範農業專修科畢業	昆蟲學助教
金善寶	同上	小麥試驗分場技術員
胡竟良	同上	保定棉作試驗分場技術員
周拾祿	同上	試驗總場技術員
周鳳鳴	江蘇省立第一農校畢業	江寧棉作試驗分場技術員
范　賚	同上	園藝分場助理
原幸霖		小麥試驗分場會計兼庶務員
曾　省	南京高等師範農業專修科畢業	動物學助教
姚　當	同上	鄉村農校教員

袁　謙	同上	畜牧學助教
孫宗彭	同上	動物學助教
陳宏緒	江蘇省立第一農校畢業	繪圖員
陸渭民	同上	繪圖員
徐良傅	同上	植物學助理
唐介石	同上	碭山棉作分場技術員
唐東山	江蘇省立第三農校畢業	鄭州棉作分場技術員
張萬緯	江蘇省立第一農校畢業	試驗總場助理兼調查員
張益三	南京高等師範農科畢業	試驗總場技術員
張春霖	河南第一師範畢業	繪圖員
張　標	附屬中學農科畢業	試驗總場助理
楊煥春	同上	同上
傅煥光	農學士斐利濱農科大學	本科中英文書記兼編輯
褚乙然	南京高等師範農業專修科畢業	園藝學助教

馮澤芳　同上　作物學助教
鄒鍾琳　同上　植物病理學助教
趙伯基　南京高等師範農業專修科畢業　小麥試驗分場技術員
趙啓能　浙江省立甲種農校畢業　農場助理
蔣枚　南通農校畢業　棉作改良委員會助理
衛桐　江蘇省立第一農校會計員　棉作改良委員會事務員
魯承周　南京高等師範農業專修科畢業　武昌棉作分場技術員
戴炳奎　同上　蠶桑學助教
戴謨　泰縣師範講習所畢業　試驗總場鈔寫員
嚴孟平　蘇州府中學校畢業　本科事務員

學生

南高農科成立於民國六年爲南京高等師範之一部故每年招生限於部定學額致多向隅計四年內畢業者先後兩班共四十五人在農科大學任助教者九人在各省中等學校任農業或博物教師者十三人在各省農事試驗場任技術員者十二人充鄉村農校及職

業學校教師者四人留學美國者一人升入東南大學者六人以服務省分論計有江蘇安徽浙江江西湖北福建直隸七省在校學生現共有七十三人分兩班本年冬間又以棉業人才之需要增設植棉專科招生四十人一年畢業來學者須有中等以上農校畢業之資格

事業範圍

本科事業分爲三部

(甲)研究部　屬於研究範圍之事項其已進行及方在進行者共有下列數端

一各省植物標本採集　採集標本於九年夏間開始由農學士胡先驌先生及助教童金耀君主持之浙江江西兩省已採集完竣所得標本數千種業承美國 A. Relder 及德國 Ludwig Diels 允爲協同鑒定兩君俱係世界著名之植物分類學專家而於吾中國植物最有研究者

二各省動物標本採集　動物學教授秉志博士已於本年夏間偕同助教三人前往吳淞烟臺寧波等處採集水產動物標本計得數千種之多

三棉作試驗　農學碩士過探先孫恩麐葉元鼎三先生主持之主旨在改良種子及研究

栽培方法以解決中國之棉產問題所設試驗場現有九處分布於直隸河南湖北江蘇等省

四小麥試驗　農學士原頌周先生主持之主旨在改良小麥種子及栽培方法以求產額之增加應市場之需要試驗場現設南京城內面積一百零六畝更在東南大學試驗總場劃出試驗小麥地四百畝現擬另行購地擴充至四千畝以上

五農具改良　機械工程師李炳芬先生主持之以改良中國農具增加效率爲主旨現所注意研究者爲吾國抽水機各種作物下種器中耕器等

六蠶桑試驗　農學士費咸邇何尚平葛敬中賀康四先生主持之幷與合衆蠶桑改良會聯合進行共負改良中國蠶桑之責費何兩君係改良會主要職員而在本科願盡義務熱忱至足欽感該總會分場散布於江浙皖三省南京分場卽由該會委託本科代行辦理爲該會重要分場之一

七棉蟲試驗　我國棉花所受蟲害之損失每年達數千萬元卽南匯一縣在民國九年所受造橋蟲害據本科專家調查其損失約達二百萬元以上因於該處設立棉蟲試驗場以籌治防之法主其事者爲農學碩士張巨伯先生及助教吳福楨君

八畜牧試驗　吾國以鷄卵豚肉爲畜產之大宗故就此二者爲選種飼養試驗主其事者爲農學碩士汪德章先生及助教王宗佑袁謙二君

九大豆甜菜試驗　中國油業素稱發達而大豆含有之油分卻未有人考求本科因於今年注意大豆之選種試驗以期油分日有增加又吾國糖業不振實由於當事者於糖之原料不加研究故產量短少供不敷求每年自國外輸入者幾達九千萬元之數誠爲莫大之漏巵本科因注意於甜菜之試驗擬設法推廣於大江以北冀挽回糖業利權

十園藝試驗　園藝有果樹蔬菜花卉三部之分現由葛敬中吳耕民兩先生着手研究分別試驗我國及外國之各種花蔬瓜果以求推廣良種改良國產

(乙)教務部　本科學生共分三類　一爲大學學生五年畢業前三年所習課程大半固定悉屬於普通科學或基礎農學後二年多選擇課程學生可本其志願及性之所近任意選習以造就農業專門人才一爲短期講習科以一年至二年爲畢業期主旨在造成農作推廣人才或農場管理員如本年冬間擬辦之植棉專科是一爲暑期講習會修業六星期利用暑假補習農業知識如去歲之植棉講習會各省來學者約二百餘人頗極一時之盛

(丙)推廣部　屬於此者計有下列各項

一各省農事調查　此事由農學士原頌周先生協同試驗總場技術員六人主持之先從蘇省金陵道各縣著手其餘各縣依次調查

二農學印刷品之贈送　本科印刷品共分三種一爲通俗者如勸種小麥淺說栽培美棉淺說等均於去年印行每種印至一萬五千册以上一爲研究者現有原頌周先生所著作物收支紀實一本乃數年中之試驗結果此外各教授之意見著作隨時發表於報紙或單行本者尚不勝枚舉一爲編輯者如農業叢刊乃本科教職員與學生共同參訂各出其所經驗所心得以餉遺農人者也

三農業演講　本年小麥需要甚急由農事試驗總場乘小麥試驗場主任原頌周先生組一農事調查演講團分赴各地勸種并指導選種栽培方法附以幻燈圖畫俾易明瞭其他演講事業亦將擇要舉行

四創設鄉村農校　本科鑒於鄉村農業教育之重要於去夏聯合本校附屬小學校共設農業小學校於江寧縣沙洲圍主旨在灌輸實用農學及公民常識於農家子弟且欲以學校教師爲一鄉之領袖以促進其文化改良其農事厥後聞風成立者凡四校內二校由本科教授代爲策畫逆料後來繼起必多

五試演農具　本科爲提倡新農具之故去年曾將所有之新農具在農場試演邀請本城各界人士來校參觀到者逾千人今夏又復招致美國 Dodge & Seymor Co. 農具公司演試汽油發動機及耕種農具凡三日觀者數千人

六規畫農事　本科以促進吾國農業發達爲主旨社會上苟以農事規畫相託者無不盡力襄助歷年來曾應王清泉謝繩祖吳寄塵諸先生之託由教授原頌周孫恩麐汪德章李炳芬諸先生親往天津金壇鎮江高郵等處代爲規畫又以中華職業教育社及其他學校之委託由教授鄒秉文原頌周葛敬中孫恩麐諸先生親往江蘇省各縣調查乙種農校狀況又至上海楊思鄉安徽當塗縣浙江孝豐縣代爲計畫各該地之鄉村農校事務近者中國銀行團以發行通泰五墾牧公司債票關係由中國銀行副總裁張公權先生特約本科教授鄒秉文過探先原頌周三先生前往視察擬有農事計畫報告業由該公司與銀團一致贊助每年出資一萬五千元設立試驗場委託本科代爲籌備各該公司暨銀團幷與江蘇省政府共同擔任經費組織江蘇省昆蟲局專爲解決全省及各該公司蟲害問題亦由本科代爲籌畫一切

校外捐助

本科除經常臨時兩費預算外更承外界捐款或助儀器圖書者已有下列各項

甲　採集植物標本費一萬八千元乃本校與北大北高瀋高四校所發起由各大學專門學校中學校及商務印書館共同醵資而成者

乙　棉作試驗費每年二萬元爲華商紗廠聯合會所補助

丙　小麥試驗費每年六千元爲上海麵粉公會所補助

丁　小麥試驗場地畝擴充費共四萬六千元爲上海麵粉公會應允捐助

戊　蠶桑試驗場購地及建築費約一萬元栽桑費一千元爲中國合衆蠶桑改良會所補助

已　農具院建築費六千元爲上海德大厚生紗廠鄭州豫豐紗廠經理穆藕初先生所捐助

庚　南匯棉蟲試驗場試驗費一千元爲上海恆大紗廠經理穆抒齋先生所捐助

辛　植棉講習會會費一千元農業調查費二千四百元稻作研究費二千元均由江蘇省公署先後批准補助

壬　本科近承國外各公司惠贈農具儀器及治蟲用具先後不下數十處最近且承美國

世界農具公司惠贈價值墨洋三千元之農具凡八種外國實業界之注意中國農業可見一斑

癸　本科屢承各國農部農科大學及試驗場等機關惠贈印刷品及研究報告計共六十七處不下數千餘册

將來計畫

本科最近計畫首在有適宜之校舍查南京南洋勸業場舊址地廣六百畝足敷本科之用地主張步青先生熱心祖國教育有將該地捐助大學之意曾由大學董事黃任之先生與之接洽當邀允許至工程中之最大者爲農業院與生物院其建築費前者約十萬元後者約五萬元（參觀本校新校舍計畫圖）正在從事捐募教務方面現設七系尚須增設獸醫森林農業教育農業經濟農業推廣五系此五系至少需聘教授十一人現有之七系範圍過大亦需續聘教授二十一人預算將來五系之設備費至少尚須七萬元現有七系之設備費至少尚須二十萬元

研究事業對於棉及小麥大豆甜菜蟲害農具蠶桑等均需增加經費以期大成餘如水稻畜牧園藝等亦須亟籌經費以圖擴充

推廣方面此後當更注重於農業調查與推廣鄉村農業學校或於鄉村小學附設農科前者所以求了然於吾國農業困難原因以便着手改良後者求得一種組織爲灌輸農事智識及宣傳文化之用

結論

農業之重要夫人而知之矣就吾國言其關於國家富庶之密切尤非他國所及全國人民之業農者占百分之八十五國家歲入田賦又占總數百分之五十卽商業之輸出品其中農產物約占百分之七十三是農業與國家之關係若此其重則治國者對於農業之改良進步當如何重視耶乃環顧內地國家經濟泰半消耗於軍事轉無餘力以振興農業卽東南大學新預算之六十餘萬本科經費僅占百分之十六可謂微矣幸年來稍獲社會資助成績尚有可觀今旣改組於責望政府之餘更不得不重期於社會邦人君子一念及農業改良關係國家前途之重要對於本科事業贊助而督促之豈惟本科之幸亦國家之福也

抑尤有進者歐美各邦農業之所以日益發展全賴有研究專才專才薈萃之處如高等農業教育機關及農事試驗場類皆有充分之經濟及完美之設備日積月累各得就其試驗所獲之成績發爲著作鼓吹社會指導鄉農庶有實效之可言返觀吾國情形有令人不勝

嘆息者以言高等農業教育機關及農事試驗塲幾已寥若晨星而調查此寥落機關之現狀有以經費支絀至僅能維持現狀者亦有併現狀而不克維持者蓋自頻年兵燹相乘國庫告乏一切事業盡趨停頓遂至解決民生之最重要機關如農業學校者亦捲入旋渦不克振作良足悲矣

卽如本校農科自民國六年以迄於今專門人才由二人馴至十八人農場面積則由四十畝擴充至三千五百餘畝顧經濟困難則四年如出一轍蓋增一分設備必增一分經費本校因經費有限不能與農科以充分之發達亦至不得已之事然農科自身且竭全力以研究農業上各重要問題未嘗絲毫自餒至於今而所感之困難且十倍於前國家之援力旣窮來日之困難未已此農科所深抱杞憂不能不深冀社會予以援助也

今旣將本校農科之困難盡暴於閱者諸君之前更不能不將農科之希望以求社會之垂鑒農科已設之各系如農藝如園藝如畜牧如病蟲害如農產製造如生物如蠶桑所需人才遠不敷用卽未設之各系如獸醫如森林如農業教育如農業推廣如農業經濟皆待組織進行茲將人才必須增加之數表列於下

生物系　原有三人　尚須增加四人

農藝系	原有五人	尚須增加五人
園藝系	原有二人	尚須增加二人
畜牧系	原有一人	尚須增加二人
病蟲害系	原有二人	尚須增加二人
農產製造系	原有一人	尚須增加三人
蠶桑系	原有三人	尚須增加三人
森林系		須有四人
獸醫系		須有二人
農業教育系		須有二人
農業推廣系		須有二人
農業經濟系		須有一人

設備一方面分建築與圖書儀器兩項

農科之建築　農科大學急需以下之建築

(一)農業院一座內有各系教室實驗室及教授預備室研究室圖書室大會堂估價須十

萬元

（二）生物院一座內有生物系之教室實驗室教授預備室研究室生物陳列室等估價須五萬元

（三）學生宿舍一座以能容五百人爲度估價須四萬元

（四）教授住宅三十座每座估價三千元合九萬元

（五）温室一座約占玻窗二千方米之面積專充生物園藝病蟲害等系試驗之用估價須四萬元

（六）其他如作物部試驗區辦公室一座五千元畜牧試驗區辦公室一座五千元種畜院一座五千元乳牛院一座五千元猪舍一座一千元羊舍一座一千元雞舍一座一千元水禽舍一座一千元飼料塔一千元園藝部辦公室一座五千元養蠶室繅絲室各一座一萬元獸醫院一座五千元農產製造院一座一萬五千元

農科之圖書儀器　農科現有之農場地價及建築設備與實驗室之儀器等項約共值洋三萬五千餘元就中實驗室圖書儀器設備約值洋一萬元改組大學爲求教授上增進效率起見自不能不有相當之進步茲將各系或各系之各門應添置儀器圖書之總價額開

列於後

植物門	一萬元	動物門	一萬元	作物門	一萬元
土壤門	一萬元	農具門	二萬元	園藝系	二萬元
畜牧系	三萬元	蠶桑系	二萬元	植物病理門	一萬元
經濟昆蟲門	一萬元	農產製造系	五萬元	獸醫系	二萬元
森林系	二萬元				

由此觀之農科欲達其希望之目標時以人才論須增農學專家三十二人助教助理猶未計焉以常費論年約需三十萬元至關於開辦之建築及設備費則須六十三萬元驟聞之似覺浩大而持與泰東西各國之完備農科大學相較且瞠乎後矣

顧農科之需要如彼國立經費之不可恃又如此則欲於消極之餘轉而抱積極之希望實不能不有待於國內實業家之援手國內之實業家乎今日對於農科有能負全部經濟者或能負一部一系之經濟者或能負一種或多種之建築費者皆吾人所翹首以俟蓋爲農科助卽爲全國農民助亦爲國家前途助此同人所以不惜辭費敬爲當世之愛國實業家而又有志於提倡敎育者一詳言之也

國立東南大學農科之基礎與計畫

二十

中華民國十二年五月印行

國立東南大學農科六年間概況

農科報告第二冊

國立東南大學農科六年間概況（一九二三年五月）

檔號：1001-5-198

農科教職員學生全體攝影

農藝院

生物院

農具院

農具陳列室

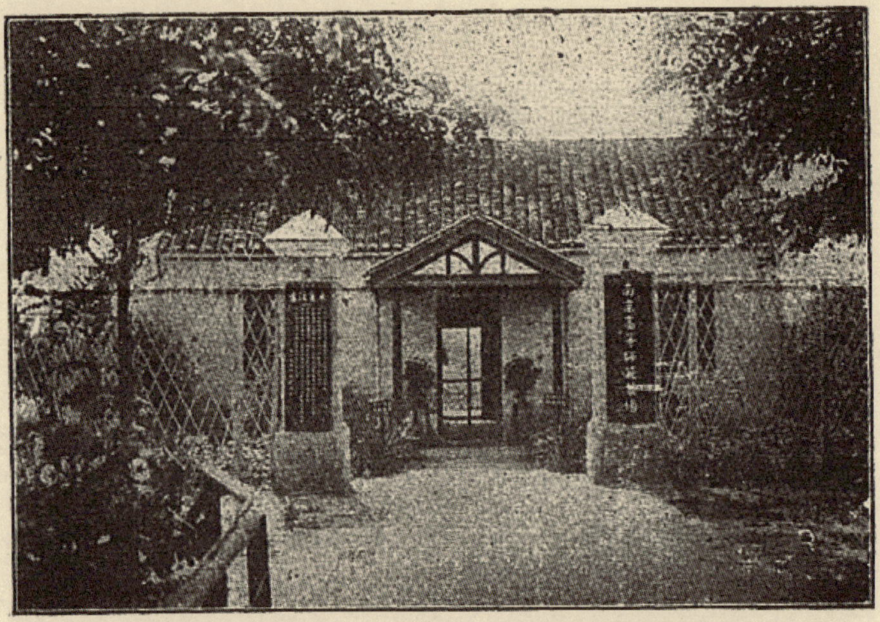

本科農事試驗第一分場大門

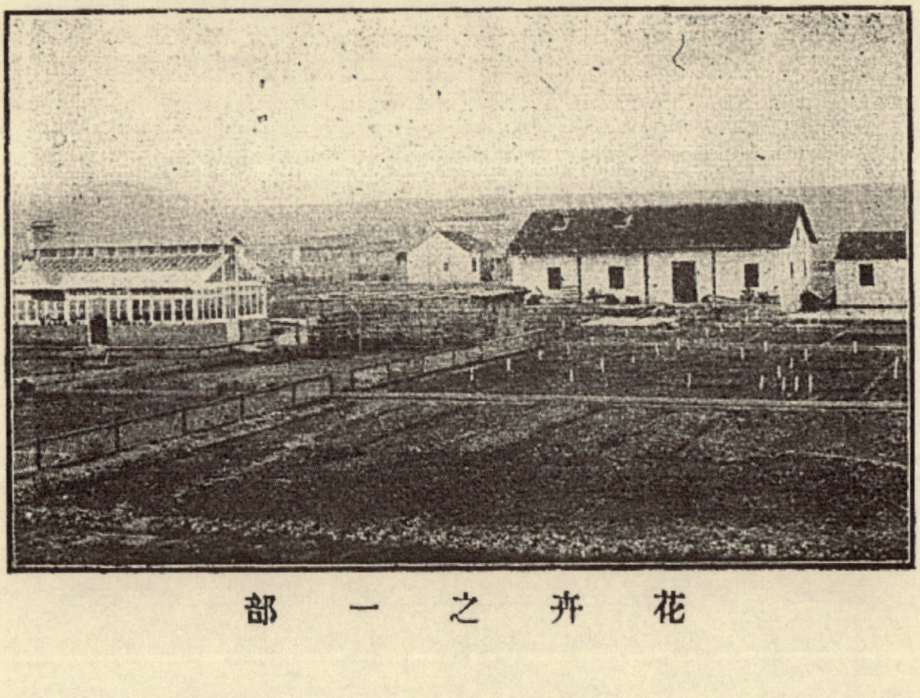

花卉之一部

美棉選種

中棉選種

青年植棉競進團作業圖

棉作展覽會

冬耕

蒔秧

小麥單株試驗

機器割麥

喂牛實習

水禽池

育蠶試驗室

貯桑室內部

育蠶室內部

隔離雌雄以備育種

植物標本室之一部

植物生理實習

動物標本室之一部

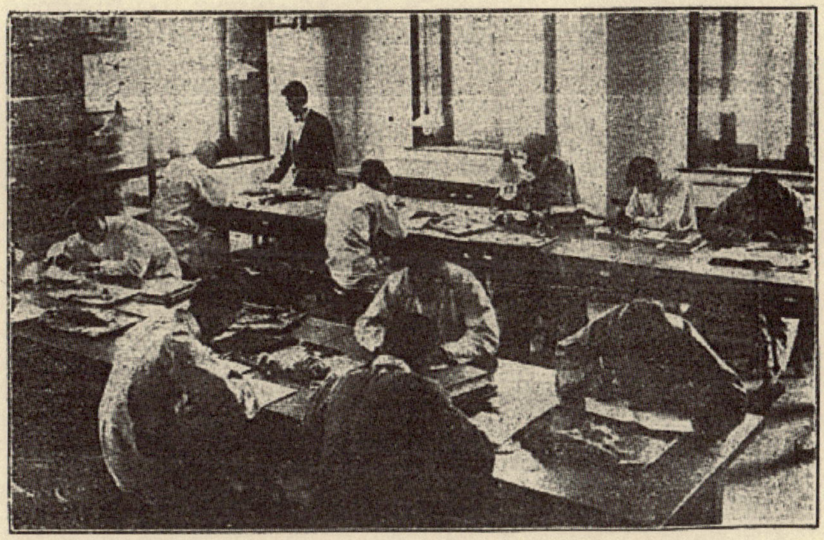

動物比較解剖

昆蟲標本室

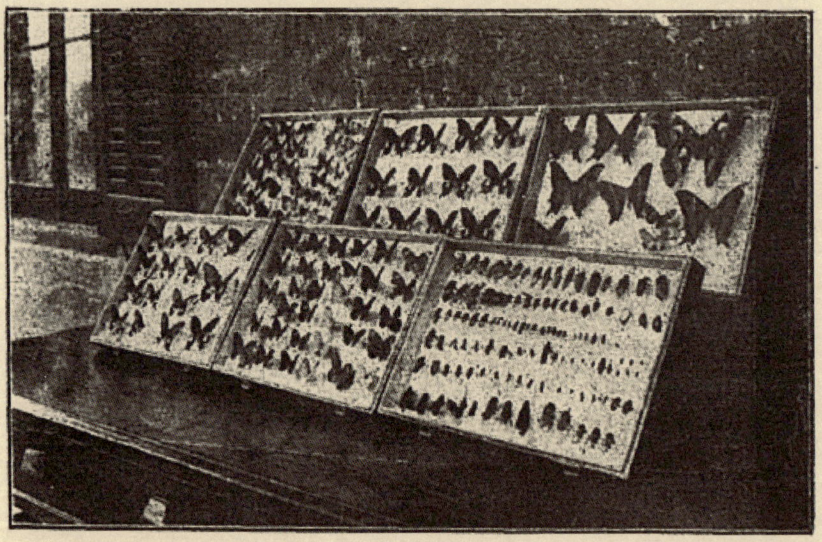

昆蟲標本之一部

昆蟲標本之一部

植物病理實習

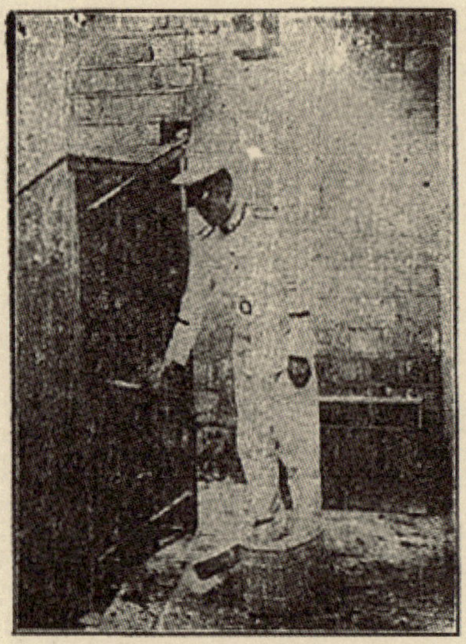

撒石灰殺糞蛆

驅　蚊

農科出版物

國立東南大學農科六年間概況目錄

國立東南大學農科六年間概況　目錄

東南大學農科六年間概況 民國六年二月至十二年五月

緒言

本科籌備始自民國六年二月而其成立之期則在是年之九月爲南京高等師範學校之農業專修科十一年四月九日南高改組東南大學本科遂爲大學分科之一而有今名至事業計畫與進行方針則自始迄今無所殊異計自六年二月至於今十二年之五月已逾六年此六年中之規畫設施庸有足述者乃不憚辭費別爲以下四大綱(甲)六年來之經過事實(乙)本科組織及各系現狀(丙)農場概況(丁)翌年新增事業計劃

(甲)六年來之經過事實

(一)教職員　本科事業包括教授研究推廣三項目的在辦成一完備之農科大學爲東南數省農民服務而計畫之能否實現則全視本科之人力財力以爲斷六年來人才方面逐年均見增加列表如下

國立東南大學農科六年間概況 二

年分／職教員	六年	七年	八年	九年	十年	十一年
教授	二人	四人	六人	一一人	一九人	二六人
職員	二人	三人	七人	一七人	四〇人	五六人

（二）學生　六年八月錄取學生二十七人七年八月錄取學生二十五人八年暑假辦理植棉講習會錄取學生一百九十二人學籍及十五省九年錄取學生二十八人十一年正月開辦植棉專科錄取學生四十六人學籍及九省三分之一爲各省實業機關技術人員七月錄取插班生五人預科生十二人現有正式生六十四人特別生二十六人

（三）畢業生　本科農業專修科初定肄業期三年民國八年延長爲四年特設之植棉專修科肄業期一年計六年來畢業農業專修科二班第一班于民國九年六月畢業計二十六人第二班于十年六月畢業計二十人共四十六人植棉專修科一班于十二年正月畢業計三十三人現查其狀況如下

（子）農業專修科

1 在各省中等農校擔任敎員者十八人
2 在各省農事試驗場充任技師者三人
3 在本科充任助敎者七人
4 在本科充任技術員者七人
5 在本科繼續求學者六人
6 留學法國者二人美國者一人
7 死亡者二人

以上共計四十六人

(丑)植棉專修科

1 在各省棉場農場服務者十一人
2 在各省農校或農村充任棉業指導員者三人
3 在本科服務者十一人
4 職務未詳者八人

(四)經費　本科在民國十年前經費由本校總預算內支給逮及民國十年規定農科經

常費七萬八千三百零四元臨時費一萬九千七百六十六元民國八年來事業擴充蒙官廳社會之贊助此五年中計臨時補助者共計七萬六千四百元經常補助者年有增加十一年度有七萬四千元翌年度始江蘇省政府將增加補助費五萬元計共年有社會官廳之補助經費十二萬四千元從此本科對於研究推廣國家農業之責任更見增重而於蘇省爲尤甚茲將歷年來校外各界補助本科之經費分列二表

(子)校外經常補助費表

用度	年度	補助者	年額
小麥試驗	八年度起	上海麪粉公會	六〇〇〇·〇〇
棉作改良及推廣	八年度起	華商紗廠聯合會	二〇〇〇〇·〇〇
棉作改良及推廣	八年度起	華商紗廠聯合會	八〇〇〇·〇〇 生產收入約計
蠶桑試驗	十一年度起	合衆蠶桑改良會	五〇〇〇·〇〇
代辦昆虫局	十一年度起	江蘇省補助	三〇〇〇〇·〇〇
驅除蚊蠅	十一年度起	江蘇省補助	五〇〇〇·〇〇
改良蘇省農業	十二年度起	江蘇省補助	五〇〇〇〇·〇〇

（丑）校外臨時補助費表

用度	年度	補助者	數額
採集植物標本費	八年度	由國內各大學中學及商務印書館補助	一八〇〇〇·〇〇
植棉講習會	八年度	由江蘇省補助	一〇〇〇·〇〇
農具院建築費	八年度	穆藕初先生捐助	六〇〇〇·〇〇
試驗南匯棉蟲	八年度	穆抒齋先生捐助	一〇〇〇·〇〇
農具	九年度	美國萬國農具公司捐助	三〇〇〇·〇〇
動物採集	九年度	高師附中暨南合助	一〇〇〇·〇〇
蠶桑試驗及建築	十年度	合衆蠶桑改良會補助	一八〇〇〇·〇〇
栽桑費	十年度	合衆蠶桑改良會補助	一〇〇〇·〇〇
代辦通泰試驗場	十年度	通泰公司及債劵銀團	一〇〇〇〇·〇〇
昆虫試驗	十年度	通泰公司及債劵銀團	一〇〇〇〇·〇〇
撲滅蚊蠅	十年度	江蘇省補助	三〇〇〇·〇〇
稻作試驗	十一年度	江蘇省補助	二〇〇〇·〇〇

江蘇農業調查	十一年度江蘇省補助	二四〇〇·〇〇

(五)設備及建築　本科開辦之初各部設備畧敷教授之用所值不過萬圓歷年來增加高深學程所需儀器續漸添增本年統計現有儀器共值銀可三萬圓而尤可寶貴者世界各國農事試驗成績報告都一萬二千餘種各省採集之動植物標本得七千餘種昆蟲標本得五千餘種而農藝畜牧園藝蠶桑等系數年來徵集世界各項名種尤爲教授上試驗上不可多得之材料至于建築方面本科以人才事業爲先務因經濟之困難雖有計劃未盡實行民國八年穆藕初先生捐建農具院於本科農事試驗第一分場民國十年上海合衆蠶桑改良會捐建育蠶試驗場於本科農事試驗第三分場民國十一年大勝關農事試驗總場建築事務所至若各系之教室實驗室辦公室預備室均暫用本校之口字房現因範圍擴充原有房屋不敷應用而農科新校舍之建築實至爲刻不容緩之舉

(六)農場　本科六年度開辦時祇有南京成賢街農場面積四十餘畝未幾領有該場相連之營地三十餘畝後又稍加擴充約得百二十畝即今之東南大學農事試驗第一分場也逮九年七月上海麪粉公會委託研究改良小麥在明故宮遺址闢地一百另六畝爲小麥試驗即今本科第二分場也是年四月接收南京大勝關福璽公司墾地一千八百畝開

辦東南大學農事試驗總場於是本科有廣大之農田供各項農事之試驗十年五月上海合衆蠶桑改良會委託本科購地一百五十畝於太平門外合設蠶桑改良分會及栽桑育種試驗是年十二月又在其地附近添購九十畝爲試驗果樹之用合前共二百四十畝即今之本科第三分場也同年上海華商紗廠聯合會委託本科代辦該會各省棉場於是本科農場面積合原有者計之得三千餘畝江蘇河南湖北直隸四省均有試驗農事之場所矣十二年各棉場復行歸併擴充現共有農田三千八百另一畝較之開辦時之面積幾增百倍

（七）學程　民國八年以前農業專修科之修業期僅三年以教員不敷分配祗教授普通各種實用農學課程二十四種八年以後經費稍裕課程亦漸增加乃延長修業期限爲四年所有學程分六系曰博物系曰農藝系曰園藝系曰畜牧系曰病蟲害系曰農產製造系所授農學課程達八十八種迨至民國十一年改組爲大學農科人才經濟又較爲充裕遂改博物系爲生物系又添設蠶桑系共成七系生物系分動物植物二部共有學程五十七門農藝系分作物土壤農具三部共有學程二十九門園藝系現有學程十門畜牧系分畜牧獸醫二部共有學程三十六門病虫害系分病害虫害二部共有學程三十九門蠶桑系

現有學程十三門農產製造系現有學程五門森林系雖未成立而森林植物樹木學等學程已由陳煥鏞先生教授綜計七系現共用學程一百八十九門較六年前約增八倍三年前亦增二倍矣

（八）出版物　本科出版物大致可分淺說報告期刊課本著述數種

（1）淺說　介紹農業新智識與一班農民及農場人員如農藝系對於棉作之改良每二月出淺說一册

（2）報告　係一種試驗或事業之結果報告如棉作試驗與事業以及中國蟲害報告等

（3）期刊　本科原有農業叢刊之發行已出版四期今改爲農學每年出版八期

（4）課本　各教授以教授之材料經驗編成課本現已告竣者爲鄒秉文錢崇澍胡步曾三教授之植物學陳煥鏞先生之中國經濟樹木學（英文本）汪德章教授之畜牧概言葛敬中吳耕民兩教授之學校園葛敬中教授之普通園藝學吳耕民教授之蔬菜園藝學原頌周教授之作物學現正着手編輯者爲鄒樹文教授之昆虫學陳席山教授之生物學等

（5）著述　係對於農業上發表之意見如鄒秉文先生之中國農業教育問題等

附直接由本科印刷之出版物一覽表

淺說類

勸種小麥淺說

植棉簡法

美棉栽培淺說

中棉選良淺說

北方種植美棉淺說

今年播種的準備

播種

美棉之選種

五齒中耕器

青年植棉競進團的組織

棉之病蟲害摘要

國立東南大學農科六年間概況

報告類

民國八年度農科報告

南京高等師範學校農業專修科概況

東南大學農科之基礎與計畫

農作物收支紀實

棉作試驗及事業已出十年度及十一年度各一冊

實施全國農業教育計畫大綱

南匯奉賢二縣之棉花造橋蟲調查報告

江蘇省金陵道農業調查錄

中國虫害報告已出八期

期刊類

農業叢刊已出四期

農學付印三期

著述類

十

農業教育第一二班農業專修科學生編

鄒秉文先生中國農業教育問題

白德斐博士改進中國農業與農業教育意見書

鄧植儀先生整頓及推廣吾國糖業之管見

（九）事業述要　本科事業在六七兩年內以限於人力財力之故祗能顧及校內之學程教授而農科大學對於農業研究及推廣上應負之責均付缺如實深遺憾民國八年獲有官廳社會之特別補助始得於大學本職稍盡一二茲將自八年度始所有本科已經進行之特別事業擇其重大者略述如下

八年度

（一）派遣植物專家採集全國植物標本現在已經採集之地爲浙江江西湖北等地刻尚在繼續進行經費先定一萬八千元由國內各機關共同擔任主持其事者爲農學士胡先驌農碩士錢崇澍林碩士陳煥鏞三先生

（二）暑假期內辦理植棉講習會來學者十五省共一百九十二人經費一千元由江蘇省欵持別補助主持講習會事者爲農碩士過探先孫恩麐汪悳章農學士原頌周鄒秉文

（三）建築農具院建築費六千元由上海厚生紗廠經理農碩士穆藕初先生捐助主持改良農具事務者爲機械工程師李炳芬先生

（四）設小麥試驗場研究改良小麥經費每年六千元由上海麪粉公會捐助主持小麥改良事者爲農學士原頌周先生

（五）設立南匯棉蟲試驗所專設法驅除南匯奉賢兩縣屬之造橋蟲害試驗費一千元爲上海德大紗廠經理穆抒齋先生捐助主持該所研究事務者爲農碩士張巨伯先生

九年度

（一）大勝關農事試驗場成立面積一千八百畝注重小麥與稻作研究本校委農學士原頌周爲該場主任兼小麥技師農學士楊炳勛爲稻作技師

（二）上海紗廠聯合會通過將該會在江蘇河南湖北等省所辦之棉事試驗場完全委託本科辦理并年撥二萬元經費資助本校聘任農碩士過探先孫恩麐王善佺葉元鼎四先生主持其事

（三）在沙洲圍試辦鄉村農業小學

（四）舉行農業展覽會

十年度

（一）上海合衆蠶桑改良會委託代辦該會南京蠶桑試驗分場并捐助該場購地建築等費約一萬八千元經常費約五千元本科聘任賀康先生爲該場技師并請農學士葛敬中先生主持其事

（二）受經募通泰鹽墾公司債票銀團及通泰鹽墾公司之託辦理通泰棉作試驗場每年經費一萬元由銀團與公司分任本科聘任農碩士王金吾主持其事

（三）受經募通泰鹽墾公司債票銀團及通屬鹽墾五公司之託組織江蘇省昆蟲局研究全省蟲害問題經費二萬元銀行與公司任一萬元江蘇省政府任一萬元本科聘任美國昆蟲專家加州農科大學昆蟲學系主任教授吳偉士博士爲該局局長兼主任技師農博士胡經甫農碩士張巨伯張海珊鄒樹文等爲技師

（四）受江蘇省委託担任驅除南京蚊蠅事宜年助經費三千元

（五）上海紗廠聯合會除每年捐助棉業研究費二萬元外復將各場生產收入統歸本科應用計每年約增經費八千元共計二萬八千元

（六）受直隸實業廳委託就直隸邯鄲縣辦理棉作試驗場本科介紹王宜鑽爲該場技術

員

(七)增設農事試驗第九分場於直隸保定面積二百畝本科請技術員唐東山駐場辦事幷由棉作主任技師孫恩麐主任其事

(八)稻作研究由江蘇省政府補助二千元本科聘作稻作技師農學士楊炳勛主持其事

(九)受江蘇省政府委託調查全省農業調查費二千四百元由省欵捐助本科委託農學士原頌周及技術員金善寶趙伯基張益三等主持其事

(十)增設園藝部試驗場於南京太平門外第三分場面積九十畝

(十一)在江浦及上海之楊思鄉舉辦青年植棉競進團

(十二)在南京武昌楊思鄉鄭州等場舉行棉作展覽會

(十三)代譯刋美國麻省大學校長白德斐博士改進中國農業教育意見書印二萬册發行全國

(十四)建築大勝關農事總場事務所

十一年度

(一)江蘇省政府每年改撥三萬元爲昆蟲局經費

(二)江蘇省政府每年改撥五千元爲昆蟲局驅除蚊蠅經費

(三)中華教育改進社中華職業教育社中華農學會等發起全國農業討論會由本科籌備其事

(四)全國農業討論會設執行委員會本科主任鄒秉文被選爲該會委員會主任

(五)江蘇教育廳聘請本科主任鄒秉文爲蘇省農業教育指導員

(六)江蘇組織教育實業聯合會本科主棉鄒秉文被舉爲該會總幹事

(七)北京農業專門學校改組農業大學該校章校長函聘本科主任鄒秉文爲農科大學籌備員

(八)農具學教授李炳芬改良水車中耕器及播種器

(九)生物學教授陳楨改良新式溶蠟器爲顯微鏡砌片上之用

(十)美國加州大學昆蟲專家文德博士來校講學

(十一)受本省行政長官委託推廣植棉先從銅山淮陰兩縣入手由棉作改良委員主持一切

(十二)江蘇省政府來函委託本科爲改良江蘇農業之總機關自十二年度起每年由國

家預算項下增撥五萬元專爲本科改良蘇省農業之用

本科之組織及各系現狀

組織

本科現有七系即生物系農藝系園藝系畜牧系蠶桑系病蟲害系農產製造系科設正副主任各一主持全科事務系設主任一人教授教員技師助教等若干人主持一系之教務茲將各系概況列述如下

一生物系

本系現有實驗室一動植物標本室各一溫室一儀器則有最新式顯微鏡四十架擴大鏡三十架雙管顯微鏡映畫鏡自動切片機徒手切片機以及植物生理學需用之儀器如光合作用試驗器呼吸試驗器發酵試驗器等亦已購備聊可敷用

本系對於國內動植物標本之採集素抱積極進行主義民國九年十年間曾蒙國內高等教育機關捐助植物標本採集費由胡步曾教授率同助教赴浙贛等省採集不下千餘種十一年夏間錢雨農陳煥鏞兩教授復赴宜昌一帶採集三月亦得千有餘種中多稀見之植物陳教授前在瓊州所採集者亦有二千餘種總計在浙江江西瓊州宜昌所採集之植

物不下五千餘種新發現之種類亦不少動物門定於今年夏間再赴烟台溫州一帶採集海產動物前年在沿海一帶所採集之多種動物標本已陸續寄往世界各專家鑒定新種亦甚多

本系現有教授五人教員一人助教五人現共有學程五十七種

植物門學程十六種（1）普通植物學（2）植物生理學（3）胞子植物學（4）種子植物學（5）裂殖菌學（6）高等植物生理學（7）高等菌類學（8）高等藻類學（9）高等苔類學（10）高等蕨類學（11）高等種子植物分類學（12）高等裂殖菌學（13）植物切片標本製造法（14）植物組織學（15）植物細胞學（16）植物學研究

動物門學程共四十一種（1）普通動物學（2）遺傳學入門（3）高等遺傳學（4）比較解剖學（5）動物組織學（6）組織學方法（7）動物器官學（8）動物胚胎學（9）比較形態學（10）普通生理學（11）動物行爲學（12）動物物境學（13）神經學（14）淡水動物學（15）海產動物學（16）寄生動物學（17）動物分類學（18）原生動物學（19）魚類學（20）爬蟲類學（21）鳥類學（22）獸類學（23）經濟鳥類學（24）動物標本採集製造法（25）動物標本製作法（26）野外動物學（27）昆蟲解剖學（28）昆蟲組織學（29）昆蟲胚

胎學（30）細胞學（31）動物分布學（32）古代動物學（33）天演論（34）人體解剖學（35）人體組織學（36）人體生理學（37）優種學（38）人種學（39）動物學發達史（40）動物學教學法（41）動物學研究

一農藝系

本系現有實驗室一棉作研究室一所有農具尚足敷學生實習之用惟土壤實驗室尚未設置所有設備亦極稀少

本系之研究集中於稻麥棉農具四項稻麥之研究由農事試驗總場主任原頌周先生及稻作技師楊炳勛先生任之棉之研究由過探先孫恩麐王善佺葉元鼎諸先生分任農具之研究由李炳芬先生任之稻麥棉研究之內容分育種栽培兩大部育種之成績甚著栽培法亦頗多發明農具之研究已告成功者有水車中耕器研究稍有成績尚須改良者則有播種器等

本系對於大豆品種之改良甜菜之試種江蘇土壤之調查及分析亦已着手計劃進行

現有教授八人助教四人作物土壤農具三部共有學程二十九門

作物學門學程共十七種（1）作物學（一）（2）作物學（二）（3）作物學（三）（4）種子

品評學（5）高級種子品評學（6）麥作學（7）棉作學（8）稻作學（9）棉作植物學（10）作物育種學（11）作物育種學（二）（12）作物育種學（一）（13）棉質鑑定學（14）農場管理學（15）穀物學研究（16）植棉研究（17）作物育種研究

土壤學門學程共七種（1）土壤學（2）農業土木學（3）土壤管理學（4）肥料學（5）土壤化學（6）土壤物理學（7）土壤研究

農具學門學程共五種（1）農業機械學（2）農具學（3）農業發力機學（4）收穫農具學（5）田舍建築學

一園藝系

本系現有設備如接枝刀剪定鋏剪定刀移植鏟起樹機掘土機噴水壺噴霧器播種器一切花卉菜蔬用之東西洋各式小農具均可敷用其他如花卉圖畫種子發芽試驗器繼續灌溉器環割器亦皆購置他如除蟲除病用之器具藥劑叉莫不擇要購備

本系原定建築大温室一座分高温中温冷温各室置配熱水鍋爐以備繁殖及保育之用者現正積極籌劃期於一二年內得以實現至本系試驗場共分兩處計地一百五十畝大部在太平門外專重果樹蔬菜之培植小部在城內專重花卉各技師均分工任事各負專

責

本系之研究分果樹蔬菜花卉三項果樹擬專注意江蘇最適宜之桃及其他核果類旁及於差可利用之仁果業由專任技師積極進行已徵集之品種已有十餘種十二年暑假後尙擬往全省及國內各處徵集良種加以改良俾確定江蘇應行繁殖之果樹以作推廣之基礎關於蔬菜則專採集國內外各種品種加以試驗及研究深耕肥料諸問題同時由技師注意於通商大埠之蔬菜經濟實地經營而研究加工方法爲外來蔬菜之抵制其關于花卉一項則隨時搜集中外名花異卉廣爲繁殖計兩載以來所選花卉種子認爲佳良者已有百餘種加以精選加以裝置自十一年夏間發售歷八月計售出二三千袋之多分贈交換者猶未計焉現仍繼續徵求花種再圖擴充總之本系之目的專爲救濟本省園藝之衰敗故對於在江蘇應行改良及推廣之處尤特別注意

本系現有教授三人助教二人學程十門

(1)普通園藝學(2)蔬菜園藝學(3)果樹園藝學(4)園亭建築學(5)花卉園藝學(6)温室建築及管理法(7)種苗圃管理及果樹繁殖法(8)葡萄栽培學(9)園藝植物學(10)園藝研究

一畜牧系

本系現有之建築物爲牛舍一所猪舍二所木板鷄舍二所移動雞舍六所鵝鴨舍一所孵卵室一所地平室一所獸醫院一所肥料室一所

本系現有之家畜爲公牛四乳牛十二工馬一羊念乳用山羊五金華種猪十普通猪二十

本系現有之家禽爲鷄六種鴨一種

本系現有之應用雜件爲西藥一百五十種獸醫用具十種地秤一座牛乳器具全副孵卵機一架育雛機二架牛油試量機兩架牛乳分析盂一副乳餅製造器全副現所進行者

(一)爲繁殖金華猪種

(二)爲猪飼料之試驗

(三)爲雞之進種試驗

(四)爲推廣雞種

(五)爲設獸醫院以爲農民解決獸症之助

本系現有敎授二人職員三人學程屬於畜牧門者二十種屬於獸醫門者十六種

畜牧門學程(1)家畜鑑別大要(2)飼養要義(3)育種要義(4)養羊學(5)養猪學

(6)養肉牛學(7)養乳牛學(8)養馬學(9)養雞學(10)家畜滋養要義(11)家畜滋養研究(12)家畜鑑別研究(13)家畜研究(14)家畜品種史研究(15)肉學(16)羊毛學(17)牛乳黴菌學(18)牧業制度(19)家畜銷售(20)乳業制度

獸醫學門學程(1)解剖學粗微(2)生理學(3)病理學普通專門(4)微生蟲學(5)藥物學(6)內病學(7)寄生蟲學(8)傳染病(9)配藥法術(10)肉品檢查(11)乳品檢查(12)驗屍學(13)獸醫律例(14)割症學(15)生產學(16)血清製造

一蠶桑系

本系之一切設備及事業均與中國合衆蠶桑改良會協力辦理計現有桑園百畝苗圃四十畝原有日本式蠶室上下十六間辦事室等十二間本年新加輕便實用蠶室十間凡飼蠶栽桑等場所均極寬展原有圖書儀器計百餘件現正添置書籍儀器以供參考及研究

至本系事業計分兩端

一改良蠶種　根據科學的方法及微生物鼻祖巴士德之發明專注重蠶病之防治並注意原種之製造務求選得優良種子配給農民計第一年製種約千張第二年製種二千張本年驗增育量現正在飼育期內預計可增至二萬張是本系以研究及推廣爲確定之宗

旨計上年領種區域有二十五縣其附近南京一帶已專飼本系蠶種拒用外來蠶種本系諸技師認爲將來蠶業之改良極有希望故注全力於擴充之計劃

二推廣栽桑　南京附近飼蠶雖不少然較之浙西蘇常實遠不若及以氣候地勢而論實甚相宜人民積習亦不甚深正可勸誘改良注重於蠶桑一業惟欲求推廣須從栽桑入手職是之故本系先闢苗圃四十畝徵集各地品種詳加判別一面廣播桑子期以逐年繁殖將所得桑株盡情推廣於金陵道及皖南各地以後當再將苗圃面積加以擴充庶幾蠶桑事業得有振新之望耳

本系現有教授三人助教三人學程十三門

(1)普通蠶桑學(2)養蠶學(3)養蠶實習(4)蠶體病理學(5)蠶體生理學(6)蠶體解剖學(7)製種術(8)蠶種改良學(9)蠶種推廣學(10)顯微鏡學(11)栽桑學(12)桑樹病蟲害論(13)蠶桑研究

一病蟲害系

本系之事業關於蟲害者現與江蘇省昆蟲局協力辦理各種設備頗爲完全關於病蟲方面之儀器亦已逐漸購置除舊存之顯微鏡及放大鏡外又新購二千五百倍之顯微鏡兼

雙管顯微鏡二具解剖顯微鏡十具解剖器八副精細天平秤一架以及大小玻瓶玻杯及玻管共千餘個標本五千餘種現正積極進行採集

民國十一年江蘇省昆蟲局成立爲本系最可紀念之事業緣該局由省長委託本科代辦延請前美國加州農科大學昆蟲學主任教授吳偉士博士爲局長美國加州農科大學昆蟲教授文德博士爲技師而本系教授吳經甫博士張巨伯碩士張海珊碩士鄒樹文碩士等先後加入協作並將現在實施計劃摘要如左

一蝗蟲　蘇省蝗蟲之發生多在淮揚徐海二屬現於清江浦省立第三農業學校及徐州省立第二農事試驗場均各設一捕蝗分所隨時派技術員前往該境荒山荒地及葦灘內查勘由張海珊技師主其事

一螟蟲　民國十一年胡經甫博士曾在大勝關農事試驗總場舉行試驗今年仍繼續在大勝關舉行試驗外並在蘇州省立第二農業學校添設試驗分所由技師鄒樹文及技術員鄒鍾琳担任

一棉蟲　民國九年十年間南滙縣棉田發生造橋蟲農家損失不貲後由穆紳抒齋延請本系教授張巨伯及助教吳福楨前往試驗驅除頗著成效其後通泰一帶棉田發生金剛

鑽蟲時又派技術員前往試驗去年減少蟲害十分之一今年仍繼續進行
一蚊蠅爲瘧痢之媒介爲注重衛生計亦當設法驅除現先從通都大邑着手去年在上海
南京蘇州三處試辦今年益積極進行
本系現有教授六人內二人爲美國籍之昆蟲專家助教四人現有學程屬於病害者九種
屬於昆蟲者三十種
植物病害學程（1）普通植物病理（2）作物病理學（3）園藝病理學（4）森林病害學
（5）病害防除學（6）眞菌學（一）（7）眞菌學（二）（8）菌類培養學（9）植物病理
研究
昆蟲門學程（1）普通昆蟲學（2）普通經濟昆蟲學（3）森林昆蟲學（4）室內害蟲學
（5）高等經濟昆蟲學（6）棉蟲學（7）寄生學（8）藥用昆蟲學（9）蜜蜂學（10）昆蟲
生活史（11）普通昆蟲分類學（12）雙翅目（13）鞘翅目（14）膜翅目（15）鱗翅目（16）直
翅目（17）半翅目（18）脉翅總目（19）昆蟲系統學（20）昆蟲環境學（21）昆蟲文典學
（22）中國北部昆蟲學（23）昆蟲學技術（24）昆蟲解剖學（25）脉學（26）組織學方法
（27）昆蟲組織學（28）昆蟲胚胎學（29）昆蟲形態學（30）昆蟲研究

一農產製造系

本系因經濟及人才之關係尚未能積極進行一俟經費稍裕即當盡量發展

農產製造學程（1）牛乳製造學（2）罐詰學（3）釀造學（4）製茶學（5）農產製造研究

農場概況

農事試驗總場　本場在南京城外四十五里大勝關連珠州地方面積一千八百畝原爲福犁公司產業由本校訂租十六年專供農作物試驗之用業於十年四月着手開辦地濱長江土質腴美已經修築堤岸添闢道路并加建房屋農具則有洋犁雙行播粟機小麥撒播機齒耙中耕器吸水機前由美國 International Hawester Campang 公司贈來新式農具一大批亦分置本場應用此外尚有泥滚牛卒以及其他之零星手用農具甚夥

本場設主任一人技師十人悉由本科教授兼任另有技術員三人調查員助理員各二人地勢高者植桑與棉低者專植水稻其餘則分種各類穀物試驗方面則注重栽培方法及改良品種二項稻種改良已閱三年小麥改良已閱二年成績纍具再俟二年卽有純良種子供人試用黃豆及玉蜀黍之品種改良已經一載結果均有希望現擬與外界聯絡藉以

傳布種子協助改良如有以興辦農場之計劃及辦法相詢者罔不竭誠匡助勉盡天職一俟經費稍裕更須添聘人員以圖試驗事業日臻發達

農事試驗第一分場（園藝畜牧）部現有面積約爲一百二十畝現正設法擴充以期達到五百畝面積爲最小限度場中建築除上海穆藕初先生捐建之農具院外關於園藝者則有溫室藏花室事務室貯藏室農夫室等專栽培花草觀賞樹木及佈置園景以備學生之實習與研究且取開放主義任人遊覽藉啓發都人士之園藝興趣關於畜牧者則有鷄舍牛羊舍猪舍獸醫院孵卵室等本場所有園藝植物畜牧種類大都均爲中外名種種品繁多時有添增茲不贅述

農事試驗第二分場小麥部　係由上海麵粉公會資助所設立創辦於民國九年七月場址在南京城內明故宮闢地一百零六畝場中建築物則有辦公兼職員寢室農夫室儲藏室農具室肥料室等農具則有洋犁齒耙圓碟耙播粟機五行播麥機單馬中耕器割草機手用點播器以及中國農具等數十件農事試驗第三分場（蠶桑園藝）部　場址在南京太平門外三里許孤凄埂下計面積二百四十畝關於桑園及養蠶之設備由合衆蠶桑改良會出資辦理關於園藝者則分果樹蔬菜二園果樹園專栽培桃李蘋菓櫻桃等果樹其內更分

試驗區經濟區教材區及各種苗木育成區蔬菜園專栽培各種蔬菜其內亦分試驗區經濟區實業區及育種區

農事試驗第四六八五七九分場棉作部　係由華商紗廠聯合會於十年春間議決資助併歸本校辦理計分場有六分區有九『詳見下表』勸業區地址係張步青先生捐與本科爲建築校址之所洪武及江浦兩區係由會出貲購買餘均租借所得者也至於房屋農具軋花機等雖未完備而各場所有者尚敷應用

茲將各場地點畝數列表於下

場名	地點	面積	地權
東南大學農事試驗總場	南京大勝關	一千八百畝	
農事試驗第一分場畜牧部園藝部	南京城內	一百二十畝	
農事試驗第二分場小麥部	南京城內	一百零六畝	
農事試驗第三分場蠶桑部園藝部	南京太平門外	二百四十畝	
農事試驗第四分場棉作部洪武區	南京洪武門外花園村	五十四畝	
農事試驗第四分場勸業區	江蘇江寧城內三牌樓跑馬場	二百八十一畝	

農事試驗第四分塲棉作部江浦區	江蘇江浦永寧鎮淵灣李	四百畝	
農事試驗第五分塲棉作部楊思區	江蘇上海楊思鄉	六十四畝	
農事試驗第五分塲棉作部引翔區	江蘇上海引翔鄉	五十五畝	
農事試驗第七分塲棉作部鄭州區	河南鄭州定安鄉	四百二十畝	
農事試驗第八分塲棉作部武昌區	湖北武昌關家河	六十畝	
農事試驗第八分塲棉作部夏口區	湖北夏口余氏墩	六十五畝	
農事試驗第九分塲棉作部保定區	直隸保定劉守墻	一百五十九畝	

翌年增加事業計劃

計劃之實施全恃經費現時十二年度增加經費已確定者惟江蘇省所補助之五萬元現擬將該款用於解決江蘇農業上急迫問題而為本科能力所不逮者如下

（一）設立棉作研究室　先進諸國如英如美莫不注意於棉作根本知識之研究如欲知棉作適當施肥方法非先將各種肥料所含成分之確數土壤中何種要素最多何種要素最缺以及棉作何時需用某種要素最急及需量若干種種問題先行研究不可如欲

改良品質非先觀察棉纖維之形態及生理不可如欲防治棉作病蟲害尤非將棉作抵禦力之確實本能先行研究不可故本科急宜籌設棉作研究室以補各棉作試驗場之不逮

（二）舉辦植物園及試驗林場　民國十二年四月江蘇省教育實業聯合會森林計劃委員會草擬之推廣改良蘇省森林計劃以本科擔負本省林業之研究先行着手者一爲試驗林場一爲植物園

（甲）植物園　擬在南京附近山野選擇適當之地約千畝凡與此間氣候適宜之樹木均一一種植喬木灌木均照科學分類法排列而不失天然生育之狀况每樹名稱用中文標識創設植物園之目的在保存中國原有之佳木不使絶種又彙集天然樹木之標本以供研究

（乙）試驗林塲　在植物園毘連之地設試驗林塲以研究觀察各項林木固有之特性中國適用造林樹木約百種左右每種各種植一區約三五畝每年之生長均用精密統計以資比較如對於病蟲害之損害霜雪之抵抗亦詳細記載如此試驗比較其結果可推測某種林木適宜於某項林地栽植之用

（三）舉辦血清製造所　凡畜類急性疫病盛行之際祇能預防於未形不能醫治於臨時預防之法卽注射血清疫病之種類繁多故血清之造法不一吾國尚未有血清製造所之設立需用時不得不向外國購買但價值昂貴運輸費時有時不能濟急本科畜牧系頃又有養猪試驗場之設立故實有舉辦血清製造所之必要以防免疫病之發生與傳染冀可盡力推廣由近及遠將來吾國肉品自用有餘時運銷外國以有血清預防外國亦無從藉口禁止欲冀畜牧事業之發展其第一種之計劃當以設血清製造所爲急

（四）舉辦養猪試驗場　猪肉爲人類重要之食品江蘇一省猪之一項年前輸出甚鉅亦爲國際間鉅額之貿易惟以選種未見佳良飼育或有失當故產額不能多增急應設法爲精確之研究

（五）補充食糧研究經費　本科食糧研究經費雖有省款補助之二千元上海麪粉公會補助之六千元尚處不足故事業範圍囿於局部亟須設法補充以期發展

（六）補充園藝調查研究經費　園藝一項凡家庭中花草蔬果之培植公衆地園林景物之經營無不包括於此深足以陶冶性情取資日用外人對於園藝甚爲重視非無故也亟應調查中西良法研究改進現有經費甚少須設法量爲補充

(七)擬聘農作專家二人　本科現有棉作專三家人惟自明年始除繼續進行本科所辦之試驗外須指導接洽本省所有之國立省立各棉業試驗場協助省立第一農校造就棉業推廣人才與執行推廣全省棉業事宜至少須增棉作專家二人

(八)擬增聘昆蟲專家一人　本科現有昆蟲專家五人內二人爲美國籍研究昆蟲事業非常繁重而國人之學昆蟲者人才過少故本年度亟須增聘美國著名昆蟲專家一人

(九)擬聘植物病理專家一人　江蘇植物病害問題亦極重要本科現在與一美國著名病害專家接洽擬請其來校擔任病理研究

(十)擬聘稻麥進種專家一人　江蘇食糧問題極爲重大本科對於小麥及稻作改良雖各有一人主持其事力量終覺過於薄弱故須急於色物一世界著名進種專家而專於穀類作物者協助其事以促進行

以上數項爲就翌年度財力所及擬辦之事本科事業既多而經費不足難於相應現時已辦者不及全部事業四分之一而目前最感困難者尤爲建築物之缺乏幾至無從辦事無從研究故本科之農藝院與生物院(建築圖見插圖)一年內非興工建築不可深祈官廳社會設法玉成其有造於本科事業前途實匪淺鮮此則又爲本科同人所頌禱不置者也

教職員表

姓名	字	籍貫	經歷	職務	通訊處
郭秉文	秉文	江蘇江浦	美國務思透大學理學士哥倫比亞大學師範科碩士博士前江蘇歐美教育調查員考察日本菲律濱教育團團員	校長	本校或上海法界霞飛路二九〇號商科大學
鄒秉文	秉文	江蘇吳縣	美國康南耳農科大學農學士	本科主任	蘇州通和坊
文德		美國	美國加州農科大學昆蟲學博士昆蟲學教授	昆蟲學講師	
王兆麒		江蘇無錫	美國愛哦華大學獸醫學博士美國省政府註冊獸醫士	獸醫學教授	
王善佺	堯臣	四川石砫	美國喬治亞大學科學士植棉科碩士南通農科大學棉業第一講座國立北京高等師範學校植物學教員	棉作技師作物學教授	南京黃泥崗何氏啓蒙學塾內四川石砫
王太乙	太乙	江蘇江陰	日本國立園藝試驗場研究員	園藝學技師	
王宗祐	守訓	浙江上虞	國立南京高等師範學校農業專修科畢業	畜牧學助教牧場管理	浙江上虞縣崧鎮王泰來木行
王啓虞	郁華	浙江東陽	國立南京高等師範學校農業專修科畢業	昆蟲學助教	

王蔭槐	銘三	江蘇江寧	江蘇省立第一農業學校畢業華商紗廠聯合會江浦植棉分場技術員	棉作改良委員會事務員	南京新廊六十六號
王慶餘	蓋懋	江蘇江都	江蘇省立第一農業學校職工科畢業華商紗廠聯合會植棉場練習一年	農事試驗第七分場棉作部鄭州區助理	揚州南門街星橋東河邊口胡宅
田璡	蓋周	江蘇鹽城	本校植棉專科畢業	棉作改良委員會助理員	鹽城李家角
朱春元	賓秋	江蘇江都	江蘇省立第一農業學校職工科畢業華商紗廠聯合會植棉場練習一年	農事試驗第四分場棉作部江浦區推廣指導員	揚州南門街星橋東河邊口胡宅王慶餘轉
李炳芬	炳芬	廣東	美國依利諾工科大學機械工程師美國必民農具公司任職二年	農具學教授	香港德輔道中二百七十九號
李鈞驎	巽九	江蘇太倉	江蘇省立第二農業學校職業教育養成科畢業華商紗廠聯合會植棉場練習一年	農事試驗第五分場棉作部引翔區助理	
吳偉士		美國加州	昆蟲學博士前加州大學昆蟲主任教授	昆蟲學教授	
吳耕民	潤蒼	浙江	國立北京農業專門學校畢業日本園藝試驗場實習三年會充母校教員	園藝學教員	
吳元滌	子修	江蘇江陰	江蘇優級師範博物科畢業常州武陽公學師範講習科主任北京女子師範庶務主任江蘇省立第一農業學校第六中學校博物教員國立暨南學校博物教員	生物學教員	

吳福楨	福楨	江蘇武進	國立南京高等師範學校農業專修科畢業	昆蟲學助教	常州奔牛卜弋橋
何尚平	尚平	福建	比國莊白露農科大學農學士	蠶桑學名譽教授	上海中國合衆蠶桑改良會
沈延坤	載華	浙江金華	國立南京高等師範學校附屬中學校農科畢業	農科圖書室管理員	
汪德章	啓愚	江蘇吳縣	美國依利諾大學科學士康南耳農科大學農學碩士國立北京農業專門學校江蘇省立第三農業學校河南農業專門學校教員農商部第三種畜牧試驗場辦事員	畜牧系主任兼畜牧教授	南京紗帽巷
竺可楨	藕舫	浙江紹興	美國哈佛大學地理科博士	氣象學教授	南京大倉園五號
金善寶	笑衍	浙江諸暨	國立南京高等師範學校農業專修科畢業	農事試驗總場技術員	浙江諸暨楓橋金萬裕米號轉石峽口
金乾	致中	江蘇武進	本校植棉專科畢業	棉作改良委員會助理員	常州溥利米公司
秉志	農山	河南開封	美國康南耳大學科學士科學博士韋斯德神經學研究員	動物學教授	
周給祿	在中	浙江義烏	國立南京高等師範學校農業專修科畢業	農事試驗總場技術員	浙江義烏佛堂龔本和號轉卅墟

周鳳鳴	邕伯	江蘇宜興	江蘇省立第一農業學校畢業安亭震川乙種農校校長	農事試驗第四分場棉作部洪武區技術員	宜興蜀山
周清	經寶	江蘇溧陽	江蘇省立第一農業學校職工科畢業	農事試驗第四分場棉作部江浦區助理	溧陽南門外金盤路茶宅
胡先驌	步曾	江西南昌	美國加州農科大學農學士江西廬山森林局副局長	生物系主任兼植物教授	江西南昌三眼井
胡竟良	天游	安徽滁縣	國立南京高等師範學校農業專修科畢業安徽省立第一農業學校教員	農事試驗第七分場棉作部鄭州區技術員	滁州楊家巷
胡燮炳	烺如	江蘇如皋	本校植棉專科畢業	農事試驗第四分場棉作部江浦區技術員	
范賫	肖巖	江蘇武進	江蘇省立第一農業學校畢業江蘇省立第二農事試驗場技術員安徽省立第二農業學校教員	園藝系助理	常州北岸梅祝孫轉
孫恩麐	玉書	江蘇高郵	美國依利諾大學科學士魯衣夕亞奈農科大學農學碩士江蘇省立第一農業學校河南農業專門學校教員	作物學教授棉作主任技師	南京石婆婆巷
孫宗彭	稚蓀	江蘇無錫	國立南京高等師範學校農業專修科畢業	動物學助教	蘇州胥門內侍其巷四十六號
原頌周	頌周	廣東番禺	美國艾俄華農科大學農學士廣東農事試驗場技師北京中央農事試驗場土壤科主任	作物學教授農事試驗總場主任兼小麥試驗場主任	廣州西關永慶街原兆麟堂南京大影壁

馬德祚	墅農	江蘇鹽城	本校植棉專科畢業	棉作改良委員會助理員	
唐東山	魯峰	江蘇阜寧	江蘇省立第三農業學校畢業國立南京高等師範學校農場助理	農事試驗第九分場棉作部保定區技術員	阜寧滯教市第四高等小學校
唐介石	介石	江蘇蕭縣	江蘇省立第一農業學校畢業	農事試驗第七分場棉作部鄭州區技術員	徐州黃口車站轉唐園
袁 煇	仲達	湖南湘潭	本校植棉專科畢業	棉作改良委員會助理員	
黃國華		廣東	法國蒙百勒農科大學農學士	蠶桑系主任	
張巨伯	歸農	廣東鶴山	美國奧海奧農科大學農學士昆蟲學碩士廣東嶺南大學校生物學教員	病蟲害系主任昆蟲學教授	廣東鶴山縣沙坪墟布行街福源號轉
張景歐	景歐	江蘇金壇	美國加州大學農碩士	昆蟲學教授	
張益三	挽瀾	浙江松陽	國立南京高等師範學校農業專修科畢業廣西省立第三師範教員	農事試驗總場技術員兼農業調查員	
張嘉甝	受之	江蘇太倉		農科辦公處書記	

張雲	天翮	江蘇武進	本校植棉專科畢業	農事試驗第五分場楊思引翔兩區技術員	
張慶霖	介農	浙江紹興	南通甲種農業學校畢業母校農場技術員	棉作改良委員會助理員	
張標	建齋	江蘇崇明	國立南京高等師範學校附屬中學校農科畢業	農事試驗總場助理	
陳煥鏞		廣東	美國雪拉格大學林學士哈佛大學林碩士前金陵大學森林學教授	植物學教授	
陳楨	席山		金陵大學農科學士美國哥倫比亞大學科學碩士金陵大學教員	生物學教授	
陳貞	仲元	廣西南寧	廣西省立第一中學校畢業	生物系助教	
陳鋒	劍寒	江蘇無錫	江蘇省立第一農業學校畢業吳江縣立農業學校主任	農事試驗第四分場勸業區技術員	無錫玉祁
陳宏緒	纘侯	江蘇丹徒	江蘇省立第一農業學校畢業	畜牧系助理	揚州小司徒廟總門口
秦國獻	子野	江蘇南通	國立南京高等師範學校農業專修科畢業南通代用師範學校教員	作物學助教	南通西亭市

華繼書			江蘇省立第一農業學校畢業	農事調查員	
華天祇	介農	江蘇高郵	本校植棉專科畢業	農事試驗第四分場棉作部江浦區技術員	
傅煥光	志章	江蘇太倉		農科編輯兼中英文書記	
葉元鼎	元鼎	浙江鎮海	金陵大學農科學士美國喬治亞大學農學碩士	作物學教授棉作技師	上海盆湯弄葉德馨煙號
費咸遜		法國	法國蒙百勒農科大學農學士	蠶桑系名譽主任兼蠶桑學教授	
曾省	級甫	浙江瑞安	國立南京高等師範學校農業專修科畢業	動物學助教	浙江溫州瑞安中明里
曾景適		河南鄭縣		農事試驗第七分場棉作部鄭州區助理	
過探先	探先	江蘇無錫	美國康南耳大學科學士農學碩士江蘇省立第一農業學校校長華商紗廠聯合會南京植棉總場總場長歷兼省立第一造林場籌備員螟蟲考察團團長江蘇省教育團公有林監理	本科副主任農藝系主任棉作改良委員會主任作物育種學教授	南京四牌樓或無錫八士橋
馮澤芳	馥堂	浙江義烏	國立南京高等師範學校農業專修科畢業	作物學助教	浙江義烏赤岸街

國立東南大學農科六年間概況　三十九

葛敬中	運成	浙江嘉興	法國都露士大學農學士北京農業專門學校農場主任	園藝系主任兼教授	
鄒樹文		江蘇吳縣	美國康南耳大學科學士農學碩士北京農業專門學校及金陵大學昆蟲學教授	昆蟲學教授	
鄒鍾琳	孟千	江蘇無錫	國立南京高等師範學校農業專修科畢業	植物病理學助教	蘇州后宅
楊炳勛		浙江杭縣	美國惠斯康新大學科學士甘謝斯農科大學農學碩士	作物學教授	
楊惟義	宜之	江西上饒	國立南京高等師範學校農業專修科畢業	昆蟲學助教	
楊煥春	叔明	江蘇江陰	國立南京高等師範學校附屬中學校農科畢業	小麥試驗分場助理	
趙伯基	伯基	浙江諸暨	國立南京高等師範學校農業專修科畢業	農事試驗總場兼小麥試驗分場技術員	
趙啓能	公愷	浙江杭縣	浙江省立甲種農校畢業母校農場管理	園藝部助理	
趙秀齋		浙江諸暨		農事試驗總場庶務	浙江諸暨楓橋趙萬馨號轉

喻兆琦			國立南京高等師範學校農業專修科畢業	生物系助教	
鄭恩桐	廂生	直隸寧河	整理棉業籌備處農科練習二年	農事試驗第九分場棉作部保定區助理	天津法界中國銀行鄭廂臣轉
劉涵霖	鶴秋	湖南湘潭	本校植棉專科畢業	農事試驗第八分場棉作部武昌區技術員	
劉鶴鳴	天耳	江蘇無錫	華商紗廠聯合會植棉場練習二年	農事試驗第五分場棉作部楊思區助理	無錫八士橋
錢崇澍	雨農	浙江海寧	美國依利諾大學科學士芝加哥大學科學碩士哈佛大學通儒院研究員江蘇省立第一農業學校及金陵大學植物教員	植物學教授	
昝水周	文卿	河南滎陽	國立南京高等師範學校農業專修科畢業	農事試驗第八分場棉作部夏口區技術員	
戴謨		江蘇泰縣	泰縣師範講習所畢業	農場繕寫員	
盤珠祁	斗寅	廣西容縣	美國康威斯大學農碩士	土壤學教授	
謝崇枋		湖南	前清附貢生	農場文牘員	

國立東南大學農科六年間概況　四一

嚴孟平	孟平	江蘇常熟	蘇州中學畢業	農科事務員	
蘇道生		廣東		農事試驗總場庶務	本城四象橋兩廣會館
顧恆甲		江蘇鹽城	江蘇省立第三農業學校畜科畢業	畜牧系家禽管理	

鄒秉文著

民國十五年之東大農科

國立東南大學農科刊行
民國十六年一月

一九二六年之東大農科（一九二七年一月）

檔號：1001-5-198

民國十五年之東大農科

科主任兼教授鄒秉文

自本年始。本科定期刊物。除屬於研究性質之農學及英文農業彙刊。與屬於推廣性質之各種農業淺說外。每月至少刊行農科通訊一期。每年刊行農科年報一册。後二者皆屬於報告性質。蓋本科現時設系凡七。試驗場所共十二處。代辦機關與附屬機關共二。曰江蘇省昆蟲局。曰沙洲圩鄉村小學。以上各部共有教授教員技師人數二十六人。助教助理等人數七十九人。總數爲一百零五人。此一百零五人之精神時間十八之耗於研究試驗推廣事業。十之二耗於教務。不有報告。對內無以得切磋觀摩之效。對外無以收督責贊助之益。此本科通訊與年報刊行之微意也。

本年年報中之報告。屬於科行政者有教務部。推廣部。屬於附屬與代辦機關者。有沙洲圩農村小學。江蘇省昆蟲局。屬於委員會者有棉作改良推廣委員會。屬於各系者有農藝系。植物系。動物系。病虫害系。蠶桑系。畜牧系。園藝系。各報告均由教授教員技師具名負責。各報告之時期。除教務部按照學年度計算根據十四年七月至十五年六月之事實報告外。

餘均由十五年一月一日起至十二月三十日止。惟本期爲本科第一次年報。故各報告爲敘事便利起見。亦有補述從前經過者。

民國十五年之本科經過事實。已詳見年報各報告中。秉文忝司科行政。茲謹就全科同人所報告者。擇其要語。彙成斯篇。名曰「民國十五年之東大農科」。庶讀者易窺全豹。若云詳盡。則仍請檢閱各報告爲要。

（一）科行政組織之改進

本科科行政事業之繁重。理由有四。（一）全科事業不僅在教務。實研究推廣與教務并重。就三種事業性質論。則研究尤占最重要之地位。蓋不如此則教務與推廣均無從進行矣。（二）全科經費由校中預算担任者。祗及百分之五十而弱。其餘過半數經費均須逐年向校外籌措。（三）本科現時事業範圍。僅及世界較完備之農科大學三分之一而強。爲完成本科對中國農民使命計。不得不籌畫人才經費之增加。勉圖發展。（四）本科對於中國農業教育改造之主張。與對農民之貢獻。頗引起社會之注意。近來通函接洽商權意見者日見其繁。自十五年四月起至十二月底止。九個月內。本科答復校外中文函件。計共有一千一百九十一封。英文函件計共一百二十六封。基上理由。故科行政之組織。不能不有相當之改進。在民國十五年之內。已經實行者。計有三項。

(一)增重科教務主任職權　科主任以科內外事務較多。對於學生選課之指導。暑期鄉田實習之接洽成績之保管攷查每學期全科各系學程之支配編排。以及各系添購書籍儀器設備之籌畫保管登記等事。幸早得教務主任謝家聲先生全權主持。各事賴以有條不紊。此秉文與全科教授學生所同深欽佩者。惟科務既日見其繁。而科主任因職務關係離校時日亦較多。故除教務外。其他科務。有賴於家聲先生之主持者。亦日見其多。科辦公處有中文文牘員一人。英文文牘員一人。(兼職)書記一人。本隨時受教務主任之委託。辦理事務。現擬再將英文文牘員改為專職。除辦理英文文牘及英文編輯事務外。至少能以一半時間。助理教務。庶家聲先生可稍得餘暇。多注意學生訓育及一部分之科行政事務。又本科與世界各國交換農業刊物。愈見其多。現科中聘定農學士吳君建章為農科圖書管理員。專主整理保管農業刊物。亦由家聲先生及本校圖書部主任洪範五先生隨時予以指導。

(二)促進推廣部事業　本科推廣事業。向由各系各試驗場各委員會及昆蟲局直接主持。例如棉作推廣事業則由棉作改良推廣委員會及各棉場主持。稻麥推廣事業。則由農藝系及大勝關試驗場主持。病虫害防除事業、則由昆虫局及病虫害系分工主持。蠶桑推廣事業。則由蠶桑系主持等類皆是也。惟推廣之屬於普通性質或不屬於現時任何已有之部系者。科中乃設推廣部以主持之。部以農業經濟學教授唐啓宇博士爲代理主任。秉文亦隨時稍盡棉薄。部中現暫分五組辦事。(一)農村借貸組由唐教授協同助教張鎭臨進行。先從調查農民經濟情形入手。現時已經調查者、有江寧之沙洲圩、江浦之永寧鎭。嘉定之各鄉。希望於三個月內確定辦法。與銀行界合作組織信用合作社、以經濟力法。協助農民。改良農業。本組事業。俟本科農政系成立。即行劃歸該系主辦。(二)農村教育組由唐教授協助沙洲圩附屬小學校主任江君國仁辦理之。目的擬先將該校切實辦理。使能爲改造鄉村教育者之參考品。然後再對其他農村教育問題。逐漸注意。本組事業亦俟本科農政系成立時。即行劃歸該系主辦。(三)通俗教育組由童君士愷吳君國棟担任。該組事業爲用通俗教育方法。指導農民。改良農業。其設備有能自發電之電影機一架。自製之本科改良中國農業影片四種。約長四千餘尺。又美國農部所製之改良農業影片十二種。約有二萬七千餘尺。自發電之幻燈機一架。幻燈片數百張。又自製各種改良農業標本數十種。以上各件由童吳两君攜赴各農鄉。每至一處。先開一農業展覽會。繼以農業講演。晚間則開放電影或幻燈。現以籌備需時。須至十六年二月六號始能沿滬甯鐵路各縣之農鄉先行舉辦。(四)編輯組由宋君希庠主之。鍾君務實助其抄寫。關於英文稿件。則歸科辦公處之英文文牘員。暫兼負編輯及發行之責。該組在十五年內所作之工作計編輯「農學」雜誌六期。(由第三卷一期至六期)淺說四册。均屬於棉業。英文農業彙刊第一卷第一期一册。農科通訊共十二期。本科概況一册。本科一覽一册。本科年報一册。又刊行植物系所編之中國植物圖譜一册。(五)總務組由陳君纘侯主之。專司繪製講演用之掛圖統計表及寄發各種刊物。經售本科產品等事。

(三)增設農科會計部　本校對於各科經費。向雖有一定之預算。而經費之支付與報銷亦向由校會計部與科中一教授直接辦理。科主任無從查核。殊非慎重之道。十五年三月。科中感於已往困難。始設立會計部。以本科事務員嚴君孟平及棉作委員會事務員張君雲爲本科會計。所有校外補助費及校內應付之各農場經費。均採用新式簿記法。由科會計負責經管。科主任與全科教授均可隨時稽查。每半年並請由校所聘之會計師詳查一次。出具證明書。登諸年報。藉昭大信。

（二）各系人才設備之充實

本科事業。因校中經費過少。進行至感困難。近年來幸賴各方補助。稍資發展。但此等經費。支付每苦不能固定。故各種事業。常有因經費中斷。維持不易。本年李耆卿先生長江蘇財廳。對於本科之江蘇補助費及江蘇昆虫局經費。雖經核減。而經費支付。自本年三月至於今日。從未延時。又中華教育文化基金會補助本科之棉稻麥改良推廣費。自本年七月至於今日。支付亦從未後時。本科因得依據計畫。注意於全科人才設備之充實。除科行政組織之改進。已經報告外。本科其他各部之人才設備。在此一年內。亦有相當之進步。茲爲簡要報告如后。

（一）植物系　本系原有教授二人。爲胡步曾博士陳煥鏞碩士。均植物分類學專家。今年增聘美國芝加哥大學植物學博士張景鉞先生。爲植物形體學教授。已於十五年九月到校教員一人以助教秦仁昌升任助教增至四人爲劉君咸劉君恒振喻君兆琦嚴君楚江均本科畢業生助理一人爲陳君長年又與動物系合聘馮君澄如爲繪圖員儀器設備方面計十五年九月中曾購學生用顯微鏡十架研究用顯微鏡一架共十一架連前共有顯微鏡七十六架均與動物系合用又本科現以五千五百元與建築溫室五座預計十六年三月內即可告成內有一座擬歸植物系充研究用此外如應補購研究參考用之植物書籍及舊雜誌預計共需四千元植物形體學之設備約一千元赴四川等處採集旅費約一千元留候十六年份內籌劃

(二)動物系　本系原有教授二人爲秉農山博士陳席山碩士十四年陳教授請假一年至北京清華講學十五年夏間業已回校繼續其金魚遺傳試驗及教務教員一人由助教曾巍夫升任助教增至三人爲崔之蘭女士方君炳文歐陽君翥均本科今年畢業生助理一人爲傅君壯年儀器設備在十五年內計先後寄美定購研究用之書藉及舊雜誌約共値洋二千五百元另在成賢街農場闢地一畝有餘專充陳教授研究金魚遺傳用該地可以安置金魚缸二百數十隻計購缸及整地圍籬費約耗千元此外生理儀器設備約千元

其他儀器設備約二千元均已籌有的款可於十六年之上學期內分別購買。

(三)農藝系　本系之主要事業爲改良推廣江蘇之水稻與小麥其棉作改良推廣事業則另由棉作改良推廣委員會主持試驗場設於大勝關面積共一千三百四十七畝爲全國規模最大之食糧試驗場。人才方面因技師原君頌周辭職現由系主任兼教授王堯臣碩士主持場務并兼本科食糧改良委員會主任技師另新聘美國加州農科大學農博士郝景坤先生爲教授兼技師日本東京帝國農科大學農學士顧復先生爲教員兼技師又增聘吳君闇直陳君萬驄爲作物學助教黎君其位爲農具學助教儀器設備方面則食糧研究用之儀器本年內增置者約值一千餘元又有大勝關添置抽水機一架約值一千五百餘元另儲備一千五百元專充明春大勝關試驗場建築種子儲藏室用又以注意江南方面之食糧試驗事業起見須於崑山增設食糧試驗場一處惜多方物色迄今尚未得相當地點又本科現時所造之五座溫室內有一座專爲本系食糧育種用。

(四)病虫害系　本系分昆虫病理兩門昆虫門教授原有二人爲張巨伯碩士張海珊碩士本年張君巨伯辭職改聘美國依諾奈大學昆虫科碩士鄒君樹文繼任所有昆虫門事

業。因與代辦江蘇昆虫局合作。另詳後頁。病理門原有教授一人爲戴芳瀾碩士。今年增聘在美國埃華大學研究植物病理之農碩士何君畏冷爲教授、助教二人爲葉君識林君亮東。儀器設備方面今年增購學生用顯微鏡五架另購其他書藉設備約値數百元。又有溫室。一座專供小麥銹病試驗正在建築中。

(五)蠶桑系　本系原有教授二人爲葛君敬中。黃君國華。本年黃君辭職改聘留法里昂大學農博士常君宗會繼任。惟國內蠶桑研究人才終感不足。現科中委託系主任葛君敬中於年底赴日本物色專才。希望於十六年春增聘蠶桑教授教員各一人、庶能更積極注意於蠶桑研究事業。儀器設備方面計購入學生用顯微鏡五架、研究用顯微鏡一架切片機一架。現時本系經費較裕。祇須增加專門人才。積極進行研究事業。則前途希望必更遠大。

(五)園藝系　本系於十五年之上半年。由植物學教授陳煥鏞兼任系主任。繼以陳君在植物系之職務本甚繁重。未遑兼顧。適由本科資助赴法專習園藝之范肖岩君於十五年秋間回國因改聘范君爲代理系主任兼教員。吳君耕民王君太乙仍爲本系教員。林君汝瑤仍爲本系助教。自范君回國後。系中事業。更見進步。太平門外之果樹試驗場。面積九十畝內有五十畝地本租自鄭君源興及王君錫藩。今年秋承鄭君將其地二十五畝捐贈本科。王君亦以其地廉價出讓。故現時此五十畝之所有權。已完全爲本科所有。成賢街試驗場有田數畝。地勢較爲低窪。已設法填高。俾適於用。豐潤門附近本科有田十數畝。現已劃歸該系管理。充作苗圃之用。本科正在建築之溫室五座中有二座專爲本系培植園藝植物。此本系一年來之進步也。

（七）畜牧系　本系教職員人數。一如往昔。惟經費方面。科中對於牧場每月均有規定預算。所有牧場收入。自十五年之八月始。已可完全留作本系添置牲畜及添購設備用。計本年曾購中外豬種約千元。留爲育種之用。又新式孵卵器一架。其他儀器設備。留待十六年之上半年。再行補購。

（八）棉作改良推廣委員會　委員會因專任技師。祇有葉君元鼎一人。其餘如孫君恩慶。許君震宙。均兼任江蘇省立第一農校職務。事業進行。殊感困難。秉文草此稿時。已聞悉孫君向江蘇教廳呈辭一農校長職。此後若能專任本科棉作主任技師。則本科之棉作成績必更遠超於昔。設備方面。惟楊思鄉之棉場。曾擴充面積四十畝。武昌棉場。共擴充一百二十四畝。計本科棉場面積現時共有一千五百五十一畝。較去年增一百六十四畝。

(九)代辦江蘇昆虫局　吾國昆虫研究人才缺乏。雖多方搜羅。終覺各種事業。均有才難之嘆。十五年夏聘定鄒君樹文爲代理局長。全局行政事務。漸見起色。十六年夏本局資助赴美專習昆虫之吳君福楨可以回局服務。研究事業。屆時或更可猛進歟。十五年春。於江南各縣江北各縣均組織有治蝗治螟分所。由技術員鄒君鍾琳楊君惟義吳君宏吉吳君濟民祝君汝佐及助理張君而耕方君香九等主持其事。不避炎暑。不分晝夜。努力服務。成績至爲昭著。惟事業範圍較大。需費不貲。所有增聘技師以及添購研究用之儀器設備。均不能不俟諸異日矣。

(三)全科研究事業之猛進

本科事業。以研究爲最重要。除本科中文研究報告。向在本科月刊「農學」及單行本發表外。茲於十六年始刊行英文農業彙刊。每年約出四期。專載本科各教授助教之英文研究著作。爲與世界各國生物學者及農學者交換知識之用。現第一期於十五年冬間付印。十六年春可以出版，內容有研究著作共八篇，內動物學三篇，植物學二篇，昆虫學一篇，農業化學一篇。獸醫學一篇，投稿人爲秉農山博士胡步曾博士張景鉞博士羅清生博士魏喦壽學士孫宗彭學士尤其偉學士。除魏君外餘均爲本科教授及助教，茲再將本科各系正在進行之研究事業擇要舉其名稱如后

植物系　本系正在研究之事業，有下列各題，

陳煥鏞　中國山櫸科植物之分類研究，中國槭科植物之分類研究。

喻兆琦　加氏椏之解剖研究。

劉　咸　南京藻類之調查。

劉恒振　中國樺木科之研究。

秦仁昌　中國蕨類之研究，

嚴楚江　南京菊科之研究。

林如梅　福建柏之解剖研究。

動物系　本系正在研究之事業有下列各項。

秉志　虎腦之結構。

陳楨　金魚之遺傳。

曾省　南京蜥蜴腦之比較研究，南京寄生動物之調查。

歐陽翥　白鼠脊髓中主動神經細胞之數目及大小。

崔芝蘭　蛙之腎臟細胞之研究。

方炳文　南京之蜘蛛。

喻兆琦　蟹之神經系統。

農藝系　本系正在研究試驗之事業有下列各項。

郝巽坤　陳萬聰　中國小麥各種染色體數目之研究。

郝巽坤　陳萬聰　中國小麥交配研究（注意育成早熟而又能抵抗銹病之品種）

郝巽坤　陳萬聰　中國水稻交配研究。

顧復　吳闓直　中國稻麥種子品評之研究。

王善佺　周拾祿　金善寶　吳闓直
中國稻麥生理形體分類及化學上之研究。

孫恩麐及各棉場職員
中美棉两熟試驗，棉作肥料試驗，棉作行株距離試驗，棉作生態學之研究。

葉元鼎及各棉場職員
美棉純系遺傳試驗，美棉品種比較試驗，美棉品系比較試驗，美棉品種觀察。

葉元鼎　宗俊
中棉品級研究。

許震宙及各棉場職員
中棉純系遺傳試驗，中棉品種比較試驗，中棉品系比較試驗，中棉品種觀察。

孫恩麐　葉元鼎　許震宙　袁輝
棉作生理及形體研究，棉種含油成分研究。

陳萬驄　黎其位
小麥條播器及作物種子撒播器之改良研究。

黎其位
改良抽水之風車及牛車。

病蟲害系
本系正在研究試驗之事業有下列各項。

戴芳瀾　小麥銹病之研究，大麥堅黑穗病之防除試驗，柏樹銹病之研究。
戴芳瀾 林亮東　桃之褐腐病防除試驗。
何畏冷　桑樹萎縮病之研究，棉花畸形病之研究。
葉　識　江蘇植物病害之調查。
張海珊　中國蜂蝶之分類研究，五種蝗類新種。
尤其偉　倉穀害蟲之研究。
畜牧系　本系正在研究試驗之事業。有下列各項。
張天才　改良江蘇猪種之試驗，改良乳牛之試驗。
羅清生　鷄之寄生虫研究，豬瘟血清之研究，

(四)全科推廣事業之成績

本科推廣事業。近方開始積極進行。茲將十五年內。經過事業。擇其數端。列舉如后。

(一)推廣棉種　十五年有八百零五家農戶。向本科要求優良棉種。計本年共發出棉種五萬一千九百二十五斤半。共種田九千七百六十九畝半。設每畝因用改良種可增加價

值五元之農產品。則至少有八百零五家農戶。今年可多得四萬八千五百餘元之收入。茲摘民國十六年一月本科通訊十二期所發表江浦農民因種改良棉種所得之利益於後。藉以知本科推廣棉作成績之一般也。

本科江浦區農場自推廣改良棉籽指導種植以來。領種人大半較未種棉以前增加收入不少。以去年大概情形言之。改良種較本地棉多收三十斤一畝。每担籽花價值又高溢三元。每畝合計可多收五元至六元之譜。其中可資紀述。植棉能致富有者三人。一為柯行長。據柯君云。未種棉以前山地十二畝。種芝蔴黃豆等收入不過五六十元。改種棉花後。去年能得二百元之收入。增加三倍有餘。二為徐老大。據乃鄰曹德庚云。從前負債近五百元。年來種植棉花。債已清償。良以棉能耐旱。收量又較其他作物為多。故收入日益豐厚云。三為曹國順。曹昔耕居山麓。栽種山芋黃豆等地積四十餘畝。每年收入僅足溫飽。且負債近千元。乃將山地出售。償清債務。去年租田一百畝。以二分之一種棉。穫有八百元之淨利。一般人莫不謂曹某漸可致富云。

(二)推廣小麥　十四年秋間所發之改良小麥種子至十五年夏初調查結果平均每畝

可以多收一斗八升二合因是極得農民之信仰十四年祇發出七石零三升種子十五年發出有百石左右約十五倍於去年所發之數量

(三)推廣水稻　十五年共發出改良稻種三十石五斗一升領種者一百五十四家南京一帶農民所領之種子因今年先患旱災後遭水淹無從調查其收穫結果蘇常道一帶之領種農戶或機關所得成績則均極優越平均每畝可多收數斗至一石亦有多收至二石四斗者

(四)驅除蝗蟲　十五年本科駐徐技術員吳宏吉在銅山碭山及蕭豐四縣協同地方官紳驅除蝗蟲計自十五年五月中旬起至七月下旬止歷時七十餘日發見產蝗地點大小共二百餘處產蝗面積共約二千方里先後招集捕蝗人數約六萬零四百餘工共斃蝗蝻及秋夏兩期蝗蝻一千三百餘石駐海技術員楊維義發見產蝗地點四十四處產蝗面積七百四十餘方里先後招集捕蝗人數共七千六百二十餘工共斃蝗二千五百四十六石駐淮技術員吳濟民發見產蝗地點共二十九處先後招集捕蝗人數二千九百餘工共斃蝗二百五十餘石共計十五年本科在江蘇之江北各縣共斃蝗四千零九十餘石地方官

紳之熱心合作。與諸技術員捨身爲農民除害之精神。殊足令人起敬仰之心。

(五)防除螟蟲　十五年本科在江蘇之江南各縣。協助地方官紳除螟。在吳江崑山嘉定三縣。先後共採得螟蟲卵塊一億二千三百五十五萬六千五百零四塊。共誘殺螟蛾一千七百十一萬五千三百五十四翼。此種除蟲結果。聞祇就吳江震屬七市鄉論。業已增加米量約二十五萬六千二百四十餘石。値銀二百五十六萬二千四百餘圓。云除螟工作之重要。與各縣地方官紳之熱心合作。及本科技術員鄒鍾琳助理張而耕方香九朱善慶樊寶棨等之努力服務。均於此可窺見一班矣。

以上數端。僅舉其例。若求詳盡。以及其他各系之推廣事業。均請檢閱年報各系詳細報告。

(五)校內外同人之熱誠贊助

本科事業。十年來之所以能有少許進展者。其一。由於社會與政府。日益了解農民問題之重要。對於本科事業。不惜予以種種之贊助。其二。由於全科教授職員。均以服務農民改良農業。爲各人之畢生天職。故甘於本校之菲薄俸給。不計犧牲。戮力前進。秉文追隨諸同志後。盡力於本科事業。亦將十年。甚願在最短期內。能使本科成爲東南最完備之農科大學。

則同志百餘人已往十年之努力。與夫校外友人之熱誠贊助。均可謂不虛矣。

民國十五年之東大農科

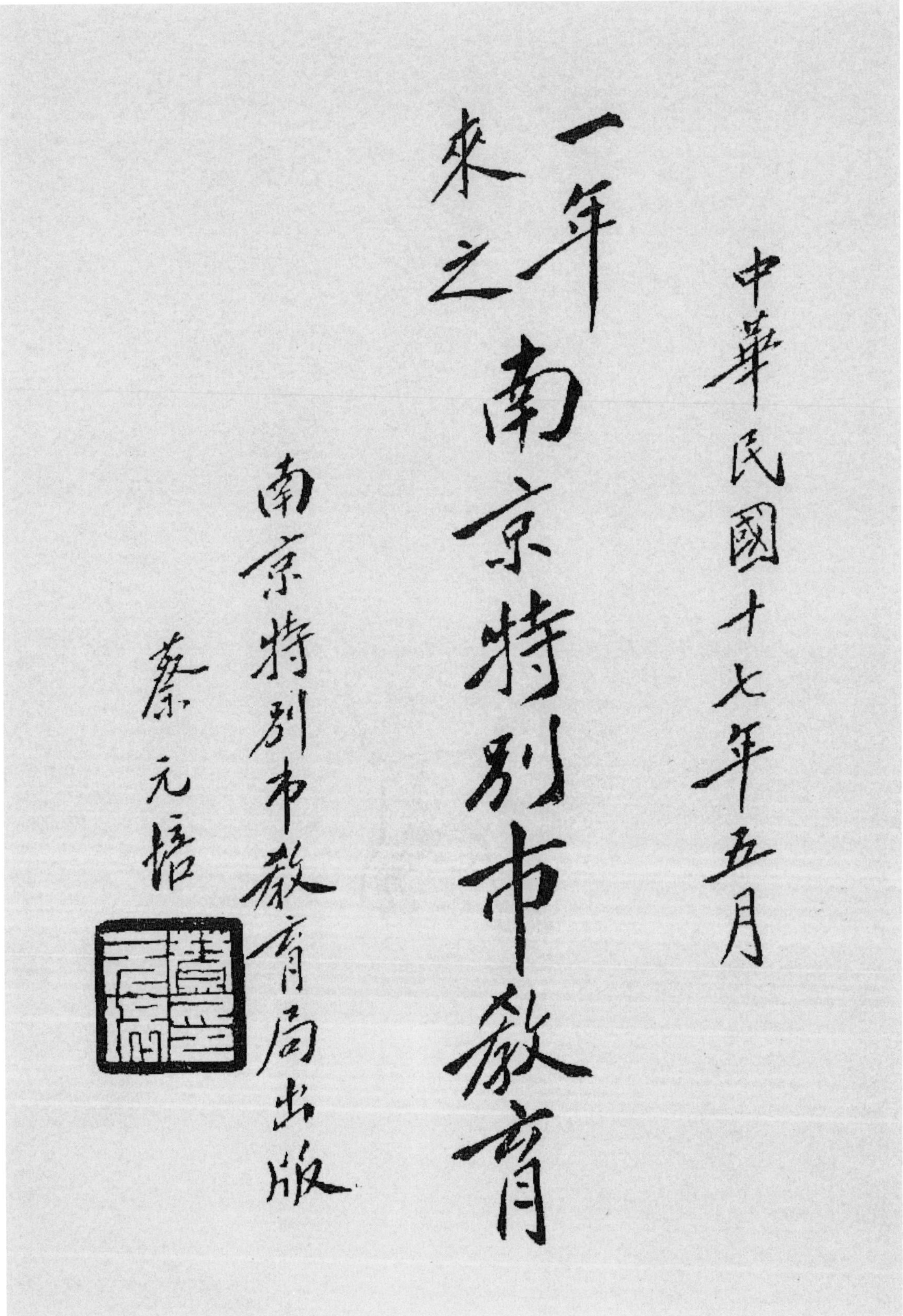
中華民國十七年五月

一年來之南京特別市教育

南京特別市教育局出版

蔡元培

一年來之南京特別市教育（一九二八年五月）

檔號：1001-5-220

教育叢書

本叢書由國內外教育專家擔任編輯，採用最新學說，以明白淺顯之文字評述之，專供師範學校及中小學校教師

書名	著者	册數	定價
教育心理學大意	廖世承	一册	八角半
教育心理學	廖世承	一册	一元四角
學習心理	朱定鈞 夏承楓	一册	六角
個性論	舒新城	一册	二角
幼稚之意義	王克仁	一册	一角
幼稚園課程研究	[illegible]	一册	三角
兒童與教材	[illegible]	一册	一角
設計教學法精義	[illegible]	一册	一元二角
初等教育設計教學法	沈有乾	一册	四角半
道爾頓制概觀	舒新城	一册	八角
道爾頓制研究集	舒新城	一册	八角
道爾頓制討論集	舒新城	一册	四角
個別作業與道爾頓制	舒新城	一册	一元二角
[illegible]常式學校組織概觀	[illegible]	一册	三角
施行新學制後之東大附中	廖世承	一册	一元二角
青年職業指導	王文培	一册	四角
中學訓練問題	陳啟天	一册	一角半
教育通論	舒新城	一册	八角
教育原理	余家菊	一册	五角
法國教育概覽	周太玄	一册	二角
中學以上作文教學法	梁任公	一册	三角半
教學觀察法	施仁夫	一册	三角
圖書館簡說	蔡瑩	一册	一角半
近代教育家及其理想	[illegible]	一册	六角
[illegible]	[illegible]	一册	八角半

教育小叢書

書名	著者	册數	定價
近代歐美初等教育發達小史	[illegible]	一册	一角半
小學公民科教學法	[illegible]	一册	二角
小學地理教學法	[illegible]	一册	一角半
兒童論	余家菊	一册	一角半
學校與社會	劉衡如	一册	三角
德育原理	元尚仁	一册	一角半
德育問題	邰爽秋 王克仁	一册	一角半
中小學訓育問題	周天沖	一册	一角半

6)

一年來之南京特別市教育

▵總目錄▿

卷頭語

這本小册子，是我們一年來努力服務首都教育的記載。我們回想到國民革命軍勢力沒有達到這裏以前，管理本市教育的機關，處在四面腐敗空氣之中，受他惡劣的薰染和影響，自然虛僞敷衍，弄得教育毫無基礎到萬分。我們接辦以後，採用革命手段，改革一切：固然因此見罪于人，有的時候，竟至疑謗交至。然而我們全然爲地方教育着想，絕不顧忌與畏縮。所以總把從前「固陋自守」「故步自封」的教育和傳在這種教育上的一切封建思想打破。現在剛就這一點而言，總算稍稍有眉目了。又自國民政府大學院成立，即以兼管及提倡學術教育相號召；我們也跟着她和市政府的指導，竭力向「學術化」那條路上做去。故自始即劃分全市爲四大學區，各設實驗學校一所，小學幼稚園若干所，聯絡起來；將現行各種教學上的方法，組織上的制度等等，立種種研究會；共同研究之。取其優良的，捨棄其不適宜的，成效頗有可觀。社會教育也是一樣，並且經過許多驚濤駭浪和起伏不定的風潮，一年之中，我們是在「試行與錯誤」中；我們簡直成了個「試驗」「探索」「研究」的人。這種方式的討論學術上教育上各種問題與方案，以學者或求學者態度去實行，自問可以無愧怍的。是但功罪在人，倘使社會上不予我們以同情與援助，只恐我們祗有做犧牲，又有何語可

業。所幸我們都是離開學校生活纔一二年或至多十餘年者，對于改造教育及欲服務教育以經黨國一層，實在抱有至誠和宏願。學校方面教職員與社會教育機關主任，又多精誠親愛，和我們合作。市長暨大學院長不消說的，時常引導我們。所以我們相信前途，不是沒有希望啊！這本册子內容，讓讀者諸君自己尋覽罷，有不妥的地方，還希不吝指正。首都教育，差不多全國人人都有關係的，我們謹以熱誠向全國教育界同志，致此希望。那麼，我們的錯誤和幼稚病，或許可以免掉了。

中華民國十七年五月遂川陳劍翛

總理遺像

總理遺囑

余致力國民革命凡四十年其目的在求中國之自由平等積四十年之經驗深知欲達到此目的必須喚起民衆及聯合世界上以平等待我之民族共同奮鬥

現在革命尚未成功凡我同志務須依照余所著建國方畧建國大綱三民主義及第一次全國代表大會宣言繼續努力以求貫徹最近主張開國民會議及廢除不平等條約尤須於最短期間促其實現是所至囑

市長小影

局長小影

南京特別市市政府教育局全體職員暨市立各校校長社會教育機關主任合影
十七年四月

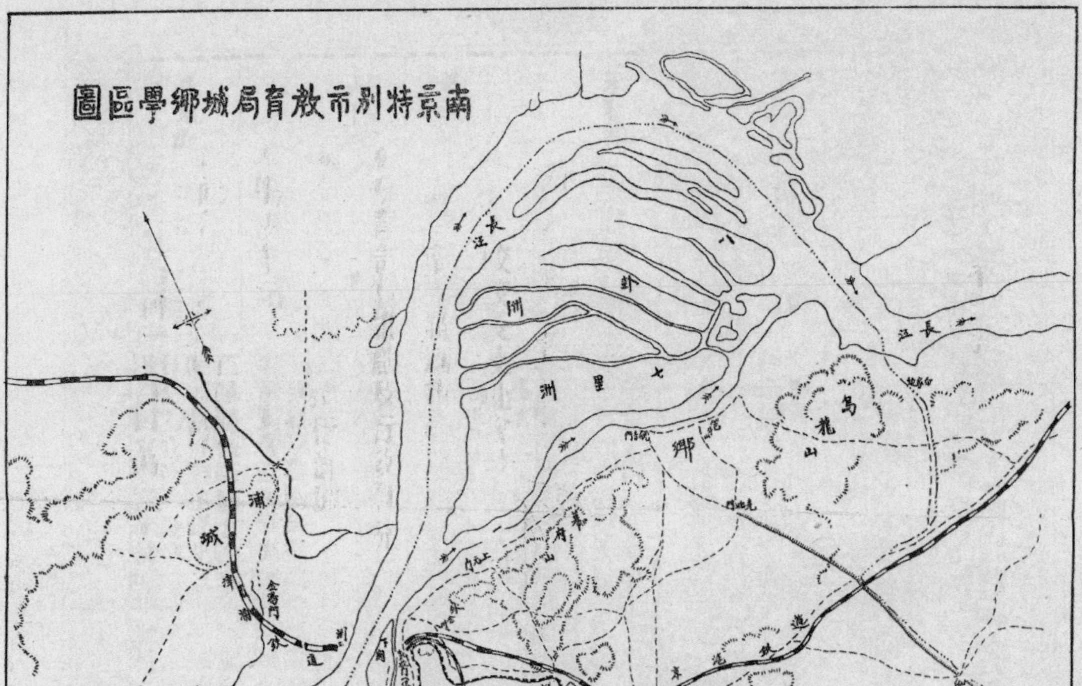
南京特別市教育局城鄉學區圖
長江
八卦洲
七里洲
烏龍山
幕府山
鍾山
南京城
江心洲
浦口
鐵道
圖例
市區界綫
城
土城
路綫
鐵道
市府
本局

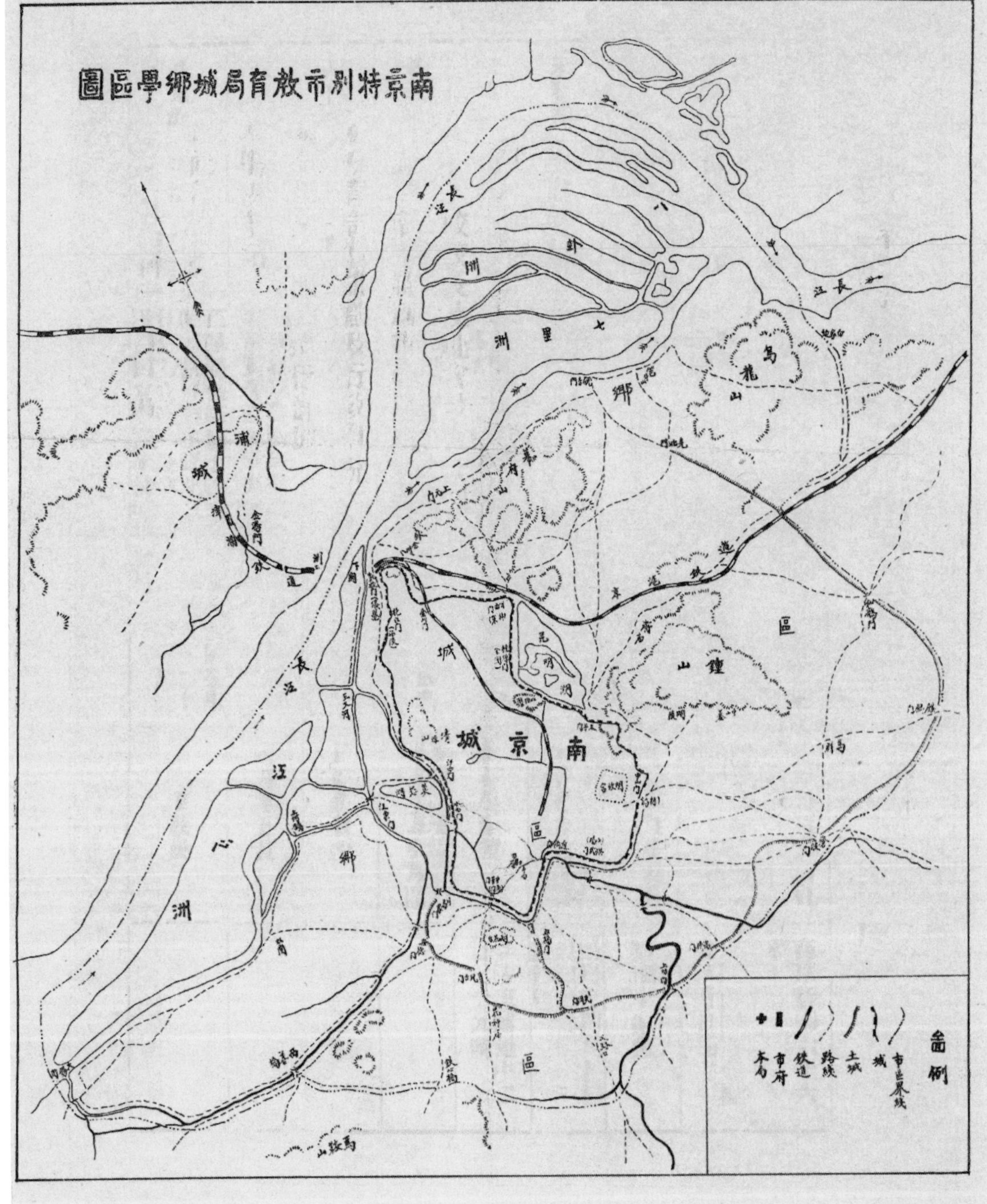

教育局的组織及行政概况

目錄

教育局的組織及行政概況

一　南京特別市市政府教育局系統表

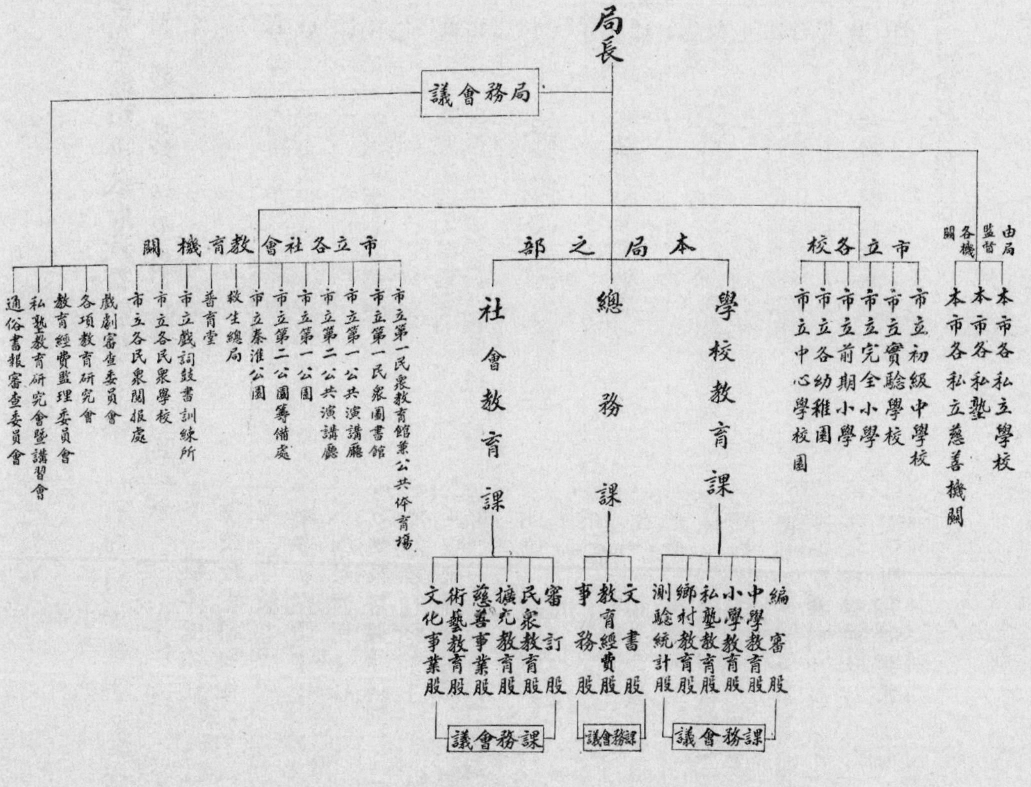
局長
議會務局
本局之部
學校教育課
總務課
社會教育課
編審股
中學教育股
小學教育股
私塾教育股
鄉村教育股
測驗統計股
文書股
教育經費股
事務股
審訂股
民衆教育股
擴充教育股
慈善事業股
術藝教育股
文化事業股
議會務課
議會務課
議會務課
由局監督各機關
本市各私立學校
本市各私塾
本市各私立慈善機關
市立各校
市立初級中學校
市立實驗學校
市立完全小學
市立前期小學
市立各幼稚園
市立中心學校園
市立各社會教育機關
市立第一民衆教育館兼公共体育場
市立第一民衆圖書館
市立第一公共演講廳
市立第二公共演講廳
市立第一公園
市立第二公園籌備處
市立秦淮公園
救生總局
普育堂
市立戲詞鼓書訓練所
市立各民衆學校
市立各民衆閱報處
戲劇審查委員會
各項教育研究會
教育經費監理委員會
私塾教育研究會暨講習會
通俗書報審查委員會

二、南京特別市市政府教育局編制表

職別	應有人數	現有人數	說明
局長	一	一	
總務課課長	一	一	
文書股主任	一		
文牘員	一	一	
事務股主任	一	一	
會計員	一	一	
庶務員	一	一	
編譯員	二	一	
統計員	二	二	
圖書員	二	二	
收發員	一	一	
監印員兼管書報事宜	一	一	
教育經費股主任	一	一	
稽徵員	一	一	
徵收員	一〇	六	
稽查員	五	四	
事務員	二	一	
校對員兼錄事	一	一	
管卷員兼錄事	一	一	
油印員兼錄事	一	一	
石印員兼錄事	一	一	
錄事	六	四	
下關辦事處主任	一	一	
學校教育課課長	一	一	
編審股主任	一	一	
中學教育股主任	一		
小學教育股主任	一		
私塾教育股主任	一		
鄉村教育股主任	一		
測驗統計股主任	一		
課員	三	一	
指導員	六	三	
專科指導員	六	一	
私塾巡廻教師	一二		
事務員	二	一	
社會教育課課長	一	一	
審訂股主任	一		
民衆教育股主任	一		
擴充教育股主任	一		
慈善事業股主任	一		
藝術教育股主任	一		
文化事業股主任	一		

課員	三	二	事務員	二	一	以上各課職員
指導員	六	三	本局傳達	一	一	
調查員	三	三	門役	一	一	
民衆學校巡廻教師	六		局役	一〇	一〇	以上局工

三、南京特別市市政府教育局現任職員一覽表

職別	姓名	字或號	年齡	籍貫	出身	履歷	通訊處
局長	陳劍脩		三一	江西遂川	倫敦大學碩士	前國立北京大學心理學教授現兼充國立第四中山大學自然科院副教授	
總務課長兼事務股主任	鍾靈秀	嶽雲	三二	江西遂川	國立北京大學商科畢業商學士高等師範本科畢業	江西中山大學法政專門學校教員贛省中學校校長省立第一女子師範學校教務主任省立商業學校教務主任江西商品陳列所所長南潯鐵路總管理處秘書長潯陽道署教育科科長	南昌章江醫院本京救生總局
文牘股主任	顧良杰	少儀	四一	江蘇江寧	兩江優級師範本科畢業	歷充兩江師範附中江蘇省立一中等學校教職員本縣縣公署第三科長等職	南京小西湖四十七號
文牘員	黃翰菁		二九	安徽盱眙	南京美術專門學校畢業	任母校教員兼文牘東南藝術專門學校教員江蘇省黨部宣傳部藝術科幹事南京特別市黨部宣傳部總務科文書幹事又組織部總務科文書幹事	本局或大夫第第二十三號仝耀庭先生轉
會計員兼社會教育課課員	謝國材	達成	二四	江西贛縣	上海南方大學畢業大夏大學肄業		江西贛縣龍江

庶務員	彭述人	石錚	三二	江西永新	江西豫章法政專門學校畢業、北京高等警官學校第一期正科畢業	江西警務處教育廳司法廳科員	
統計員	鄭大源	渭川	三〇	安徽歙縣	安徽二師畢業、東南大學修業一年	曾任東南大學教育科心理系助理助教共六年	安徽歙縣西鄉塲田
圖書員	魯之翹		三一	江蘇江寧	江寧縣立師範畢業、上海美術專門學校畢業	曾任江寧縣江寧市小學教員、江蘇省立第一農業學校繪圖員、南京鼓樓幼稚園圖書員	九兒巷
圖書員	劉開申	達孫	二二	江蘇崇明	崇明中學畢業、上海美術專門學校畢業	曾任崇明縣立第一高等小學教員	崇明城內北街
收發員	王湘鑄	瑜卿	二五	湖南常德	湖南省立第二女子師範畢業		劉軍師橋十九號
監印兼管書報	沈培華	彬文	二五	江蘇松江	松江景賢女中畢業	曾任寶山縣城廂女校及松江縣公立第六校教員	
教育經費股主任	閔毅成	東一	三一	江蘇武進	國立東南大學文學士	豐西教育會會長、鍾南中學教務主任、南京市教育協會常務主任、東大畢業同學會駐會幹事	常州北門外范恒新號轉
課員	康詩才	瘦僧	二九	江西泰和	江西豫章法政專門學校畢業	曾任小學校長、江西省黨部特派員、國民革命軍第六軍政治部宣傳股股員、南京市財政局特務員、中國國民黨五區三分部常委	絨莊街
辦事員	管毓清	筠秋	二八	江蘇江寧	五台山培珍中學、上海愛國體育	曾任蕪湖青山高小教員、萍鄉安慶工務局庶務	漢西門五八號
辦事員	陳榮亭	華芝	二六	江蘇江都	上海商業學校	省長公署秘書處書記、財政局錄事、後調經收員	現住本局
辦事員	沈啟翔		二七	江寧	鍾英中學	財政局辦事員	止馬營127號

辦事員	王景之	容聲	二二	江寧	漢口商業公學	漢口慶豐銀號辦事員財政局經收員	現住財政局稅捐處
辦事員	陳榮陛		二四	浙江上虞	杭州蕙蘭中學	曾任蘇州大中華織物圖書館主任蘇州競美美術社經理上海復昌恒報關行會計	夫子廟內青雲樓
事務員	索祠貽	穀亭	二七	湖北江陵	江南開通法政學校省立第一中學畢業	湖北旅寧公與建業大學附中南京女子美術專門學校兩江民立中學校事務主任教員	南京王府園三十號
校對員兼錄事	王道	濤民	三五	江蘇句容	兩江師範附設中學畢業	江寧縣第一科錄事	句容中街王復興號
管卷員兼錄事	王湛		二三	江蘇江寧	縣立第二高小畢業	江寧縣第一科錄事	南京絲市上二十八號
錄事	陳金龍	漢飛	二三	江蘇江寧	南京青年會商業專門學校畢業公益中學畢業	南京市立第四十小學校教員和縣第三高等小學校教員兼文牘員	本市上街口二十五號
錄事	薛鶯	夢飛	二三	江蘇武進	宜興中學畢業	上海江南廠庶務員日商亞細亞洋行收賬員	宜興縣枝巷鎮後街
錄事	岳科		二一	江蘇江寧	南京中學校畢業	本校事務員江寧市立第六小學校教員	本京秦倉巷十三號
錄事	奚光升	明	二五	江蘇松江	師範講習所畢業	歷充上海地方檢察廳警備隊等司書	松江西門外坍牌樓
錄事	翁世勛	小隅	二三	江蘇江寧	浙江省立第一中學畢業東吳大學肄業		本市徐家巷十八號
錄事	沈鍾傑	次庸	二四	安徽廣德	南京美術專門學校畢業		本市殷高巷二號
學校教育課課長	陳鶴琴		三五	浙江上虞	美國哥倫比亞教育碩士	國立東南大學教授九年	南京鼓樓條巷

編審股主任	潘抑強	澤春	三一	江蘇武進	國立東南大學教育學士	安徽第三師範教育教授國立東南大學附中教務主任	常州東青鎮
課員	谷延儁	叔千	二七	江蘇淮安	南京中央大學教育學院肄業	曾任南京五卅大學教員	江蘇漣水谷圩
名學指導員	孫仲威		三二	浙江杭縣	南京金陵大學農學士	曾任金陵大學鄉村教育系教員兼鄉村師範主任江蘇教育廳科員	
指導員	張宗麟		二八	浙江紹興	國立東南大學教育學士	東大教育科助教寧波啟明女中校長浙江省立女子中學教務主任	
指導員	雷震清		二七	湖南鹽山	國立東南大學教育學士	杭州市教育局學校教訓股股長市立清波學校校長湖南省立第一初級中學教務主任高中教員師範教員幼幼學校教育系主任	
衛生指導員	趙士法	仲則	四七	江蘇江寧	金陵大學醫科畢業	北京協和醫科大學衛生系研究金陵大學醫科教授金陵醫院副院長國立東南大學衛生學教授江蘇省立第四師範省立一中學校校醫	
私塾指導員	蔣伯謙		二八	湖南零陵	中央大學教育學院本科第四年級生	曾任南洋各中華學校校長教員汕市女中教務主任汕市黨部青年部秘書四十軍政治部組織科長	青雲樓內
童子軍指導員	王[illegible]吾	劍青	二六	江蘇江寧	中華體育專門學校畢業	曾任南京童子軍教練員江西省立第九中學第十中學第七師範第三女子師範銅山縣立師範體育音樂童子軍教員現兼任南京市中區實驗學校中小學部體育童子軍主任	住南京江寧府西街中區實驗學校
事務員	饒忠源		二九	安徽歙縣	浙江九中畢業	南京高等師範教務部職員東南大學教育科統計員心理系助理	安徽歙縣城內西城坊

教育局的組織及行政概況

五

教育局的組織及行政概況　六

社會教育課長	陳泮藻		三〇	江西贛縣	法國哈勒大學畢業巴黎研究教育及市政法國史太司堡大學碩士		
審訂股主任	孔充		三〇	江蘇興化	金陵大學文學士	民八揚州學生聯合會會長全國學生聯合會評議兼日刊編輯江蘇省立第一農業學校教員興化中學校校長	江蘇興化縣城內或南京衛平府持陽巷鄉會
課員	羅玉麟	抱素	二五	貴州都勻	北京國民大學教育科畢業	都勻縣立敬業小學教務主任北京民國中學教員	
圖書名譽指導員	李駒						
指導員	顧練棠		二五	江蘇江陰	北京大學肄業燕京大學文科畢業文學士	北京通才商業專門學校教員上海商務印書館電影部編演幹事國民革命軍總司令部政治訓練部宣傳處編撰股少校股員兼國民劇社副主任	
指導員	蔣道南	紹秋	二七	江蘇江都	上海震旦大學院法政科畢業	洛陽法政專門學校教務國民革命軍第一路總指揮部政治部代理情報股長前外交部特派河南交涉署秘書	江都東關街南京普育堂
統計員	俞綏之	復仁	三二	浙江上虞	浙江師範講習所畢業兼寧波四明高中畢業	曾任餘姚崇實高小教員多年	夫子廟青雲樓
事務員	余壯猷	若溪	二〇	湖南長沙	湖南省立第一高級中學畢業	曾任長河城區小學校員及校長幷幼稚部主任	暫定二郎廟廿二號

四、南京特別市市政府教育局各附屬機關職員一覽表

機關別	姓名	年齡	籍貫	出身	履歷	通訊處
中區實驗學校校長兼該校初級中學主任	李清悚	二七	江蘇江寧	國立東南大學教育學士	曾任江蘇省立第八師範教務主任	
東區實驗學校校長	劉令鑑	二七	江蘇靖江	江蘇省立第一女子師範畢業	曾任南京幼幼學校主任省立一女師及基督女學教員江蘇派赴日本教育考察員	
南區實驗學校校長	袁健安	三〇	江蘇江寧	江蘇省立第四師範學校畢業	曾任江蘇省立第四師範附屬小學校學監兼教員江蘇省立第九師範附屬小學校研究主任兼教員	南京三鋪兩橋12號
北區實驗學校校長	孫鍾驊	三〇	江蘇丹陽	國立東南大學教育學士	曾任南通代用師範教員兼附小主任	
漢西門小學校長	楊榮生	三九	江蘇江寧	寧屬師範本科畢業	曾任江寧市立第九小學校長	梧桐樹七賢坊口21號
崔八巷小學校長	韋文旭	三六	江蘇江寧	鎮江承志中學畢業	曾任江寧公立蕪湖女師教員江西都陽女小江寧公立第二小學校長	
大行宮小學校長	臧鍾嶽	三〇	江蘇崑山	江蘇省立第一師範本科畢業	曾任蘇九師附小浙二中附小級任教員	大行宮小學
評事街小學校長	張曼和	二八	江西臨川	江蘇省立第二女子師範畢業	曾任江蘇省立第一女師附小國語算術二年並制部算術指導三年第五年級級任舍務雜務校具主任	
督糧廳小學校長	陳健恆	二五	浙江	金陵大學教育學士	金陵大學青年會教育部部長義務小學校長	

夫子廟小學校長	葉繼楓	三二	江蘇江寧	東大畢業	東方公學教育教員第五小學校長	狀元境30號
釣魚臺小學校長	查鴻藻	三六	江蘇江寧	江蘇省立第四師範學校本科畢業	曾任江寧市立第五小學校長	蔡家花園2號
馬道街小學校長	吳瑞芳	三五	江蘇江寧	江南毓秀師範本科畢業	曾充江寧市立第十小學教員	馬道街小學
盧妃巷小學校長	閔紹騫	四一	江蘇江寧	江寧府中學堂畢業	安徽滁州中學校教員江寧市立第九小學校長	盧妃巷小學
朝天宮小學校長	陸劭敏	四九	江蘇江寧	江南高等學堂畢業	曾充上元縣高等小學校校長兼正教員南京養正學堂師範科教員江寧縣立女子高等小學校校長江寧縣公立第一小學校校長	本城顏料坊24號
普育堂小學校長	俞友仁	三六	浙江紹興	金陵大學文學士	嘉興秀州中學教員濟南英文學校校長普育堂主任	本校
儀鳳門小學校長	何元興	三四	江蘇江寧	江蘇省立第四師範畢業	市立四小分校主任	
昇平橋小學校長	王佩珍	二四	江蘇江寧	江蘇省立第一女子師範畢業江蘇法大預科畢業	曾任上海尚公學校教員	昇平橋小學
奇望街小學校長	夏歡琬	三三	江蘇江寧	江蘇省立第一女師畢業	曾任明德女學崇淑江寧第五國民小學教員句容縣立女子高等小學校長江寧第三十六小學校長	奇望街小學
三牌樓小學校長	張汝綱	三三	江蘇武進	江蘇省立第一師範畢業	曾任小學校長教員共八年	武進大北門外范恒新收下轉交大通橋
新菜市小學校長	王桂林	三二	江蘇江寧	江蘇省立第四師範畢業	前江寧市立第十五十三小學教員	南京相府營二號

鄧府巷小學校長	徐龜蓀	三三	江蘇江寧	江蘇省立第四師範學校本科畢業	曾任江寧市立第二第三高等小學校教員	明瓦廊66號
高井小學校長	汪慧秀	二九	江蘇江寧	江蘇省立第一女子師範畢業	安徽省立女子模範學校級任教員江寧普育總堂附設女子初級小學校長	高井小學
米行街小學校長	丁正闓	三三	江蘇江寧	江蘇省立第四師範本科畢業	曾任蘇四師附小學校高級部主任十年	馬道街廿七號
登隆巷小學校長	仇良弼	三六	江蘇江寧	江蘇省立第四師範畢業	江寧市立第二十五初級小學校長	郭家巷10號
仙鶴街小學校長	徐雁賓	二七	江蘇江寧	江蘇省立第四師範本科畢業	江蘇省立第四師範附屬小學校教員江寧縣立師範學校教員	虹土橋91號
老府橋小學校長	郭澄江	四五	江蘇江寧	兩江優級師範學校第四分類科畢業	安徽旌德旅寧公學教員江寧西區第十二小學教員江寧區立第八第四等校校長江寧市立第十二小學校長	大石埧街78號
荷花塘小學校長	錢　灝	三七	江蘇江寧	江蘇省立第四師範本科畢業	曾任溧水縣立高等小學教員江寧市立第八小學校教員	南門大街太和堂藥號後進
倉頂小學校長	蕭榮行	二六	江蘇江寧	蘇第四師範金陵大學預科畢業	江蘇沛縣師範學校教務主任兼教育教員	本校
砂硃巷小學校長	張毓華	二七	江蘇江寧	江蘇省立第一女子師範本科畢業	鹽城縣立高小三四年級級任教員江寧縣公立第二小學四年級級任教員	砂硃巷小學
考棚小學校長	施福貞	二七	江蘇江寧	江蘇省立第一女子師範本科畢業、	曾任嘉定女高小教員江寧市立四小教員	考棚小學
昆明小學校長	毛遂之	二一	江蘇江寧	江寧縣立師範畢業	曾任燕子磯小學級任教員	南京燕子磯小學轉
船板巷小學校長	鄭德瑾	二八	江蘇江寧	江蘇省立第一女子師範畢業	曾任江寧縣立女子職業學校校長	

正誼小學校長	鍾靈秀	三三	江西遂川	北京大學高等師範畢業	江西中山大學法政專門學校教員贛省中學校校長省立第一女子師範學校教務主任	
市立中心學校園主任	孫仲威	三二	浙江杭縣	南京金陵大學農學士	曾任金陵大學鄉村教育系教員兼鄉村師範主任江蘇教育廳科員	
市立第一民衆圖書館館長	陳劍脩	三一	江西遂川	倫敦大學碩士	前國立北京大學心理學教授現兼充國立第四中山大學自然科學院副教授	
市立第一民衆圖書館主任	顧天樞	三一	安徽歙縣	南高師畢業	東南大學圖書館館員蕭縣立師範學校校長兼教員國立政治大學圖書館主任	
市立第一民衆教育館館長	陳泮藻	三一	江西贛縣	德國哈勒大學畢業	巴黎研究教育及市政法國史大司堡大學碩士	
市立第一民衆教育館兼公共體育場	劉郁文	三六	永新	北京警官高等學校畢業	曾任江西德興縣縣長	
市立第一公園主任	王乂余	三一	江西遂川	北京中國大學專門部畢業		
救生總局總主任	鍾靈秀	見前	見前	見前	見前	見前
救生總局副主任	李健民	二六	江西遂川	黃埔軍事政治學校畢業	曾任第一軍第一師補充團政治訓練員	
救生總局下關辦事處主任	湯允中	四五	江蘇江寧		曾任江蘇教育司科員貢院管理員商品陳列所所長	

普育堂主任	魏璧	三〇	湖南長沙	法國里昂大學數學科畢業	廣東第一中山大學教員中國國民黨中央學術院學務員武昌第二中山大學上海暨南大學等校教員	
戲詞鼓書訓練所主任	顧練榮	二六	江蘇淮陰	北京燕京大學畢業	曾任總政治訓練部編撰股長	
昇平橋民衆學校校長	王佩珍	見前	見前	見前	見前	見前
大行宮民衆學校校長	戴鍾嶽	見前	見前	見前	見前	見前
夫子廟民衆學校校長	葉織山	見前	見前	見前	見前	見前
小心橋民衆學校校長	袁健安	見前	見前	見前	見前	見前
南捕廳民衆學校校長	吳幼庵	二三	安徽蕪湖	南京鍾英初中畢業	曾任蕪湖萃中小學教員	
督糧廳民衆學校校長	陳健恒	見前	見前	見前	見前	見前
乾河沿民衆學校校長	張邦銳	二六	安徽	金陵附中學生		
新棨市民衆學校校長	王桂林	見前	見前	見前	見前	見前

儀鳳門民衆學校校長	何元興	見前	見前	見前	見前	見前
漢西門民衆學校校長	梅榮生	見前	見前	見前	見前	見前
民衆閱報處總管理	羅玉麟	二五	黔南		北京民大教育學士曾任北京民中級任	南京市教育局
夫子廟民衆閱報處	葉繼祖	見前	見前	見前	見前	見前
昇平橋民衆閱報處	王佩珍	見前	見前	見前	見前	見前
大行宮民衆閱報處	戴錘嶽	見前	見前	見前	見前	見前
新菜市民衆閱報處	王桂林	見前	見前	見前	見前	見前
儀鳳門民衆閱報處	何元興	見前	見前	見前	見前	見前
漢西門民衆閱報處	梅榮生	見前	見前	見前	見前	見前
太平街民衆閱報處	張維斌	二〇	新疆	同校學生		
剪子巷民衆閱報處	蔣道南	二七	江蘇江都	震旦大學畢業	河南法文專門學校教務長	
船板巷民衆閱報處	鄭德璡	見前	見前	見前	見前	見前
米行街民衆閱報處	丁正圖	見前	見前	見前	見前	見前
新廊民衆閱報處	査鴻藻	見前	見前	見前	見前	見前

五 南京特別市市政府教育局職員任職時期一覽表

第一部 在職職員

職別	姓名
局長	陳劍翛
總務課課長兼事務股主任	鍾靈秀
文牘股主任	顧良杰
文牘員	黃翰青
會計員	謝國材
庶務員	彭述人
統計員	鄭大源
編譯員	朱銘新
圖畫員	魯之魁
圖畫員	劉開中
收發員	王湘霱
監印兼管書報	沈培華
教育經費股主任	閔毅成
課員	康詩才
辦事員	管毓清
辦事員	陳榮亭
辦事員	沈啟翔
辦事員	王景之
辦事員	陳榮陞
事務員	索祖貽
校對員兼錄事	王道
管卷員兼錄事	王湛
錄事	陳金龍
	薛篤
	岳科
	奚光升
	翁世勛
	沈鍾傑
學校教育課課長	陳鶴琴
編審股主任	潘抑強
課員	谷延鳶
名譽指導員	孫仲咸
指導員	張宗麟
指導員	雷震清
衛生指導員	趙士法
私塾指導員	蔣伯謙
童子軍指導員	王健吾
事務員	饒忠源
社會教育課課長	陳津藻
審訂股主任	孔充
課員	羅玉麟
圖藝名譽指導員	李駒
指導員	顧練燊
指導員	蔣道南
統計員	俞綏之
事務員	余壯猷
秘書員	喬國章

第二部 退職職員

職別	姓名
總務課課長	歐陽駿
會計員	徐毅生
會計員	施鳳笙
庶務員	李興齡
監印兼事務員	陳雪清
監印兼校對	程孝安
監印兼校對	杜懷榮
圖畫員	吳鼎培
錄事	周慶雲
錄事	鍾飛鵬
課員	胡家健
課員	曹書田
私塾指導員	姚枝碧
私塾指導員	錢希乃
指導員	莊叔遐
指導員	張桑雲
調查員	鄭陽和
事務員	金仲芸

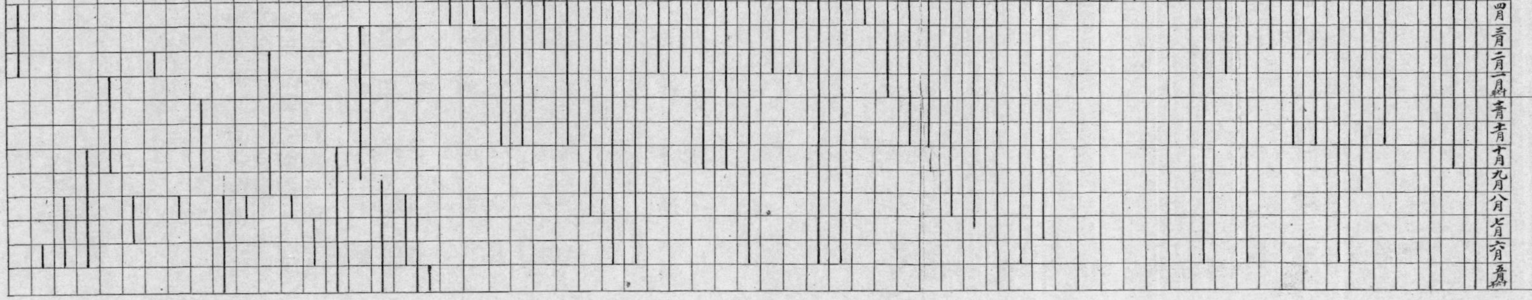

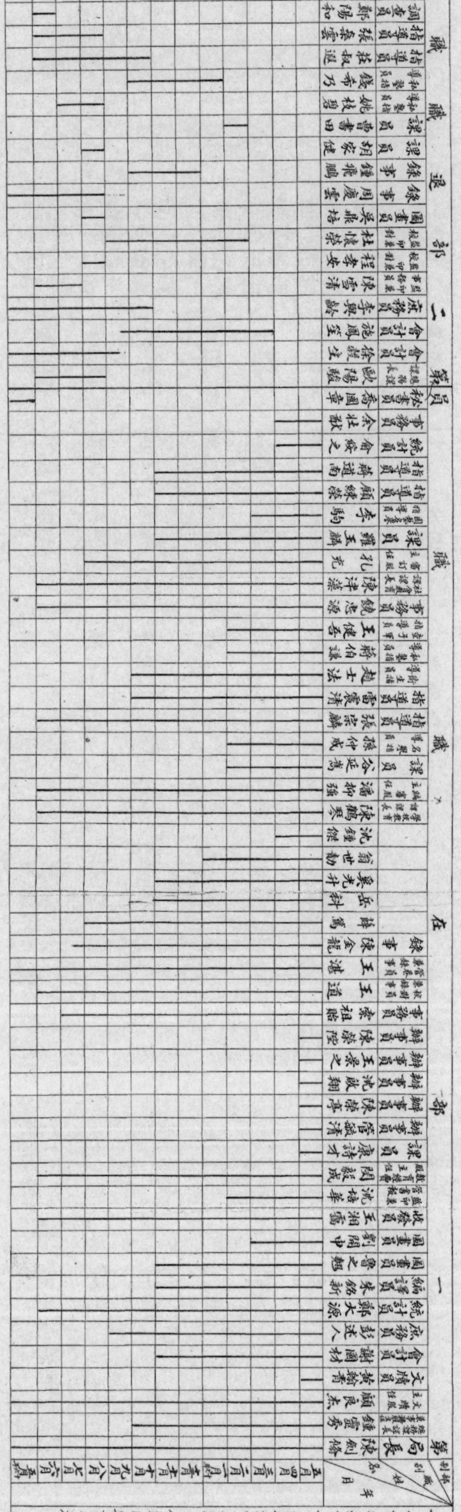

工各課工作概況

一、總務課

(一)本課大事略紀

本課所轄，有文牘，統計，會計，庶務，徵收教育經費，校對，收發，監印，繕印，事務，各部。十六年六月，本課成立，初任課長的，是湖南歐陽畯女士。到了十月，歐陽課長辭職，暫時由局長兼任課長；不過局長的職責，本來已很繁重；再加上兼任課長，格外覺得繁雜。所以在本課內，設一個總務主任，輔助課長，管理庶務會計和其他一切事務，稍微分課長的勞。任總務主任的，便是現在的鍾靈秀課長。又到了十七年四月，因爲局務進展，與日俱進；局長對於總務課課務，實在兼管不了；而鍾主任對於課務，輔助局長，主持幾個月，已經有很好的成績和很多的經驗。所以局長便呈請市長，保舉鍾主任升任課長，擔負本課的全責，又因教育經費，正在獨立，亟須有專人負責；并且文牘的事務，也繁重得很，所以在本課內，設教育經費和文牘股，委充兩股主任的，是閔毅成和顧良杰這便是本課大事的沿革。

(二)各部辦事情形

1.文牘

一年來文書股所辦的文牘，件數很多。若以文件的性質來分類；就是呈文一〇七件，公函一〇七件，常函三九三件，令一九一件，批三四件，布告五七件，其他四一件。若以辦稿的時期來分類；就是十六年六月九〇件，七月一二五件，八月一〇六件，九月六七件，十月五五件，十一月七七件，十二月六八件，十七年一月五七件，二月九五件，三月一〇四件，四月八六件，總數是九三〇件。看了下列的兩個表，更易明瞭。此外；還草擬各項條例規程等十餘件，及各項圖表等，因爲文牘的職務；按照本局總務課辦事細則第一條第一項的規定，是辦；(1)不屬於學校及社會教育課之件，(2)局長交辦之件，(3)各項報告之整理及彙編，所以祇所辦的稿，是本局一部分的稿件；至於本局一年來所有文件的總數和統計，另詳收發處的概況中。

2.會計

本局行政費和市立各中小學校並各社會教育機關的經常費照本局的計畫是每年三十二萬餘元每月二萬七千四百餘元這是因爲市政經費非常困難不得已把原來的計畫屢次削減所以只有此數現在把本局的十六年度支付預算表寫在下面

(1)南京特別市市政府教育局十六年度支付預算一覽表

科目	全年預算數	每月預算數	備考
第一款本局經費	五八。八〇〇 〇〇〇	四。九〇〇 〇〇〇	

教育局的組織及行政概況　一三

第二欵市立初級中學	六•〇〇〇 〇〇〇	五〇〇 〇〇〇	
第三欵市立實驗學校	四一•四七二 〇〇〇	三•四五六 〇〇〇	共計四校
第四欵市立完全小學	八一•一二〇 〇〇〇	六•七六〇 〇〇〇	共計十三校
第五欵市立前期小學	六四•三二〇 〇〇〇	五•三六〇 〇〇〇	共計十四校
第六欵市立幼稚園	一五•八四〇 〇〇〇	一•三二〇 〇〇〇	共計十二所
第七欵私立學校補助費	四•六〇〇 〇〇〇	三八三 三三三	
第八欵市立中心學校園	五〇〇 〇〇〇	四一 六六六	
第九欵市立第一通俗圖書館	三•六〇〇 〇〇〇	三〇〇 〇〇〇	
第十欵市立第一通俗教育館	六•六七二 〇〇〇	五五六 〇〇〇	
第十一欵市立民衆學校	七•七七六 〇〇〇	六四八 〇〇〇	共計三十校
第十二欵市立民衆閱報處	五•八二〇 〇〇〇	四八五 〇〇〇	共計三十處
第十三欵鼓樓公園	二•一〇〇 〇〇〇	一七五 〇〇〇	
第十四欵第一公園	一一•九一六 〇〇〇	九九三 〇〇〇	
第十五欵秦淮公園	一•〇〇八 〇〇〇	八四 〇〇〇	
第十六欵戲詞鼓書訓練所	八•四三六 〇〇〇	七〇三 〇〇〇	
第十七欵工友補助費	三•六〇〇 〇〇〇	三〇〇 〇〇〇	
第十八欵農友補助費	六•〇〇〇 〇〇〇	五〇〇 〇〇〇	
以上每年三二九五八〇元	每月二七四六四九九九元		
第十九欵女職傳習所	三•〇〇〇 〇〇〇	二五〇 〇〇〇	
第二十欵公共講演廳	四•一五二 〇〇〇	三四六 〇〇〇	
第二十一欵民衆博物館	七•二〇〇 〇〇〇	六〇〇 〇〇〇	
第二十二欵電影場	一三•二六〇 〇〇〇	一一〇五 〇〇〇	

南京特別市市政府教育局總務課文牘股一年來經辦文件統計表

文件種類	呈文	公函	常函	令	批	布告	其他
件數	120	120	400	200	40	60	60

南京特別市市政府教育局總務課文牘股各月份經辦文件統計表

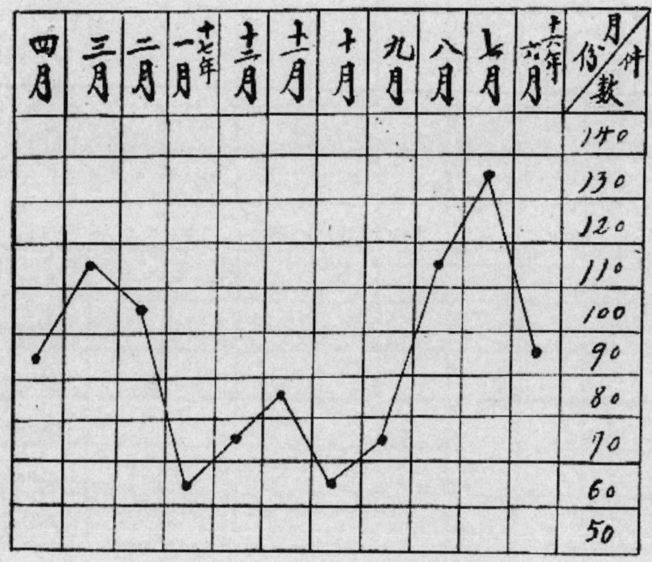

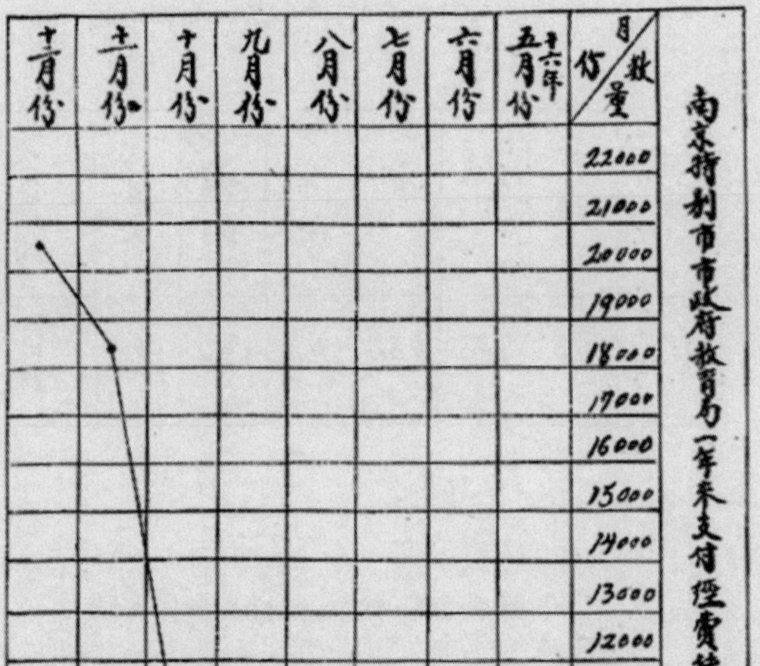
南京特别市市政府教育局一年来支付經費統計表
月份 數量
十六年五月份
六月份
七月份
八月份
九月份
十月份
十一月份
十二月份
22000
21000
20000
19000
18000
17000
16000
15000
14000
13000
12000
11000
10000
9000
8000
7000
6000
5000
4000
3000
2000
1000元

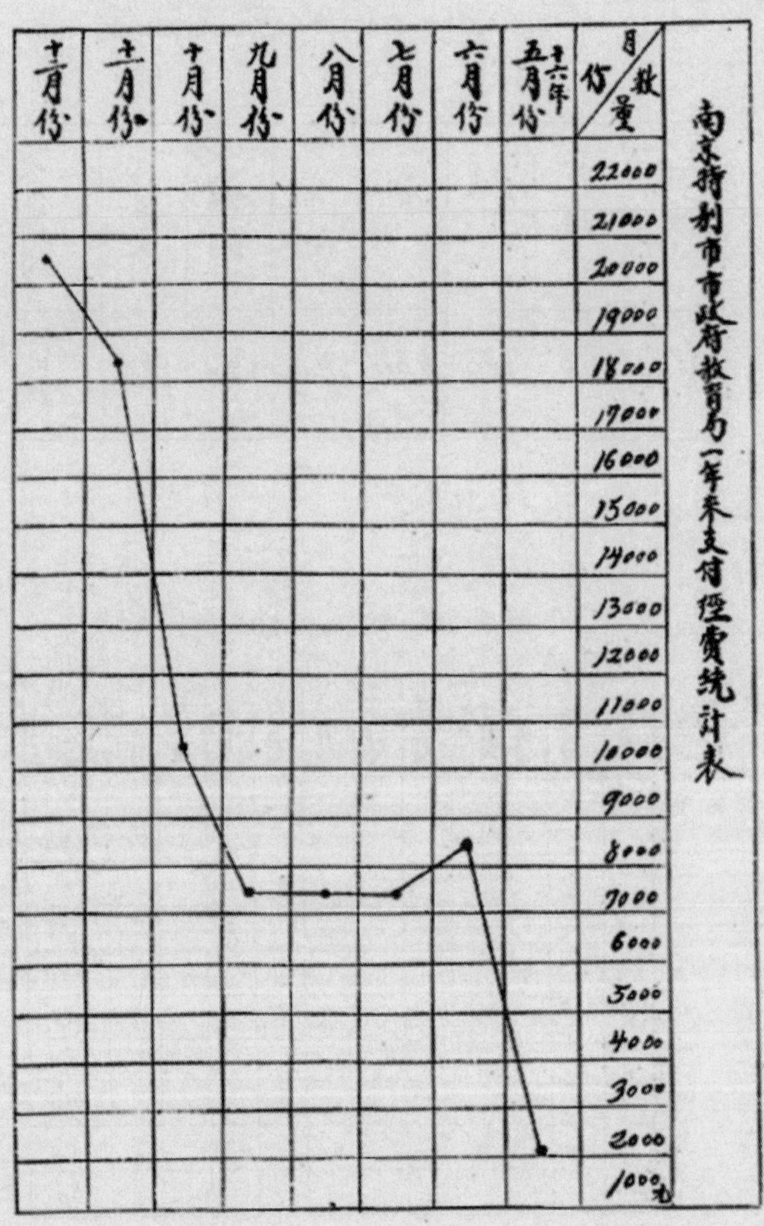

(1) 南京特别市市政府教育局逐月購置物品比較表													
月份 數量 品名	5	6	7	8	9	10	11	12	1	2	3	4	總計
桌	15	5	3	2	2	1	3	1	2	3	5	3	45
椅	15	6	4	3	2	2	3	1	2	4	5	4	51
茶几	3	1	1	0	0	0	0	0	0	0	0	0	5
櫃	3	2	1	2	2	1	3	1	2	3	2	2	24
油印機	1	0	0	1	0	0	0	0	0	0	1	0	3
筆	25	20	22	24	26	25	28	27	28	30	32	35	322
墨	20	15	20	25	10	30	10	15	20	25	30	32	252
硯	6	5	4	1	2	2	1	1	1	3	2	3	31
墨盒	8	4	1	2	1	1	2	1	2	3	3	2	30
印色	4	2	2	1	0	1	1	0	0	2	3	5	21
墨汁	12	9	7	8	10	15	13	10	6	15	20	18	143
紙	2	2	2	3	2	4	2	2	2	3	5	4	33
彩紙	100	100	100	150	120	100	200	150	100	200	300	190	1810
稿紙	500	800	1000	1000	1300	1200	1000	1200	2000	2800	3000	2500	18300
稿簿	15	16	18	20	18	19	20	20	15	30	30	25	246
公文紙	300	500	540	600	780	900	550	760	430	1000	1200	2000	9660
公文套	300	450	500	600	700	800	560	800	400	950	1000	1800	8860
信紙	1000	2000	1800	3000	3500	4500	1000	4000	2000	5000	4000	3500	35300
信封	600	750	800	1200	2000	1800	6000	2500	1500	2400	3000	1500	24050
床鋪	5	3	1	0	1	1	1	1	0	0	5	4	22

(2) 南京特别市市政府教育局器具登記表式

日期			類別	品名	數量	價格		號數	置存處		備註
年	月	日				單價	合價		原置處	移置處	

（3）南京特别市市政府教育局每月物品購付對照表式

民國　　年　　月份

購入			類	付出		
日期	數量	價格	名稱	日期	數量	價格

六 收發

本局一年來收發的文件，種類和數量，都很不少。為便利閱覽起見，編有統計表二份，今把牠寫在下面。

南京特別市市政府教育局一年來收發文件統計表

文件種類	呈文	公函	常函	令	批	其他
件數	1200	600	2900	2800	300	600

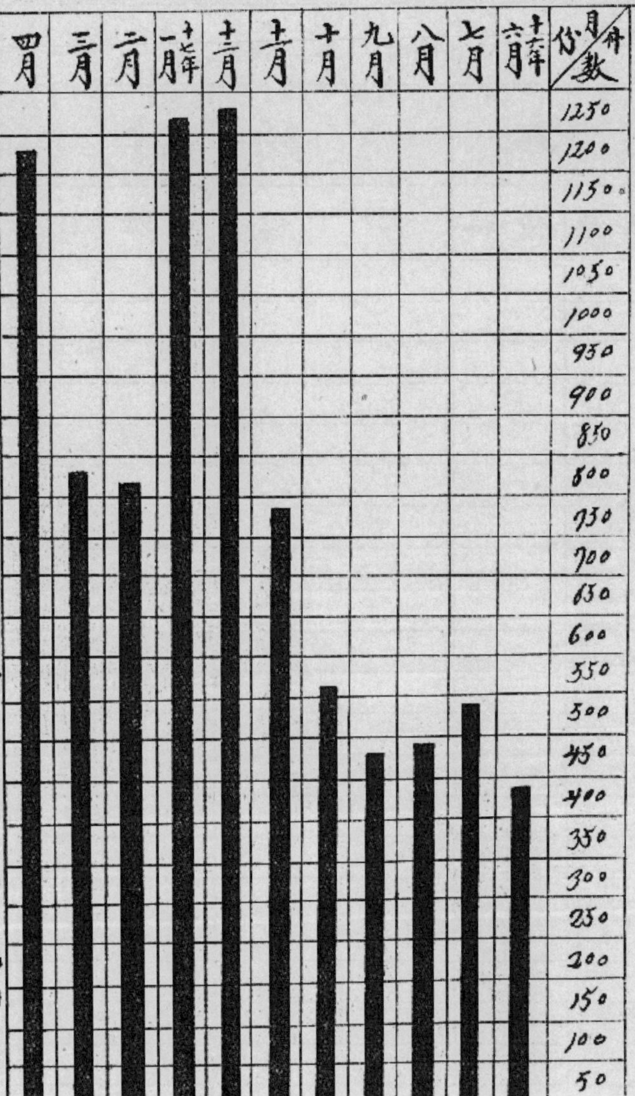

南京特別市市政府教育局各月份收發文件統計表

七 其他

其他如教育經費股因甫經成立，又繕印處因文件太多，難於盡述，所以他的工作雖是也很緊張，恕不能詳細報告。

第二十三款下關第二通俗圖書館　三·六〇〇　〇〇〇　三〇〇　〇〇〇
第二十四款民衆劇社　一〇·七七六　〇〇〇　八九八　〇〇〇
以上每年四一九八八·元　每月三四九九元均尚未開辦

預算數雖是定了，但是因爲市庫困難，教育經費，未能按期發放的緣故；截到最近止，十七年二月分的經費，剛纔領清，並且一月分的經費，也是因收到太遲，所以決算數還未理清。現在把十六年十二月以前的本局和各校並各社會教育機關逐月決算數，分寫出來；則十六年五月份是一〇九一，〇〇五元，六月份七六一〇，三五元，七月份六五〇五，九九九元，八月份六五二八，三〇九元，九月份六三六六，三元，十月份九四五四，二八七元，十一月份一七四〇七，五四六元，十二月份一九七六一，三三四元，總計是七四八一五，一二八元。現在把編成的統計表，寫在下面。

3.庶務

本局，庶務處經辦的事項，多而且繁；要詳細報告，恐嫌瑣碎，爲事實所不許。今且把比較重要的逐月購置物品比較表，和器具登記表式，物品購付對照表式等，寫在下面。至于其他各表，因爲限于篇幅，不能逐一報告，要請讀者原諒。

二、學校教育課

（一）行政概況

1.調查及接收學校

南京市政府在十六年六月十日正式成立。市教育局也就在這個時候成立了。原來南京市的區域，就是江寧市，隸屬於江寧縣。所以江寧市的教育就直轄於江寧縣教育局。等到市教育局成立以後。先從事調查各學校，預備接收。學校教育課課長陳鶴琴，偕同指導員閔毅成，統計員鄭大源，前往各校視察。自六月九日起，至十四日止，共計六天。所視察的：公私立學校五十二所，公共教育機關兩所。對於各校校址的適宜與否，各教職員的勤惰，經費的盈絀，校舍的適用與否，以及學生成績的好壞，詳細查明，以憑改組。共計應接收之學校五十一所。以性質分之，內中名稱係江寧縣立學校者共五所，江寧市立學校共三十九所，代用小學二所，私立學校五所。以學制分之：計完全小學十五校，內中女子完全小學三校，女子職業一校；前期小學三十五校，內中女子小學二所，初級中學一所。共計前期學生一百十九班，內中有義務級九班。後期小學學生四十班。初級中學學生三班。學生總數六千一百五十九名，內中女生有一千四百八十六名。教員有二百九十七人。內中有校長共五十二人，師範畢業者卌四人，中學畢業者六入，其他學校畢業者十二人。每年經費：經常費共計八萬二千九百七十七元二角。每校經費標準，以級數計算。後期自一級四十元起，至六級二百五十九元止。前期自一級三十六元起，至十二級三百七十元止。各校校舍可分二類：一類係廟宇祠堂，一類是民房。至新建合式的校舍，僅三四校。因為校址的分配不勻，而須遷移者，共五校，校舍十分不適宜而應遷移者，共六校。區域內學童太多，而級數宜增加者，共十六校。此外市內私立學校數十所，私塾有一千餘所，亦先後從事調查。力求改進。六月二十九日，發表接收市校保管員：李清悚龔繼祖袁健安郭澄江仇良弼錢瀛傅祖說梅榮生王桂林杳鴻藻賈嘗婉張鐵華閔紹騫顧來西丁正圖隨勤敏何元與盛振聲劉令銘等。在二十九日至七月一日的三天當中，由指導員閔毅成張宗麟會同江寧縣所派學委陳學仁等，完全把應接收的學校點收過來了。這是改組市教育的第一步的工作，現在把未接收以前的學校表列後，可以看到市校改組的大概情形。

原有江寧市學校一覽表

校　名	校　址	級數	學生數	月支經常費	備　註
縣立初級中學校	昇平橋	四	一三八	三四六元	
縣立女子職業學校	胭脂巷	三	一一〇	一六二元	
縣市鄉公立第一小學校	府西街	八	三〇〇	四二五元	
縣立市鄉公立第一小學校分校	砂硃巷	六	二一六	一六五元	
縣市鄉公立第二小學校	倉巷	五	二七四	二〇〇元	
市立第一小學校	奇望街	三	一五三	一五二元	
市立第一小學校分校	中正街	四	一二二	一一〇元	
市立第二小學校	督量廳	四	一八三	一七五元	
市立第三小學校	朝天宮	三	一〇一	一三六元	
市立第四小學校	蓮花橋	一一	三八八	三九九元	
市立第四小學校分校	洪武街	三			
市立第五小學校	下關	四	一三八	一三三元	

市立第六小學校	大宮行	八	三二三	二二三元
市立第七小學校	新廊	六	二三二	一九九元
市立第八小學校	崔八巷	六	二四三	二〇一元
市立第九小學校	盧妃巷	六	二一三	一八五元
市立第十小學校	馬道街	六	二五七	二一〇元
市立第十一初級小學校	承恩寺	二	六七	六四元
市立第十二初級小學校	金沙井	二	六八	六二元
市立第十三初級小學校	邊營	一	五四	四十元
市立第十四初級小學校	小心橋	四	一二八	九一元
市立第十五初級小學校	荷花塘	三	一一一	九四五元
市立第十六初級小學校	倉頂	二	一三〇	六〇元
市立第十七初級小學校	老府橋	二	九六	六〇元
市立第十八初級小學校	仙鶴街	四	一九九	九二元
市立第十九初級小學校	漢西門	五	一八六	一六二元
市立第二十初級小學校	北門橋	二	八一	六〇元
市立第二十一初級小學校	新菜市	一	六二	三六元
市立第二十二初級小學校	鄧府巷	二	九六	六〇元
市立第二十三初級小學校	新街口	一	七五	四〇元
市立第二十四初級小學校	三牌樓	二	九六	七〇元
市立第二十五初級小學校	登隆巷	三	一六九	一〇二元
市立第二十六初級小學校	夫子廟	三	一六四	八九元
市立第二十七初級小學校	南門外報恩寺	四	一四〇	一三九·五元

市立第二十八初級小學校	天青街	一	四六	二一元
市立第二十九初級小學校	西華門	一	四三	二四元
市立第三十初級小學校	南門外五顯廟	一	五〇	二三元
市立第三十一初級小學校	渡船口	一	二四	二三元
市立第三十二初級小學校	下街口	一	七一	二二元
市立第三十四初級小學校	大功坊堂子巷	一	三四	二三元
市立第三十五初級小學校	評事街	四	一八四	一四三元
市立第三十七初級小學校	三道高井	二	七九	七五元
市立第四十初級小學校	下江考棚	四	一三三	一三三元
代用經緯小學校	南門外三藏殿	四	二二二	一二〇元
代用崇淑小學校	全福巷	六	三二五	一四九元
私立敦穆第一初級小學校	草橋	二	八八	二二元
私立敦穆第二初級小學校	黑廊	一	三九	一六元
私立敦穆第三初級小學校	下浮橋	一	四〇	一六元
私立敦穆第四初級小學校	吉兆營	二	八八	二二元
私立啟蒙初級小學校	黃泥崗	一	三五	一二元

2. 聘任校長

在接收市立學校之後，第一步就是聘任校長的問題。我們知道一個學校要辦得好，總是要有一個好的校長，才足以指揮和領導全校。那麼校長的選擇，是一個很困難的問題。並且覺得選擇人員，普通很容易犯的毛病，就是感情用事。祇憑親朋故舊的推薦，隨便任用。所以我們在這一点，是十二分的注意。對于校長的選擇，拿師範本科畢業為標準資格。其他雖係大學本科或專門學校畢業人才，也至少須選習過教育學九學分以上，或服務教育職務滿二年以上的，才能合格。其他有相當教育經驗的，也一定要得過高級教育機關的獎狀的才行。（參觀後面法規本局聘任小學校長條例）所以在這種規定之下，原有市校校長，就不免限于資格，都須更換了。此外我們在此男女教育平等的時代，對於女子担任小學校長一層，極力主張。所以在新聘任的校長裏面，女校長佔了三分之一。將來或許還要比這個比例數大些，也未可知。因爲女子服務教育，自有比男子盡力的地方。我們既定了上述的原則，才于去年七月十三日發表了市校校長三十二位。

3.選擇師資（參觀後面條例第〇頁）

(1)教師的聘請和登記

各校校長既經聘任之後，第一個問題就是聘請教師。向來各校校長，對于聘請教師有獨裁的權限。我們覺得教師的良窳，直接影響到學校的好壞。所以對於各校長聘請教師，規定本局有審別之權。如遇有資格不合的人，隨時可以限制，不得濫竽。教師資格的標準，以師範本科畢業生爲原則。而低年級的教師，又以女教師爲原則。在兩原則之下，我們要物色好的教師，才行一種登記的方法。在教師未訂聘約之前，須一律到本局填寫登記表，憑表查驗文憑，及其他經驗。登記審查合格後，校長始得致送聘約，正式聘請。還有願意服務京都教育界的人，也可隨時到本局登記。審查合格後，本局得隨時介紹到各校去服務。所以這種教師登記，是選擇良好師資辦法的一種。

(2)開辦暑校和檢定教師

小學的師資，一方面要提高，一方面要有補習改進的機會。所以我們就在十六年度暑期裏，辦了一個暑期學校。分幼稚教育組，小學教育組，中學教育組三組。設學程四十種。聘請有名教授二十五位。自七月十八日開課起，至八月十四日止，共計四星期。學員修業及格者，計九十一人。這是暑期學校的大概情形。此外對于一般服務小學教育界而沒有完全資格的人，再給他們一種檢定的試驗。試驗的項目分爲：甲國文。乙算術。丙黨義黨綱，及教育常識，普通常識。丁口試。戊體格檢查等五項。檢定結果免試及格的十九人，試驗及格的普通學科教師十一人，專科教師四人，一概發給證書，以保障他們小學教育界服務的資格。一方面選擇良好師資，他一方面也正所以限止不良師資的厲入。

(3)教職員待遇的提高（參觀後面法規教職員待遇條例）

教師資格既經提高、待遇也就不得不提高了。原來南京市小學教師的俸給，比他處爲低。校長薪水自二十四元起，三十二元止。教員薪水自九元起，至二十二元止。拿校裏的級數及職務的專任或兼任，爲增減的標準。所以在這種微薄的俸給之下，那裏會有好的教員跑到南京市學校裏來服務呢。現在我們須改良師資，第一就要改善教師待遇。拿教師的資格爲俸給大小的標準。規定校長的薪水自三十元起，至一百五十元止。教師的薪水自二十元起，至一百二十元止。一律按照本局職教員待遇條例，拿資格來分配多少。至于鐘課教師的薪金，以鐘點計算。自一點鐘二角錢起，至一點鐘六角錢止。也是依照資格辦理的，總之要請好的教師，總要提高待遇，使他們生活舒適，安心教學才行哩。

4. 學校設備

江寧市立學校對于校舍的位置，光線，環境，向不注意。又經駐兵之後，校具的缺乏，更不用說。所以在市校改組之後，首先要做的是：調查各校校舍的缺點，增添各校的設備。我們覺得各校須有一個最小限度同樣的設備。對于課椅課桌之式樣，運動器具，如秋千，滑梯，蹺蹺板等。教具如小黑板，沙箱等，玩具如木馬，積木等，均由本局規定格式，飭匠製成，發給各校。這樣辦法各校設備是可適合教育條件，形式上且不致參差不齊，實屬一舉兩得。惜教育經費異常支絀，不能剋日趕製，故今年春季開學，新生入學異常擁擠，各校多兩生合坐一椅者。此固事實上之困難問題，亦本局所引為遺憾者也。

5. 私立學校的立案，取締，和補助。（參觀後面法規）

南京市內，私立的學校有五十多校。其中曾經主管教育機關立案的，不到四分之一。而在教育行政上看起來，私立學校的立案，是很關重要的。所以就規定了立案施行細則十一條，對于經費，師資，設備均有一定的標準。另外對于私立學校辦理完善的，再加以補助。或補助經費，或補助免費學額，或補助教職員薪金額，或補助巡回教師，都是拿他們的成績為標準的。還有私立學校辦理狠不妥當的，也是要取締。曾經公布過取締私立學校條例四條。凡是不合本局規定標準的私立學校，一概加以取締。現對于各私校的立案問題，正在辦理。私立學校經過積極整頓之後，他的收效，也許可以比得上市立學校哩。

6. 創辦童子軍

(1) 緣起　從前南京市裏，可算是沒有童子軍，因為早年雖然有幾校有一種很小的規範，但是沒有盡量普及。從我們市教育局成立以後，把南京城內所有的學校改組之後，許多的事業都籌備進行了。童子軍也是重要工作的一種，而且童子軍的種種課程，都是很有益於青年的，並且對于家庭教育學校教育，社會教育都有莫大的關係，我們就在本學期提起精神，把南京特別市裏的童子軍辦起來。

(2) 目標　童子軍的課程，是普通學校課程內所設有的，他的主要的目的，就是人格的訓練，使他在幼年的時候，成一個很好的學生，學得種種智識技能，將來到了社會上服務的時候，成一個健全的好的國民。

(3)制服　從前童子軍的制服，大都不大方便，又不經濟，因此各學生的家庭亦不願意叫他的小孩子做這種衣服，所以我們童子軍的制服式樣，不照從前童子軍制服樣式做，另外規定一種式樣，按照下列幾種標準去做：(一)經濟，(二)美觀，(三)便利(四)衛生，(五)經久，結果就是把學生裝變更式樣，用藍色及黃色布配製。

(4)設備　童子軍的設備，如果豐富的置辦是很費錢的，我們因爲節省經費并提倡平民化的緣故，每校創設最低限度的設備，就是木棍每隊員一根，輜重車一輛，藥品一箱，小鼓一對，軍號一對，帳篷兩個，炊事器具兩套，將來如不夠用，再酌量添辦。

(5)教練　童子軍的教練員人才，很缺少，暫時由各校體育教員擔任，在研究會內成立童子軍組，由本局指導員每週召集開會一次或二次，討論各種問題。指導一切。

(6)組織　本市各學校，均須添辦童子軍，每小隊隊員九人（至多不得過十五人）三小隊以上成爲一團，每小隊設正副隊長各一人，由各隊員公舉的，或者由教練員選擇品學兼優隊員充任，每團設正副教練員各一人，如遇特別情形時，得增設二人以上之副教練員。每一學區組織區聯合會，爲一學區的總機關，全市組織市聯合會，爲一市總機關，直轄市教育局。

(二)研究和指導概況

1 教育的研究和指導

(1)緒言　本局開辦以來，對於本市學校教育，改組舊學校，創辦新學校，在行政上已經大家忙得日不暇給，好像實在沒有時間，財力，人員，來幹指導的工作。其實在這一年之中，雖然負指導專責的中學股和小學股，並沒有正式成立，教學方面指導的工作却也幹得不少，在教育局學校教育課初成立的時候，大家都以爲「要想今後教育辦得有精神」，全市教師能勇往直前的求進步，非有極認眞的指導不可。所以對于指導事業很看重。雖然不及美國紐約市的重視（美國紐約市教育經費支配，其中學校指導股經費占全教育局行政費之半。）在國內也可以算得首先重視了。現在把本局教學指導目標方法狀況和今後的希望分述如次：

(2)接收時的南京市各校情形　怎樣接收南京市各校經過，本節畧述當時情形。從前南京的小學教育很負盛名的，各地參觀的人，以參觀南京小學爲榮的。那知道那時候的南京小學教育是畸形的。各個附小，大家都說是好的好的。其他呢，設有人談到。在這次接收時，收到的校具，風琴是看不到的，桌椅都是破舊的，其他校具就如鳳毛麟角了。同時在頤道高井曉市上有風琴有學校用品發現，據說是亂兵搶了去賣掉的。去年三四月間亂兵眞利害，把校具都搶完！這個實在是教育上的大不幸，於是這半年中爲了設備問題，爲了修繕問題，教育局裏實忙了不少時間。於是間接影響到指導工作上來了。

這次在接收時間最雷厲風行的，是調動校長。有許多舊校長，學識經驗都還好，不過因爲年歲太高了（有近七十歲八十歲的校長與教員）所以更動了幾位。因爲標準的不同，所以學校內的教師也更換了許多。這許多新教師都由校長詳細考慮過的。所以都很能負責，很肯前進努力，這是間接有助于指導的一點。

自從接收後，市教育預算陡增，因爲經費的來源，時時不充裕，於是校長們時時與無米難炊之嘆，教師們也有枵腹從公之感，這是影響於指導工作的又一原因。

這次市民對於市教育的感情極好，在起初接收學校時，大家不免有幾分懷疑，過後都了解了，都來幫助辦市教育的人們了。我們做指導工作的，叨此餘光，於是也就順手得許多，這是市民重視教育間接有助於指導的又一點。

其他在接收時的阻力與糾紛，也不甚大。有幾處大約因爲預備手續來不及，所以遲遲未交，有幾處因爲自己的東西沒有搬了，如掛鐘，書架，小黑板等等，畧畧有些糾紛，但是都很順利的過去了。

(3)目標　「指導員是什麼？是否就是從前的視學員？」大概我們做指導員常聽到這類問題。我在此地就略略解答一下，也可以說是指導的目標。指導員的任務有二，指導工作的目標也有二：

A考察　這步工作，就是從前視學員應該做而沒有做到的工作。日本的教育視察員，一名教育偵探。他們到學校裏去，不是正大光明的。往往在門縫裏來看教師的教學法，在路上考試兒童的成績。這樣未免太利害了，但是像從前我國的視學員，要出發的前一個星期，就大吹大擂說：「我要來了」。這也未免太滑稽。

B指導　根據考察的結果，作懇切的指導，有時在教學上且須有示範。這步工作可以說是積極的爲教師而做的。指導員是教師的朋友，是教師的學問之交，道義之伴。不是教師的上司，更不是教師的偵探，尤其不是教師的仇敵。

在這半年中，全市有三十幾所學校，二百幾十位教師，五千個兒童，指導員人數太少，上述的兩個目標，當然不能完全達到。幸而這半年是指導的第一期，這期的目標是「打破教師們從前的舊觀念，」使教師們知道學識方法是與日俱進，教師也就應該與日俱上。這個目標，在過去的半年中，因爲全局人員的努力，校長們的努力，更加以教師們自己努力謀前進，所以可算是達到了預定目標，把舊觀念洗刷乾淨了。

(4)方法　教育指導的方法很多，並且都很重要，倘若要希望教育的效力增加，各種方法都要並行。這半年來因爲人的問題與財的問題，所以只做了下列幾種：

A視察　我們擬了一張表，根據這張表，逐項去視察的。有時候臨時看到的，也記載下來：

南京特別市教育局指導員用卡片　十六年度第一學期

____小學校　民國十　年　月　日　午指導員

備設	校舍	運動場	禮堂	辦公室	寢室
		走廊	廁所	隙地利用	
	教室	數目	大小	方向	桌椅
		窗	黑板	裝飾	其他
	設備	整潔	用具	其他	
教學	教學順序		教員有無預備		
	教學管理		學生之態度及反應		其他
教師	語言	態度	服裝	體格	

訓練	黨化設施
	師生合作情形
	學生自動工作
	與家屬社會接洽情形
組織系統　研究會集　評語　指導方法	

B談話　每次到學校裏去，必與該校教職員談話。與校長談學校行政事項，與訓練問題。與教師談教學問題與訓練問題。遇有機會就談。有時是指導員發問發言，有時是教師們發問發言，指導員

就本其所知來解答

C通信　這是補救談話之不足的。因爲談話往往會有不普遍，不透徹的地方，所以就來通信。教師們有問題，寫信給指導員，指導員負答覆的責任。有時指導員發信給教師們，請教師答覆，或詢問某事經過情形。

D研究會　自從學校教育研究會成立以來，已經進行工作的有幼稚教育研究組，低年級教學組，高年級教學組，中年級教學組，自然教學研究組，衛生教育研究組等。在研究會裏我們討論各部分的教學問題與應注意的諸點。有時請專家講演，解決問題。並且擬訂下二星期的課程大綱。各種研究會每兩星期開會一次。

E校長會議　校長會議討論事項很多，其中有一部分時間討論關于指導的事的。這個會議是教育局長或學校教育課長主持的。有時指導員也列席。在指導原則上，有：「對於學校內種種事項倘若不便與教師談話時，可以與校長談話」一條。在校長會議席上，可以討論大多數學校所有的普通問題。

F實驗學校　本局最初的計劃，全市設立五個實驗學校—東西南北中五所。實驗學校的責任，除實驗教材教法以外，還要指導本區各校的責任。這種工作，在過去的半年中已經開始了，如東區的國語教學研究會，南區的算術研究會等等。

⑸一年來的狀況　這一年來的教師統計，教材統計，均由統計股詳細報告，茲將各校感到最多的問題畧述如下：

A複式教學問題　本市因經費關係，有許多學校是複式編制的，有的是低年級複式的，有的是中年級或高年級編制的。其中以低年級的複式教學爲最困難。那時解答之方，從課程入手，以設計組織來定課程，兒童自動的方法來教兒童。並參用訓練兒童領袖的方法。本學期擬增設複式教學研究會，來充分討論這個問題。

B兒童用書　在六七月間市教育局發起審查各書局的教科書，開了幾次會，討論此事，終究因爲這個工作太浩繁了，非一二人在一兩個月內做得起來的。因此把全市分爲三區，分題試驗，中華，商務，世界三個書局出版的教科書，並分發教科書的標準，請各教師依着這許多標準去試驗。預備十七年度第一學期可以完工。

C方法　這半年討論的方法如下：

(a)幼稚園　打破舊式圓圈法，採取設計組織法。並力謀充實各種玩具與設備。

(b)低年級　力行設計教學法。打破分科制度。並討論如何與幼稚園溝通之方法。

(c)國語教學法　考查兒童的字彙，試驗閱書讀法。並擬廢去教科書。對於高年級注重自己閱讀。低年級試驗圖畫法，故事法，詩歌法，游戲法等。

(d)算術教學法　算術的目標是正確，迅速，應用三種，所以曾作種種試驗，最後決定各種方法，向着這個目標做去。珠算是否要教？也曾經有長時間的討論。決定適應社會需要起見，中年級以上採用。

D訓練：　曾編「好市民」草案，因爲審查問題，不敢不愼重分發，本學期擬分發各實驗小學，做試驗去。

E設備：　因爲接收時接收不到幾多東西，所以初開學時各校發生極大的困難，於是趕緊雇匠添置，並修繕房屋。一切修繕都是教育局先雇工估價，然後各校自己修理的。設備如桌椅等，都是教育局規定式樣向公司定購分發的。與設備有連帶關係的是教室裏的佈置，我們在指導時注意下列數點：

(a)是否兒童手做的？還是買來的？

(b)與目前教材單元有關係否？

(c)陳設的方法是否有美的觀念？是否合乎兒童的需要。

F圖書；　曾分發兩種書目錄：

(a)教師必需備的參考書。

(b)兒童用書目錄。

這兩種目錄雖然不能一一盡備，然其對于教師方面已經發生很大的影響。

(6)今後的希望　今後的指導計劃，另有詳細報告。這種希望是行政上應該做到的幾點：

A指導專責問題　教育局現有編審股專辦一切編審和出版事項，研究與指導實在是教育上很重要的事情。我們感覺到沒有研究是不能出去指導，沒有研究的人，出外去指導，那是要碰教師們的大釘子的，也實在對不起教師們。反轉來說，只坐在研究室裏，不到外邊去看實際情形，也研究不出什麼東西來的。所以指導和研究。必須有中學教育股和小學教育股分設主任專門負責否則研究的問題，是零碎的，少有組織的。

B指導員人數問題　三十二所學校一七五級的班數，七千個兒童，決計不是一兩個指導員，所幹得了的，今後爲希望南京市教育進步起見，非多錯專員來做這件工作不可。

C 分區指導 實驗學校固然已經開始做指導工作，倘能更進一步的研究，加以來幫助指導員效力必定更大。

D 分科指導 除童子軍指導員外，我們希望今後各科都有這樣的專員負責。

2. 衛生指導

我們覺得南京市立學校的衛生設備是很不完全的，我們更覺得南京市民的衛生知識是很幼稚的；在這教育經費困難已達極點的時候，要想來促進市民的衛生教育，推廣學校的衛生設備，眞是比登天還難呢。但是我們並不因此而灰心；我們也並不想立時就叫南京市立的學校都有像歐美各國學校衛生的設備和聘用學校衛生專門的人才來處理學校衛生的事情。因爲我們現在不但是無錢，就是有錢也無處去請這些專門的人才，所以我們就在無辦法中想了一種辦法，並希望着在三年以內可以達到各校的教職員能夠自行診斷和處理學校兒童常見的疾病；檢查兒童的體格；處理學校衛生的事情；並希望他們的效率能與聘用專門的人才一樣。但是能達到此種目的不能現在不敢說，不過我們有這種希望罷了。現在讓我把我們的辦法，步驟，和成效寫出來與諸位商榷。並請指教。

(1) 辦法與步驟

查南京市立學校共有三十四所每校有一位教員担任教授及管理該校衛生的事。這些教員對於教授管理雖是然心但是他們自己所受的衛生教育和學校衛生的訓練是不够用的，所以我們第一步就特爲這樣的人和各校的校長設一個衛生講演班，爲的是要使這些教員們能明曉學校兒童常患的各種疾病的原因，症候，預防，療治的方法。並且要叫他們在各人的學校裏替本校的學生處置尋常的疾病，不勞醫師及看護的手。如果遇見了意外的事或危險的時候教員自己也能施行急救或避險的方法。所以這個衛生講演不但是講演並且注重實習。第二步就是要叫他們能識別學校兒童常患的傳染病和這些病的症候，預防，處置的方法。最要緊的就是在染病未起或初起的時候把患者辨別出來，施行預防或隔離。第三步是學校衛生，就是關於學校衛生的各種設備並改良學校中不良的衛生環境。

講演是每週一次，在土曜午後三時至五時。於本次講演完畢的時候就把下次要講的講題宣佈，叫聽講的人回到校中先事視察校中有無患那種疾病的人；若有，就在下次聽講的時候把他們帶來，由指導員診察，治療；同時把對於該項疾病的預防和處置的方法，所用的藥品，並藥品的性質，分量，配製，使用的方法詳細說明，使教員回到校中可以照樣替學生處置。

(2) 已經演講和實習過的材料

A止血法

B眼病及其處置的方法

(a)眼瞼和眼結膜的病1感冒性結膜炎2流行性結膜炎3淋毒性結膜炎附初生兒眼炎的原因及預防法4沙眼5眼瞼麥粒腫(針眼又名偸針顒)

(b)眼疲乏的原因和現象　近視，遠視，散光的矯正法　眼的檢查法。

C耳病及其處置的方法

(a)外耳病1耳𦖋聹積聚的原因和處置的方法2外物入耳的處置法3耳疔的原因，症候和處置的方法。

(b)中耳病　感冒性中耳炎，急性中耳膿炎，慢性中耳炎等病的原因，症候，和處置的方法。

(c)耳痛的處置法。

(d)耳的檢查法。

D鼻腔及咽喉部的疾病並處置的方法。

(a)急慢性鼻炎的原因，症候，和處置的方法。

(b)鼻腔阻塞

(c)鼻腺樣腫Adenoids

(d)急慢性喉炎的原因，症候，和處置的方法。

(e)急慢性扁桃腺炎的原因，症候，和預防處置的方法。

扁桃腺腫大

E口腔和齒牙疾病的處置方法。

(a)口內炎

(b)齒病　蛀齒，牙痛，牙𪙢，牙重疊，牙不整齊等病的預防法和治療法。

(c)齒牙的保護法。

(d)刷牙方法。

F皮膚病及其處置的方法。

(a)溼疹　禿瘡　疥瘡　天疱瘡　圈癬　粉刺　凍瘡　雞眼　痱等病的原因，症候，

(b)皮膚病的預預防及處置的方法。

G急救法

(a)虛脫　昏迷　抽筋等的原因，症候。(b)預防及急救的方法。

H急救藥品的性質，配製及使用的方法。

3學校傳染性病的預防

A衛生與疾病的關係　傳染病的病原體　病原體出入人體的門徑　病原體傳染的方法與媒介物　免疫性的研究滅菌消毒法

具有特殊預防方法的病症

B痘症(天花)與種痘法　狂犬病的原因，症候，預防及治療的方法　破傷風的原因，症候，預防及

治療的方法　可預防的盲目

大半由腸部排泄物所傳染的病症

C 傷寒（腸熱症）病的原因，症候，預防及療治的方法　傷寒預防注射

D 霍亂（虎列拉）的原因，症候，預防及療治的方法

霍亂預防注射

E 痢疾的原因，症候，預防及治療的方法

F 鈎虫病的原因，症候，預防及治療的方法

大半由口鼻排泄物傳染的病症

G 白喉的原因，症候，預防及治療的方法　謝克氏白喉檢驗法Schisk test.

H 猩紅熱的原因，症候，預防及治療的方法　狄克氏猩紅熱檢驗法D.ck test.

I 麻疹，百日咳，流行性感冒，流行性腮腺炎（痄腮），腦脊髓膜炎等病的原因，症候，預防及治療的方法

虫傳病

J 瘧疾的原因，症候，預防及治療的方法　除蚊法　除蠅法

以上所講演和實習過的材料原希望各校的教職員在自己的學校裏可以按著實行，但是因爲教育經費困難，也沒有什麽設備所以大半還沒有實行。雖然如此，有的學校已經在

那裏試行了：如替學生種痘，替學生處置疥瘡，禿瘡，癬，沙眼，慢性中耳炎等病。又各校對於傳染病的預防，消毒，隔離等事都盡力的推行。

關於學校衛生的各種設備沒有錢更是談不到。但是我們已經在好幾個學校裏改良了兒童所用的桌椅，使各個兒童所用的桌椅都能合自己的適。又在幾個學校裏做了合衛生的厠所可以減少臭氣和蠅的擾害。最近又在各校內舉行滅蠅滅蚊的運動。

3. 改進私塾

(1) 以前的情形　講到改進私塾的一件事，南京地方，從民國元年以來，屢次聽到改良私塾發動機軋軋的聲音；五年始由江寧縣舉行塾師檢定，頒發許可狀。六年復有江寧私塾研究會之設，自是以降，這副機器的工作完全停止！直到去年，國民革命軍克復了南京，本市塾師當此各界民衆風起雲湧地組織團體之時，亦應聲而起，有南京市塾師聯合會之組織。可是於改進私塾之實際工作並未發生影響。及本特別市市政府成立，教育局乃把這副機器——十年久荒的老機器——擦油生火，重新使牠發生工作的聲音來。

(2) 着手改進時的預備工作　這副老機器生了銹若干厚？缺了機件若干處？都應該調查一下，視察一番，

才好着手修理。現在把調査和視察的結果略述於后：(詳見學校概況：三，私塾)

A關於塾數者　據本局第一次調查，近經更正，計得七一〇所，(實際上當在千數，因當時調查發生誤會，多匿表未繳)

B關於塾師者

(a)男女共計七一五人。

(b)未進學校者三四八人，約占百分之五十。

(c)老者八十三歲。五十歲者一一三人，爲衆數

(d)教館在五十年以上者五人。

C關於塾童者　多者九十人。男女共計一五五〇二人。據同年調査爲小學學生之四倍。

D關於俸金者　年得千元以上者五人，二千元以上者一人。

這都是一大批的駭人聽聞之數目！

E關於內容者

(a)教材　百分之九十皆舊日蒙童課本。可是三民主義教科書，無塾無之。

(b)教室　多僻陋，黑暗，低濕，空氣閉塞，環境惡劣，而人數過多，常广擁擠之狀，

(c)教法　多用舊法。

又者塾師之年老力衰，頭腦頑固，手足遲鈍，耳目不聰明者所在皆是不必諱言。而明瞭現代的潮流，有改良志願與研究精神者近亦日多。

3實施改進的辦法和步驟

A檢定塾師(參觀法規檢塾師條例)

計劃既定，籌備多日，始于去年十二月廿五日舉行第一屆塾師檢定試驗。試驗科目爲：

(a)國文　作文一篇

(b)算術　分筆算與珠算二種可由受試者任作一種。題目注重常識與時價行情……。

(c)常識　包含黨義黨綱教育原理及普通常識(衛生常識尤多)

受試及格者得十四人。合本局第一屆暑期學校學生成績優良，准予免試十八人，及第一屆塾師檢定試驗免試合格者一九九人，共得二三一人。一併于本年一月六日發給塾師許可證。其餘塾師有免試領證資格，未及報名受檢定者當尙有人，教局爲體恤此類塾師計，二月起舉行第一屆塾師登記。至三月止。舉行檢定與登記之後，於報名入塾師講習會(詳後)各人中，復擇有免受塾師檢定資格者免其入會，且將來給予許可證。　以上是(甲)去年十二月，(乙 今年二月，(丙)今年五月三次檢定塾師的畧況。

B 取締腐敗私塾

這一步的工作，詳見本局三年間工作計劃中。現擬於最近先取消「迭經指控並査實」之最腐敗私塾若干。以後則按照本局所定標準逐年取消未達到標準之私塾若干。

C 私塾教育的改良

私塾教育到底當如何改良，如何進行，似未可完全委託於現在已受檢定已許設塾之塾師自行計劃，自由活動；本局爲確定目標整齊步伐，增加効率，縮短時間起見，先後頒訂左列各事，通令遵行：

(a)設立私塾暫行條例　規定塾師塾舍塾牌塾訓塾教等項之大綱。

(b)私塾最低限度的規定　明示私塾之教育宗旨，辦理方式，應用課本，應有設備及塾童應有活動之指導。

(c)私塾應備書籍　規定書目表分列塾師塾童各應有之書籍，最少限度若干本，及各書之價目，出版處。

(d)塾童須養成的習慣　分做工的，衛生的，黨化的，美化的四項。

(e)塾舍應有的整潔工作表　分每日的與每月的

項。

(f)其他　以後仍當逐步詳訂各項規程。

D 塾師的進修

(a)私塾教育研究會　本會由教育局設立，凡已領得塾師許可證者皆須入會，分全市爲四區，各區每兩星期開會一次，皆在市立學校中舉行，以資觀摩，以促聯絡，每次開會時提出一中心問題，由教局派員到會指導。研究事項更因科分組。聚男女老（八十四歲：）少（十九歲：）於一堂，參差複雜，概可想見。然本會自三月廿七日起截至五月十八日止每區各開會五次了！成績甚佳！最難得者爲各會員在會場中秩序甚整齊，儼如馴良學生所有興趣之講演；無隨地吐痰者；無高聲談話者，且常常得見他們搖頭賞音，點首稱是。這樣看來，不特他們養成了多少好習慣，得着了多少新智識；也打破了他們多少常見，成見和舊思想呢！

(b)塾師講習會　本會亦由教育局設立；凡未得塾師許可證者皆得報名入會。因未得許可證者人數尚在七百左右。一方爲他們到會聽講的便利，一方也爲教局處理會務的便利計，祇得分期分已開講，如：第一期設中區，第二期設東區，第三期設南區……。講習科目暫定爲（一）黨史黨義；（二）教育原理，教學方法及教室管理；（三）兒童心理；（四）衛生常識與自然常識；（五）國語五項。講習期限暫定爲一月。講師皆由教局延聘之。第一期將在最近開講。

如上雙方並進，本市大多數塾師的頭腦，日有洗滌，日有建設，雖未能改造成一個全新的頭腦，起碼也要成一個半新的了！

以上工作雖云兩期，不過各期對于某類工作特別注重罷了。實則第一期已有改進的工作，而第二期仍不停取締的工作的。

(4)改進工作開始時的情形　當大多數塾師聽得檢定試驗已定期舉行了，不免大起恐慌起來，（有一少部分很贊成這種試驗的他們自己也覺得有許多的同業實在不配恭維他一句：「同道」，而羞與爲伍。）組織所謂南京私塾聯合改進會及下關私塾改進中山小學聯會等以謀反抗，該會等會員號稱千人，于去年十二月一日來局請願，要求，「展緩檢定試驗」，到百餘人：是爲第一次請願。三日復來，人數激增，初則要求先設塾師講習會，後舉行檢定試驗　繼則要求免試設塾，不許，終乃大呼「打倒新文化！」等口號而去，游行示威，聲勢洶洶，好像政府不得過問他們和莫可奈何似的。一面另向市政府上控，求市黨部聲援，所以謀反抗者可謂無微不至了！

聯合會除反抗教局檢定試驗外，對于私塾教育改進會之重要分子亦加以仇視，甚且有不法行爲，改進會乃一部分覺悟的塾師所組織而成，服從政府之命令，懽迎政府之指導，盡心竭力，以謀改進。乃反抗者始則妬之，繼則恨之，終則仇害之：難道同業眞是冤家嗎？

聯合會雖力謀反抗，可是教局卒不爲之少動，仍照原定計劃着着進行，而舉辦檢定試驗。受試者雖不滿百人，而「對于他們非法無理的要求置之不理」的精神已充分表現。

(5)本局的指導工作

A指導的目標　指導員與視學員不同：視學員重在視察成績之優劣，指導員重在指導工作。前者爲批評的，後者爲研究的，非研究無由指導。研究私塾教育之改良，與研究學校教育之革新亦不同：後者有外籍可供參考，且研究之厂史長而人數多，前者適得其反，而又素爲朝野所不重視，差不多是一塊尚待發明的新大陸一樣。爲改良計須指導，爲指導計須研究，爲研究計須搜集材料，爲搜集材料計除調查外不能不重在視察，故第一爲視察，第二爲指導。視察時有注意之點若干：（a）就指導員方面言，他們的態度是樂觀的，積極時，友誼的，忠實和平的。（b）就塾師方面言，要保持塾師的尊嚴，——對於兒童的——宣揚塾師的優點，引起塾師的好感，表同情於塾師的困難，改造塾師的頑固頭腦。（c）就視察本身方面言，第一期在考察私塾之現狀，尤其在私塾之劣點；第二期在考察各塾改良工作之進行的程度；第三期在考察私塾改良之成績，

B 指導的步驟

（a）第一期宣傳私塾改良之必要　頭腦陳腐之塾師與家長，渾渾噩噩，混混沌沌，不知今日爲何日，現世爲何世，惟知三字經千字文……等蒙童課本及四書五經爲古學爲國粹，此等書籍既爲彼等幼時所玩讀，仍當爲今日兒童所當讀。此種心理實爲私塾改良之第一難關。若驟然下令，一律嚴禁，也不能算是上策：不但於事實無濟，還要引起無謂的糾紛。（詳見本局出版之教育月刊第一卷第六期蔣伯謙南京特別市私塾前途一文）故只得先向彼等宣傳私塾改良之必要。要是他們接受了此種宣傳，那麼，私

塾改良的工作就容易進行了。宣傳時在喚起他們對于私塾教育之懷疑，故不能不說明私塾之缺限：

（甲）就兒童言　Ⅰ、不顧兒童心理生理之發育，Ⅱ、不合兒童之實際生活，Ⅲ、增加兒童易染疾病之機會，Ⅳ、缺乏兒童養成良好習慣之訓練。

（乙）就社會言　Ⅰ、不合潮流；Ⅱ、不合需要，Ⅲ、不合教育制度。

其他……

（b）第二期協助私塾改良之進行

（甲）教學方法之研究

（乙）塾師智能之增進

以上兩項由教局設立塾師講習會及私塾教育研究會設計實現之（兩會辦法另詳）

（丙）私塾課目之加多　由教局設巡廻教師十二人分赴各塾教學，一面示範，一面助教。由下期起實行。

（丁）私塾設備之提高　舊式私塾中除學生用之書籍筆墨紙硯桌凳外，別無長物，塾童生活枯燥乾澀，實至可憐！由下期起提出津貼費月二百餘元，分甲乙丙三級核給，

以爲逐漸提高設備之費。

（c）第三期引導私塾之蛻化——學校化——此期，倘遂，詳見本局三年間之計劃大綱。

C指導方法

（a）視察　有視察表可逐項填寫。其有爲表中所未備或臨時發見者另紙記載。

（b）談話　塾師各種問題可報告指導員，或同答指導員之問題。指導員更常請塾師至較僻靜處（爲塾童及他人耳目不及之處）詳商各該塾改良事項及方法，以保持塾師的尊嚴。

（c）通信　補足談話所不及或不便者。

（d）研究會

（甲）在會中提出問題討論解決方法。

（乙）報告普通應興應革事項。

（丙）介紹優良私塾及學校優點以資觀摩。

（e）研究會幹事會　在會期之外舉行所以謀研究會進行之便利與効用。

（f）實驗私塾　以受津貼之各塾負實驗之責，將成績報告于大衆以資採仿奮行。

⑥各私塾最近的情形

A全市私塾的現狀

（a）私塾之增減　停辦者二十一所，新設者亦多，惟尙未查得確數。

（b）塾童之來去　來塾者以新入學的蒙童爲最多，他塾轉來者次之。去塾以轉入學校爲最多，失學或學藝者次之。各塾學生來者多於去者。

（c）內容之改革　（甲）採用教科書者日多；（乙）蒙童用四書五經者或三字經者日少；（丙）添圖書，開新窗，闢校園，裝地板，置痰盂者亦常有所見，且勤掃除；（丁）課桌之排列，黑板之位置，亦多改良。

（d）塾童的自由工作　如圖畫手工等，間亦有佳作。

（e）整潔及衛生　塾師塾童現在都很注意於此。開研究會時尤覺顯著。

B優良私塾的一瞥　本市成績優良的私塾也不在少，這些私塾與規模狹小之學校無異，曾見本局出版之教育月刊第一卷第四期錢希乃「改良南京私塾計劃大綱」一文中。不過近來他們更進步了

（a）胭脂巷公字十號戴氏（笠疇）私塾裏有學生用煤炭屑做的鍾山，西湖……儼然是湖山勝蹟！又有踩蹺板。（b）信府河一三二號王氏（用之）私塾也有煤屑堆的荊棘嶺通天河獨木橋……想見唐僧當日西遊道上險阻艱難之概！而學生各項成績品

陳列與保存之法極佳！（c）唱經樓十號李氏（祝三）私塾有學生辦的市政廳，組織很嚴密，規條也很詳細！廳外常有批詞訓令張貼。灌輸政治知識，實行民權使用之訓練，培養市民守法之精神，且可練習公文程式！（d）太平里三十三號戴氏（錫麒）私塾分男女生爲二部，保存有十年以來學生之成績，有自製掛圖甚多，以便教授，今年且修改女生教室，創設學校園，教授歌舞（其女文英女士主持女子部），可謂開私塾界之新紀元了！（e）其餘各塾優點甚多，恕不備錄。各塾多有周刊，或月刊，由學生自行編輯，抄寫，裝訂；其中圖書亦多；以李塾創辦最早。塾中多張貼標語，間有精美至可愛者，語意也很好，如：「學校化的私塾是社會所權近的」，「私塾藝術化」，「私塾科學化」，「教育不是金錢事業」「經書是成人的研究物，不是小兒的讀物」，……等。

7. 還有幾句話：

自清季到現在，沒有一年沒有一處不聽到「普及教育」的口號。如何實現這口號的方法？提倡者，贊助者，表同情者，幾異口同聲的主張廣設學校。吾民不幸，內亂未除，內爭不息，養兵，買馬，購飛機，訂鎗炮在在需款。現有學校已朝不保夕，減俸，欠薪，罷課，停辦時有所聞。處今日而言廣設學校，實在是一句開心話罷了。就是有幾個千辛萬苦的人，在支絀樽節挪墊拖欠之中，加添幾所學校，並且逐年例加，但財力有限，終難如願。這樣下去，試問學齡兒童數，與所設學校的容量，三年內相差若干？五年後又相差若干？十年後又是相差若干？雖然現在沒有精確的調查，不難粗率的回答一句：「相差尚遠」。那麼，普及教育的好夢，在這漫漫長夜之中，何時成功呢。

說到這裏，不免有人以爲這不過是一時的困難罷了。國民革命成功以後，軍費銳減，那時即可大辦其學校，教育就可以立刻擴充的。可是教育是爲國的根本大計，不可一日廢棄的。百病叢生的中國，不能說沒有醫藥費，就暫顧得一種病，把其餘的九十九種放棄不顧。即使有輕重緩急之別，百年樹人的大計，當然是很重很急的。所以促進普及教育的實現，最好是另覓捷徑。這一條捷徑用費少，而成功速的，也許就是「改良私塾」了，私塾有現成的學生，先生，桌子椅子……等。要是東主西賓兩美的，就是石板，黑板，玩具，書籍及運動器械亦都畧備。這種良好私塾，雖然是不多，但是倘使政府能津貼他們少許經費，一方給他們一種教育指導，那麼成績中等的可以提高，成績很好的就可以變成學校，學校化的目的，就不難達到了。所費不多，在短時間內，可得到形式不如，精神相同的特種學校。——私塾化成的學校——小城數十，大城數百，最大城如南京以千計，這豈不是促進教育普及的終南捷徑麼？

話雖如此，但是亦不主張把所有的私塾一律姑息容納下去。不堪造就的私塾，還是取締的。這就是積極計劃中間不可避免的消極工作了。

(三)編審及出版概況

編審股的正式成立，雖然在十七年四月的時候，然而講到編審和出版的事業，在本局成立的第二個月裏，早已開始工作了。當十六年七月的時候，中華民國大學院剛要成立，教科圖書審查條例還沒有公布，本局主管首都教育，一切係屬首創，除審訂一切教育條例外：鑒于勵行三民主義教育，實爲黨國根本大計：同黨化教育最有密切關係的，就是學校裏所用的課本：改革以來，各書肆所出版的黨化課本，好如春笋怒發，然而考其實際，大多數係書賈投機的產物，不是生吞活剝，堆砌許多兒童所不能了解的新名詞：就是把從前的舊課本改頭換面的重印一下，至於適合兒童心理，而又含有三民主義的真精神的，十不得其二三，但那時市立各學校將屆開學，課本審查，迫不及待，本局因聘請教育專家暨學校教育課職員，組織教科書審查委員會：訂定各種辦法，標準，徵集各書肆出版之教科圖書，審查修改，以備重行編訂；一面選擇比較完善的教科圖書數種，規定爲本市立學校教科書，及參考書。十六年十二月大學院公布教科圖書審查條例，本局因前次訂定各種辦法標準概與相符，審改教科圖書工作遂暫告段落。本局所請審查委員亦大多數被聘爲大學院圖書審查會委員。

十六年九月本局爲傳布法令，介紹教育學說，和共同研究起見：特發行一種定期刊物，定名爲南京特別市教育月刊，第一期就在九月出版。十六年十二月，本局鑒於低級兒童缺少適當讀物，因根據整個教育法，編訂「好朋友」好多種，把兒童各種生活，根據一個中心，編成各個單元，俾能引起兒童興趣，自動學習。出版以來，多承國內外教育家之指導，通函訂購者，日不暇接，先出數種，業已售完再版，承蒙教育界同人贊許，曷勝榮幸，一方面本局限於財力時間，不能同時出版，普遍供應，又未免抱歉。十七年三月，兒童週報第一期出版，從此低年級兒童又有一種定期讀物。而各種教材，各種教育叢書和各種單行本，現正在進行編輯之中，不久當邀國內外教育家指教，茲將各種出版物分述如次：

1 教育月刊　教育月刊的宗旨，是本着研究教育學術，傳布教育消息而編輯的。內容分論壇，研究，教學，參考，文牘，規程，記事，報告諸欄。每月出版一冊遇到必要的時候，再出版特刊，發行專號。除文牘，規程欄外，局外投稿一律歡迎。本局全體職員，都負有供給稿件的責任(編輯和投稿條例詳載法規第　頁)現第八期業已出版，第九期及黨化教育特刊正在編輯中。

2.好朋友刊物　本刊物的編制，是根據整個教學法：取材於中外名家小說，歷史故事，以及其他富有教育價值文學與味的資料，用淺顯文字來演深奧意味，務求適合兒童經驗，和兒童想像所能及到的事物，每種均拿故事做中心，依照各種材料的性質，分編甲乙……辛八套。包括學校內各種課程。各套分別使用，可當各科教材：而且各課同一中心。尤能互相參證，互相聯絡：變化既多，是能引起兒童繼續不斷的興趣，而且永記不忘。這種整個教學法的妙處和理想，在本刊物或者可以完全實現，講到使用方面，各套種類既多，內容又甚豐富，每種購置全套，可供一月或一學期之用，亦可供二三天教學之用，各套用法說明如次：

(1)甲套係圖畫故事讀本。用簡單明白饒有興趣之文字描寫記述中外名家小說，歷史故事等事蹟，每節段分編一面，每面有新穎悅目的圖畫一幅，表示本節段內重要的意味，凡國語閱讀，聽講故事，歷史表演，社會常識等，均可藉此教授，或用作補充讀物，亦甚相宜。

(2)乙套係掛圖，將甲套中的圖書順次排列，放大石印，分裱數幅，由教師或程度較高的學生用色填畫後，用作閱讀掛圖，或教室點綴品，供幼年未識字的兒童觀閱都很相宜。

(3)丙套係剪貼圖，把甲套各課中的主要人物，大小配置，合印一張或數張，備兒童剪下，另外用紙貼成有意義的圖畫，剪貼手工，及圖書着色，均可用此教授。

(4)丁套把各種人物，鈎成正反對稱圖，用硬紙印就，着色剪下，摺疊後，就成爲立體的模形，在桌上或沙箱裏面排列起來，可以教授故事和自然等課，此外還可以做兒童的玩具。

(5)戊套係石印單色圖畫。專供教授着色之用。

(6)己套厚紙片上印人物輪廓。由教師或學生依輪廓用刀劃成曲線空，或刺成點線空，襯以圖紙，用鉛筆或蠟沿空塗抹，即成曲線或點線圖。教授幼年兒童描畫最宜。

(7)庚套穿線圖型。輪廓和己套同，在轉折處刺若干小空，用色線在每二空之間連穿，即成很美麗的象徵圖形，教授縫紉及刺繡初步，練習鈎勒畫，均甚相宜。

(8)辛套音樂譜，依甲套材料編成歌譜曲譜，教授兒童歌舞表演最宜。

3.兒童週報　兒童週報是本着鼓勵兒童發紓思想，養成兒童發表能力，灌輸兒童各種智識，并提倡兒童文字的宗旨而編輯的。所載材料：有短評，時事新聞，學校新聞，故事，笑話，寓言等類。每星期出版一期，一切圖畫文字，都由小學生自繪畫書寫，再付石印。既可作為一種書畫作文的比賽，鼓勵兒童練習，又保存兒童作品的本來面目給大衆研究。（編輯及投稿條例詳載規程第　頁）現已出版六期，發行情形和好朋友刊物相同。

4. 工藝教材及算術卡片

⑴工藝教材和好朋友刊物庚套相類。所不同的就是；不必限于各套畫圖中的主要人物，換一句話說，就是單獨工藝教材　並不是以什麼做中心的。現在已出版的共分：玩具，建築，用具，動物，植物，纖類六類，每類五六種至十餘種不等。合計已有約六十種。

⑵算術卡片，係用數字排印，數片排配，背後就可以翻到所求的結果。簡單的加減乘除，使用甚便幼年兒童練習數學尤其適當，現正在編印中。

5. 數學叢刊　本局行政的惟一目的，就是要行政學術化，行政機關與學校教育互收通力合作之效。改進數學的問題中間最重要且又最急切的。就是數學。數學叢書的編輯，就是適應這個問題，給小學校師一個幫助，現正計劃編印，不久就可以實現。此外尚有其他單行本刊物，除本冊外，正在計劃，尚未就緒，茲不具載。

三、社會教育課

（一）接收事項

接收機關名稱	機關原名	接收年月日	接收人員	現在經辦人員	備註
貧民義務學校	省會警察廳附設貧民義務學校	十六年七月二日	彭述人		此項學校係合之民衆學校性質故接收後即併入民衆學校辦理未經續辦
省文廟典守署		十六年七月五日	張燊雲 彭述人		接收後已將屋舍全部移交大學院作為大學院院址所有樂器現存第一公園
第一公共講演廳	中正街公共講演廳	十六年七月七日	張燊雲 彭述人		現由後方醫院暫駐正在商請遷讓中
下關辦事處	下關商埠關于教育部分	十六年七月十三日	張燊雲 索祖貽	姚丙奎	
第一通俗教育館	江寧縣立第一通俗教育館	十六年八月十日	張燊雲 彭述人 莊叔遐	劉郁文	

教育局的組織及行政概況

第一公共體育場	江寧縣立公共體育場	仝右	仝右	仝右	
古物保存所	仝上	十六年七月廿二日	張鑾雲莊叔遐索祖貽		接收後移交大學院管理
第一公園	秀山公園	十六年十月廿六日	陳泮藻王义余等	王义余	
鼓樓公園	仝上	十六年十一月廿二日	羅玉麟駱志淵		十七年二月十八日已移交大學院爲辦理測候所之用
同善社	大香爐同善社	十六年十一月卅日	顧鍊棨羅玉麟		已移送財政接管
女子職業學校	倉頂女子職業學校	十七年一月四日	蔣道南		現劃歸普育堂辦理
同善社	米行街同善社	十六年十二月卅日	羅玉麟		現爲工友夜校之用
名宦祠及民立中學	仝上	十七年二月二十七日	羅玉麟等		已擬歸戲詞鼓書訓練所用
第二公園籌備處	綠筠花圃		閔毅成		該園接收後以一部辦中心學校園一部籌辦第二公園
利生工廠	仝上	十七年四月廿三日			由普育堂直接接收并整理
江南官書局	仝上	十七年四月廿四日	蔣道南羅玉麟		接收後現正擬將第一圖書館遷至官書局辦理而以圖書館原址開辦第二公共講演廳
義興善堂及白鷺洲	仝上	十七年五月十一日	蔣道南羅玉麟		現正擬將白鷺洲闢爲公園
救　總局	仝上	十六年十一月二日	陳泮藻李健民等	鍾靈秀李健民	在信府河
廣善義倉	仝上	十六年十一月	仝右	胡本清	在考棚

生 局 普

下關辦事處	外總局	仝右	仝右	湯允中	在老江口
烈山分局	仝上	仝右	仝右	張成勳	在烈山
犢兒磯分局	仝上	仝右	仝右	陶樹人	在犢兒磯
大勝關分局	仝上	仝右	仝右	伍鳳樓	在大勝關
三江口分局	仝上	仝右	仝右	季麗潭	在三江口
周家山分局	仝上	仝右	仝右	張春岩	在周家口
巴斗山分局	仝上	仝右	仝右	張少山	在巴斗山
正誼小學	仝上	仝右	仝右	鍾靈秀	在儒府河
總堂	仝上	十七年一月十一日	陳泮藻莊叔遐閱毅成蔣道甬鍾舒予	魏璧	在剪子巷
育嬰院	仝上	仝右	仝右	王雲珍	仝右
養老第一院	仝上	仝右	仝右	陶惕予	仝右
養老第二院	仝上	仝右	仝右	駱烱	在大夫第
殘廢第一院	仝上	仝右	仝右	王西衡	仝右
殘廢第二院	仝上	仝右	仝右	周超然	仝右

	貧婦院	仝上	仝右		仝右	易昌蔭	在剪子巷
青	婦女第一	清節第一院	仝右		仝右	陳玉	在油房巷
院	婦女第二	清節第二院	仝右		仝右	姚寶樹	在剪子巷
院	婦女第三	清節第三院	仝右		仝右	駱繼鼎	仝右
堂	民衆學校						在剪子巷本校於十七年五月設立

（二）興辦事項

	興辦組織名稱	地址	經辦人員	開辦年月	備註
	第一圖書館	文場街	顧天樞	十六年六月八日	
	宣傳團	本局	蘇莊	十六年六月	十六年九月併入市府宣傳團辦理
	秦淮公園	貢院大街		十七年四月	現正建築尚未完工
	戲詞鼓書訓練所	夫子廟	彭林仙顧鍊棻	十六年十二月	
	第二公共講演廳	文場街		十七年五月	第一圖書館擬移至江南官書局舊址辦理即以該館原址舉辦講演廳
民	夫子廟	夫子廟	葉繼祖	十六年十一月	
	昇平橋	仝上	王佩珍	仝右	
	大行宮	仝上	戴子俊	仝右	
衆	新菜市	仝上	王馨圃	仝右	
	儀鳳門	仝上	何元興	仝右	
閱	漢西門	仝上	梅榮生	仝右	
	太平街	太平街清真寺		仝右	

報	剪子巷	育嬰院	蔣道南	仝右
	船板巷	仝上	鄭德璡	仝右
	米行街	仝上	丁正圖	仝右
處	貢院街	仝上		十七年四月
工	奇望街	仝上	夏澂琬	十七年二月
	府西街	仝上	劉郁文	仝右
友	馬道街	仝上	吳瑞芳	仝右
	米行街	仝上	丁正圖	仝右
夜	洪武街	仝上	孫毓華	仝右
	倉頂	仝上	蕭榮圻	仝右
校	儀鳳門	仝上	何元興	仝右
民	昇平橋	仝上	王佩珍	仝右
	大行宮	仝上	戴文俊	仝右
	夫子廟	仝上	葉織祖	仝右
衆	小心橋	仝上	袁健安	仝右
	南捕廳	鍾英中學	吳幼安	仝右
	督糧廳	仝上	陳健恒	仝右
學	乾河沿	金大附中	張邦銳	仝右
	新桑市	仝上	王馨爾	仝右
	儀鳳門	仝上	何奮先	仝右
校	漢西門	仝上	梅榮生	仝右

(三)其他事項

1.研究

(1)組織

A戲劇研究會

B工友夜校教材研究會

C慈善事業研究會

D民衆教育研究會

E黨化教育研究會

F圖書館研究會

G小說研究會

H藝術教育研究會

I新村研究會

J新都市研究會

K婚喪禮研究會

L特殊教育研究會

M民衆政治訓練研究會

(2)結果

A工人讀本編輯綱要

B工人常識教材大綱

C慈善事業管理法

D民衆教育之黨化

E藝術教育的範圍

F民衆政治訓練與民衆學校

G民衆劇場計畫

H風化教育

I中華民國婚喪禮草案綱要

(右邊九個研究的結果，正在整理，將擇尤印布於世。)

2.編輯

(1)社會教育叢刊

A第一種—怎樣辦一個民衆學校？

B第二種—怎樣辦一個民衆閱報處？

C第三種—社會教育的分類。

(2)社會教育唱本

A第一種—打倒帝國主義

B第二種—罵張竹霖

C第三種—「五三」慘案

D第四種—國旗

E第五種—進學校

F第六種—蚊

G第七種—蠅

3.審查

(1)通俗書報審查委員會

A第一步—限各書坊印局將各項雜誌小說及各種單

行冊本報章送會審查

B第二步—審查

C第三步—宣布禁售書報名稱

D第四步—視察各書坊印局

(2)戲劇審查委員會

A第一步—收集各種戲劇脚本

B第二步—宣布合用脚本名稱和内容

C第三步—視察各游戲場劇院

（電影則僅經試演之一步手續）

4.指導

(1)民衆教育

A北區平民學校

B門帘橋民衆學校

(2)農人教育

A鼓樓村農民小學

B清涼村農民小學

C定淮村農民小學

(3)風化教育

A廢止祀孔

B取締舊式婚喪儀

C闢邪術殺人謠言

(4)藝術教育

A視察戲院

B整一標語形式

(5)慈善事業

A義渡局

B放生池

C毘盧寺

5.調査

(1)慈善機關調査

(2)公共娛樂場調査

(3)名勝古蹟調査

(4)市區範圍教育機關調査

(5)各民衆團體調査

(6)圖書館調査

(7)市區内國家教育及省教育調査

XIII教育經費之獨立運動及現狀

南京市教育經費本來獨立的，什麽舖房捐茶碗捐等稅捐，約計十餘種，自南京特別市成立後，市財政統一，所有前江寧市一切的教育稅捐統歸財政局徵收，所以教育經費就由財政局支配了，在去年十二月二十四日市府奉到國府第一二三號令實行教育經費獨立，才於二十八日第十八次市政會議議決由教育局籌劃徵收屠宰稅辦法暫定舖房捐作爲教育經費，這是第一次市政會議通過，教育經費獨立的原則，到今年二月一日第二十二次市政會議通過，舖房捐撥歸教育局直接征收，後來因爲財政局不肯拿舖房捐交出來，經過第二十三次及第三十次市政會議再後决定維持教育經費獨立四點。一、由教育局長召集教育經費監理委員會。二、舖房捐自四月一日起移交教育局接管。三、屠宰場由教育局籌劃舉辦並徵收檢驗費。四、其不足者在住房捐項下撥足之。這個議案議定之後，恰巧財政局沈甯局長調任土地局長，未及移交舖房捐，延至五月一日新財政局長唐乃康到任，方得照議案實行，而當時唐局長還以爲舖房捐舊欠總可由財政局保留徵收權，誰知由三十六次市政會議議决所有舖房舊欠應一併劃歸教育局接管，于是所謂教育經費的獨立總算告一段落，本局既接收舖房捐之後，就在總務課設立一教育經費股，以便辦理舖房捐及其他指定的教育稅捐，又在下關設立辦事處，下關徵收舖房捐事務即在這裏辦理並根據特別市教育局條例組織教育經費監理委員會爲教費監督及整理的機關委員十五人除本局職員陳劍脩陳鶴琴陳泮藻鍾㦤秀閔毅成五人爲當然委員外，另聘韓士元嚴掄魁彭林仙宋玄袁健安徐雁賓王乂余顧平南王芷湘錢漢平等十委員。從此教費既有保障，盡力籌劃，拿屠宰場辦起來以後再拿其他的教育捐稅接過來，首都的教育經費，實在是有把握的。

Ⅳ本局一年內大事記

年　月　日	記　　事
十六年六月一日	局長宣誓就職本局正式成立
九日	開始調查江寧市立各學校
二十日、	創辦市立通俗圖書館
	查封明死廳同善社及悟善社
二十二日	籌辦十六年度暑期學校
	籌辦平民學校
二十九日	開始接收市立各學校
三十日	公佈私塾條例開始調查本市各私塾
七月一日	接收警區附設之貧民義務學校
二日	委派天樞充市立通俗圖書館主任
	接收省文廟典守公署
八日	接收公共講演廳
九日	市立第一通俗圖書館組織學術講演會
十五日	發表第一批市立學校校長二十八人
十六日	歡迎新小學校長
二十一日	召集新校長會議討論一切進行計劃
二十二日	佈告嚴禁盂蘭會
二十四日	審查小學教科書委員會開會
二十五日	暑期學校開學
二十八日	開審查小學用書委員會
二十九日	函請程柏廬鄭曉滄等七先生爲檢定小學教師委員會委員審查檢定小學教師條例

三十日　局長出席省市劃分教育權限會議
八月一日　接收江寧通俗教育館和公共體育場委鄒有麒爲該館及該場臨時保管員
三日　編造七月份各校臨時費預算
九日　取銷慈善公會
十日　開第三次審查小學用書委員會
十一日　接收公立第一小學第一分校縣立女子職業及縣立初級中學校
十四日　公佈檢定小學教師條例　暑期學校結束
十五日　檢定小學教師開始報名
十八日　呈報調銷南京慈善公會圖記
二十日　發表第二批小學校長四人
二十一日　結束宣傳團合併於市府宣傳部
二十八日　開始檢定小學教師試驗
二十九日　委鄒有麒爲市立第二通俗教育館主任
九月一日　開始辦理小學教師登記　發表第一屆檢定小學教師
二日　委陳鶴琴課長代理局長職務
編審股開始編輯教育月刊
七日　局長銷假任事
八日　局長兼代總務課長
十二日　委徐毅生充第二通俗教育館主任

教育局的組織及行政概況

十三日　總務課長歐陽駿辭職
十五日　佈告市民勸禁建醮禳疫
十七日　呈請市長確定教育專欵
廿一日　審查小學教師資格及所任職務
廿二日　布告嚴禁建醮禳疫
廿六日　公佈小學校長服務細則及十六年度學歷
廿八日　公佈實驗學區暫行條例
十月三日　調指導員鍾靈秀充總務主任
統計本市私塾擬檢定塾師辦法及簡則
五日　第一期教育月刊出版
七日　呈請市長就中區實驗學校開設初中班
八日　舉行社會教育遊藝表演大會
十日　辦理第一屆市校教師登記事宜
十四日　摺呈市長請轉呈中央仍照公布修正之原案爲本市行政區域
十五日　組織普育堂整理委員會
十六日　接管血花公園
十七日　批准中區添辦初中班
三十日　市立各校聯名呈請催發九十月份經費
十一月一日　函公安局請調査前秀山公園職員舞弊情形
二日　令社會教育課陳泮藻課長接收救生局

教育局的組織及行政概況

令准補助私立崇淑經緯爾小學及試驗鄉
村師範學校
三日　通告塾師定期檢定
四日　公佈私塾設立暫行條例及塾師檢定條例
接收救生局外總局
遵令改血花公園名稱爲第一公園
五日　開第一次衛生講演會
佈告繼續辦理救生局各種慈善業務
六日　學校教育研究會成立開第一次會
七日　啓用　國民政府頒發新印信暨局長牙質
小章
八日　委曾炯之充市立第一通俗教育館主任陳
洋藻課長兼充館長
十二日　總理誕辰紀念派員赴各校參與典禮
十四日　委鍾靈秀兼充救生局總主任李健民爲副
主任湯允中爲下關辦事處主任
十七日　籌辦民衆學校
十八日　委王乂余爲第一公園管理處主任
派調查員蔣道南調查市區經界并函知將
關于教育事項隨時詳報
十九日　請市長核准接辦倉頂女職校
二十一日　編審股開始編輯好朋友刊物

派羅課長會同駱志淵接收鼓樓公園
二十三日　委曾炯之兼充市立第一公共體育場主任
二十四日　第一屆塾師檢定試驗開始報名
二十九日　派調查員蔣道南會同市府職員出發調查
市區
十二月一日　函大學院秘書處及四中大文學院社會科
學院徵求編製市歌市旗意見
塾師百餘人來局請緩免檢定試驗由陳課
長暨指導員接見
三日　塾師第二次來局請願暨指導員會同市府
派員接見
五日　會同總工會秘書處組織工人教育委員會
十日　全市小學今日午後一時在金陵大學禮堂
舉行同樂會
二十一日　召集民校各教員開民衆教育研究會并請
傅若愚先生講演
二十五日　舉行師範塾師檢定試驗
二十六日　舉行說書大鼓訓練班開學禮
二十七日　呈大學院請訂期召集教育行政會議并設
立各種規程條例審查委員會
第一冊好朋友刊物出版
二十八日　招待上海教育參觀團

二十九日　說書大鼓訓練班上課

三十日　開歡迎上海教育參觀團大會幷陳列行政成績藉供展覽

接收倉頂女子職業學校

招待江蘇各縣教育局長參觀本市市立各校

三十一日　開歡迎江蘇各縣教育局長大會

十七年一月四日　啟用國民政府新頒南京特別市市政府教育局印信暨局長牙質小章

察勘平江府新闢公共遊藝場

接收倉頂女職校毛巾廠和洋襪廠

五日　發表試驗及格塾師

查封米行街北山門同善社

六日　擬具徵收舖房捐辦法大綱呈報市長請鑒核備案幷令行財局移交舖房捐務

借夫子廟小學舉行塾師給證式到二百二十八

九日　組織普育堂接收委員會討論接收辦法

社會教育課陳課長往普育堂辦理接收事宜

十四日　歡迎萬國婦女和平運動會代表演講小學教育並通知各市校教職員到會聽講

十六日　編造市立學校十六年度九月至十二月決算書

教育局的組織及行政概況

二十四五六日　舉行籌辦民衆劇社遊藝大會

二十七日　組織工友夜校教材研究會

二月一日　工友夜校教材研究會開成立大會

四日　委劉郁文接充市立第一通俗教育館兼公共體育場主任

六日　組織戲詞鼓書訓練委員會

七日　呈請市長令行江寧縣長轉知縣教育局將逸營學產撥歸南區實校第二院應用

八日　訂定塾師登記條例及塾師講習所簡章

十日　計劃組織私塾教育研究會

十一日　委閔毅成充教育經費股籌備員

十三日　各民衆閱報處開始閱覽

十四日　教育經費委員會閉會

十五日　開第一次教育經費委員會籌備教育經費獨立並計劃接收舖房捐

二十一日　布告廢止祀孔

公布小學暫行條例

二十四日　提出實行教費獨立或指定教育專款案于市政會議

二十七日　開全市塾師大會

聘魏璧充普育堂主任

四七

敎育局的組織及行政槪況

編審股開始編輯兒童週報

二十八日 公佈華僑子弟回國就學辦法

二十九日 接收夫子廟舊民立第一中學地址

派員參與市政宣傳週籌備會

三月二日 編審股開始編印好朋友各套刊物

三日 籌備塾師講習會報名事宜

五日 編呈本局新計劃書

接收城北公園綠筠花圃

六日 發表第一屆及格登記塾師並呈報市府

八日 辦理第二屆市校敎師登記事宜

九日 召集第一屆童子軍敎學討論會

十二日 總理逝世三週紀念舉行植樹典禮

十五日 公佈中學暫行條例

十八日 市立學校全體職敎員因經費無着總辭職

二十日 呈請市長准由本局接辦舖房捐並舉辦住房捐

草擬全國敎育聯合會提案

二十一日 市府召集市校職員談話

二十四日 市府第二次召集市校敎職員談話市長報告解決經費問題辦法

二十六日 市校全體職敎員復職上課

三十日 向財局接洽接收舖房捐

四月一日 兒童週報第一期出版

接收江南官書局

二日 印發佈告八千張分送市民力闢近來迷信邪說並勸禁小孩臂纏紅布

三日 本市敎育參觀團赴上海參觀

調查半邊街放生池

四日 改普育堂節婦院為婦女院

五日 私塾敎育研究會成立

十四日 本市敎育參觀團開會報告參觀上海市敎育情形

十八日 組織審查委員會開始審查本局各種規程條例

二十三日 調查三汊河放生池

二十四日 聘孫仲威充市立中心學校園主任委潘抑強為學校敎育課編審股主任顧良杰為總務課文書股主任閔毅成為總務課敎育經費股主任孔充為社會敎育課審計股主任兼辦該課內與編審有關事宜

委鍾靈秀充總務課長

二十五日 召集各市立社會敎育機關全體攝影

籌備各社會敎育機關聯合會

調查並取締本市內淫書

二十六日 歡迎上海敎育參觀團

二十七日 布告接管舖房捐

今後三年間的進行計畫

△目錄▽

今後三年間的進行計畫

Ⅰ今後三年間教育經費的計畫

首都教育的重要，是大家知道的，要發展首都的教育，首先要增高首都教育的經費，照現在的經費數目看起來，不過每年三十萬元，每月僅僅二萬九千元。我們在這三年的當中，要想把經費增加到一倍以上，每年預算增加十二萬，就是自民國十七年度起爲四十二萬元十八年度爲五十四萬元十九年度爲六十六萬元還是最低限度的計劃，第一年（十七年度）預算額定四十二萬元每月需費三萬五千元，籌劃的方法，第一在鋪房捐項下徵收一萬元第二在屠宰項下徵收一萬元第三，接收住房捐，在住房捐項下可徵收一萬元第四，其餘不足的五千元就在市內的各項教育稅捐如契附稅契紙加價中資捐牙帖附稅鹽斤加價，土酒捐鴨鋪捐江防漁稅，以及房租地租等稅項裏面籌足之第二年（十八年度）預算額定五十四萬元每月需費四萬五千元籌劃的方法第一在鋪房捐項下徵收一萬二千元第二在屠宰稅項下徵收一萬二千元第三在住房捐項下徵收一萬五千元第四其餘不足之六千元就在市內的各項教育捐稅裏面籌集之，第三年（十九年度）預算額定六十六萬元每月需費五萬五千元籌畫方法第一在，鋪房捐項下徵收一萬三千元第二在住房捐項下徵收二萬二千元，第三在屠宰稅項下徵收一萬三千元，第四不足之七千元在各項教育捐稅項下籌足之，照以上的計劃看來首都教育經費既有可籌的款，那末努力去籌劃，教育經費的充足，以及教育的發達，那是可操左劵了，

今後三年間的進行計畫

Ⅱ學校教育擴充計劃

學校教育課一年來的工作概况，前面早巳說過。至於今後三年內的進行計劃，再分述如次：

一 學校教育課內部組織及行政的計劃

今後三年間計劃中的學校教育系統表。（見後面）

無忘五九國恥及五三濟南慘劇！

要報讐雪恥先從努力教育入手！

今後三年間的進行計畫

照上表所列，除編審股業已正式成立茲不贅述外，其他各股事業，概由本課各職員通力合作分工互助。今後三年間，各股當依次成立，以專責任而謀擴充

（一）中學校教育股● 掌理本市公私立中等學校一切行政事宜。其職務如左：

1.召集中等校校長會議，解決中學及師範學校方面各種實際問題●

2.聯絡中等學校職教員，研究改良中等學校教材，教法，及訓導諸問題。

3.依照本局教育宗旨，計劃暑期學校，講習會，學術演講，學校參觀，及其他一切在職職教員修養事宜。

4.會同本課各股，商決全市教育諸問題。

（二）小學教育股 掌理本市公私立小學校及幼稚園一切行政事宜。其職務如左：

1 召集小學校校長會議，解決小學校及幼稚園諸問題。

2 聯絡小學校及幼稚園職教員，研究改良小學校及幼稚園教材，教法，及訓導諸問題。

3 指導各種衛生事項，灌輸衛生知識，養成兒童清潔習慣；并實行衛生運動，力與社會合作，防止疾病傳染。

（三）私塾教育股 掌理本市私塾改進一切事宜。其職務如

左：

1 召集全市塾師，組織私塾教育研究會，研究解決改良私塾教育諸問題。

2 依照本局規定章程，審核塾師資格，舉行塾師檢定，塾師登記，及塾師講習會等事宜。

3 率同指導員，巡視本市各私塾，并依據視察結果，決定私塾懲獎事宜。

4 督率巡迴教師，幫同各私塾改良教學諸問題。

（四）鄉村教育股 掌理本市鄉村教育事宜其職務如左。

1.召集鄉村小學職教員，組織鄉村教育研究會，解決鄉村教育實際問題。

2.其他關於鄉村教育諸問題。

（五）測驗統計股 掌理本局各種教育測驗及教育統計事宜●其職務如左：

1 測驗各校學生智力及學業，並統計教材教學師資諸問題，以資比較●

2 調查並統計本市學齡兒童實數，以謀教育普及。

3 統計經費及教育行政諸問題，以資擴充。

4 其他關於調查及統計事宜。

一 學校添設及擴充的計劃

（一）十六年度下學期（十七年二月至七月）

1.各校增加班次 本市各學校開辦半年，頗得社會一般

今後三年間進行計劃中的

學校教育系統圖

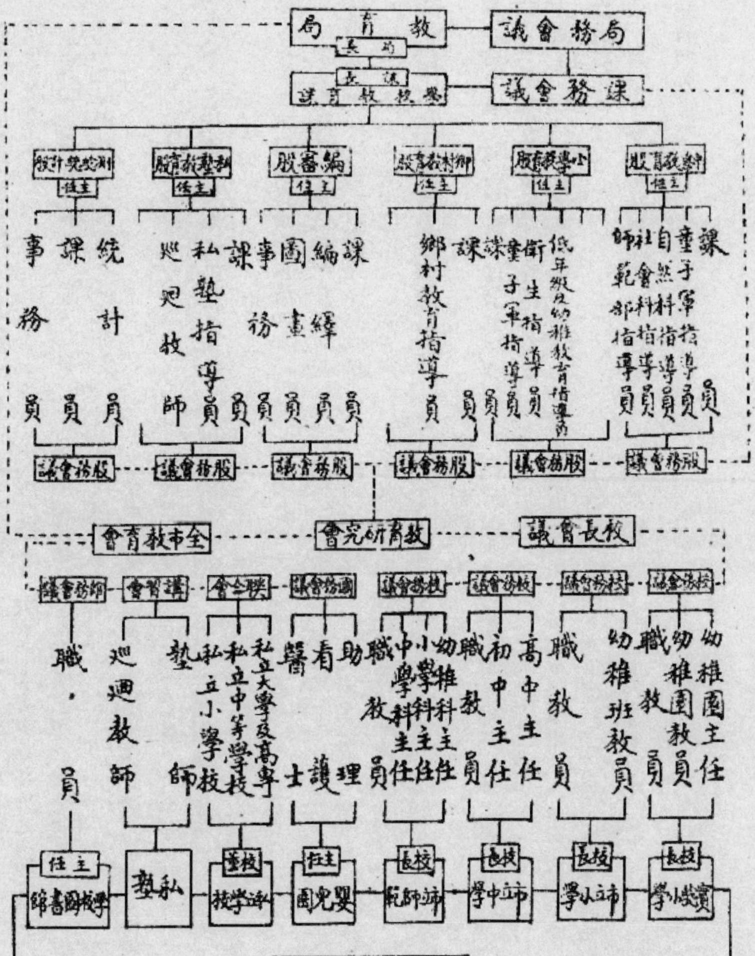

人信仰．十六年度下學期開始的時候，預計入學生新生一定擁擠．爲謀盡量容納計，每校至少須增設一班或二班。

2. 增設新校　各校增設班級，如仍不能容納時，因就城內及下關增設新校兩所，廣事收容。

3. 調查全市學齡兒童　爲計劃今後教育進行起見，先將本市學齡兒童調查清楚，以備參照。調查手續托公安局代辦。

(二)十七年度(十七年度八月至十八年七月)

1. 開辦十七年度暑假學校　各種辦法依照十八年度辦法斟酌損益。

2 各校增加級數　照十六年度下學期辦法酌量增加

3 添辦市立小學五所　十六年度下學期入學新生既甚擁擠，本年度秋季開始，入學幼生當益形增加，決非增級所可盡量容納。故本年度至少須增設市立小學五所．校址另覓，或由成績十分優良之私塾改辦臨時酌定。

4 添辦西區及下關區實驗學校　本局實驗學區計劃，原定分設東南西北中及下關六區實驗學校。後因經費支絀，西區及下關區緩辦。本年度須分別成立，以期收分工研究，共謀改進之效。

5 添設市立師範學校　本市一年來對於學校師資方面最感缺乏者，爲體育，唱歌，幼稚，及黨化等科教師．爲造就人才以供社會需求起見，應設立市立師範學校一所。暫辦幼稚教育，黨化，及藝術班。每班招收學生以三十名爲限。(章程辦法另訂)

6 添辦市立女子初中　本市現雖有男初中之設，然女子中學尚付闕如。本年度應先設女子初中一所，容納各小學校畢業女生。

7 男初中添設高中部　本年度應添設高中部。俾本市初級中學上學期第一屆畢業生，有升學之所。

8 開辦職業學校　以前職業學校往往與社會隔離。所學非所用，所需非所學，殊與本旨相背。然職業教育關係甚鉅，本局應改良提倡，並與畢業生之職業指導相聯絡，開辦市立職業學校。先設木作，泥水，油漆等最需要的職業班，以造就社會上所需要之人材。

(三)十八年度(十八年八月至十九年七月)

1 辦十八年度暑期學校(同十七年度)

2 各校酌加班級(同十七年)

3 酌量需要，添辦市立小學五所。(開設辦法同十七年度計劃)

4 擴充市立師範爲完全師範學校　本年度除藝術、幼稚，教育，黨化，等班照舊開設外，應添設師範正科，招收初中畢業生，造就專門人材。

5 添辦女子高中部，以便女初中畢業生升學。

6 擴充市立中學校爲完全中學　本年度市立中學畢業生，有高中一年級，及初中一二三年級各一班。應即將市立中學擴充爲完全中學。

7 職業學校依照上年度成績及研究結果，酌量擴充班數。或職業種類。

(四)附語　本課三年間的計劃，上面大概講過。至如嬰兒院和學校圖書館的設立，因不在這三年計劃之內，暫且不說。

三　編審及出版事業的擴充計劃

編審股出版各種刊物，銷售很廣。所用印費拿好朋友刊物的售價，和月刊的廣告費收入開銷，支用局款甚少。這種事業，對於教育的傳佈和研究方面，大有關係。今後應當依照需要逐年擴充。

(一)十六年度下學期(十七年一月至六月)

本年度係創辦時期。計劃進行的事項如左：

1 教育月刊依照原定計劃繼續進行，遇需要時增印各種特刊或單行本。

2 推廣好朋友刊物　好朋友出版以來，頗受社會歡迎。外省教育机關及本市各校訂購的，陸續而來。這些刊物的出售定價，和印刷費差不多可以相抵。本學期除將各種繼續出版之外，每種更依照編輯辦法編製甲乙……等套，備供各學校低年級教學之用。預計實行後銷路必廣。到相當時候，印刷費可以把本身的收入來維持。

3 創辦兒童週報　兒童的定期刊物，現在在我國很少。對於兒童的社會見解，和各種常識　很少幫助。本學期擬出版兒童週報一種，專供低年生閱覽。每週出一期。每期印一千份。每期印刷費約計洋十五元。每份以售銅元五枚計。收支可以相抵。(編輯辦法見法規十二頁)

4 編印一年來之南京特別市教育　本局成立瞬將一年，一切教育設施不無成效。本年五月擬出版一年來之南京特別市教育，以資傳佈而留紀念。由局務會議通過歸編輯委員會商定會內各課辦理之。

5 購置石印机節省印刷費　本局長期印刷品除月刊必需鉛印外，其餘如好朋友兒童週報等，均須石印。好朋友月出四本，每本印三千份，印刷費約四十五元，每月共計約一百八十元。兒童週報月出四期，每期約十五元，一月共計約六十元。兩者合計，每月需印刷費約洋二百四十餘元。需費如此之鉅，不如自備石印機印刷各種刊物。經費約計如左：

石印機一具　三百五十元(石版及附件在內)

油墨每月　十元

石印書寫員一名月薪二十元(兼職)

裝訂工人一名月薪十六元
機師一名月薪三十元
粗工二人　月薪二十四元

除第一次三百九十元，係臨時費外，每月共計僅需洋百元。較現支印刷費，每月約省一百四十餘元。如果把這筆費用去購辦紙張，一定還有餘剩可以擴充其他刊物。再有空暇時間，還可以印刷本局或各校的印刷物。辦理得法，印刷費就可以獨立。

(二)十七年度(十七年七月至十八年六月)

本年度係試驗擴充時期。應當進行的事項如左：

1 教育月刊除按照原定辦法，定期出版外，每學期加印特刊一冊或兩冊。

2 兒童週報　本年度兒童週報除低年級部照舊出版外，應增印高年級部，使高年級兒童得到同樣的閱覽和發表的機會。辦法和低年級部一樣。

3 好朋友刊物　現定各種好朋友刊物，十六年度各套出版完備。十七年度起，將該項刊物就市立學校分別試用，代替課本，作爲整個教學法的試驗。試驗的辦法，程序，臨時再定。

4 編輯教學叢刊　教學叢刊的編輯，目的是要行政學術化，行政機關與學校教育互收通力合作之效；是要使小學教師在實施教育的時候，得到一個幫助。一切材料取之於實驗學校試驗的結果，指導員視察的意見，研究會的討論，會合編訂，以期適應需要切中事實。

(三)十八年度(十八年七月至十九年六月)

本年度係根據試驗結果，繼續擴充時期。除教育月刊照常外進行計劃如左：

1 兒童週報　本年度兒童週報，除照上年度發行外，應竭力推廣擴充。先與上海及杭州方面聯絡，共謀推及全國，使全國兒童大家得到閱覽和發表的機會。

2 好朋友刊物參照上年度試驗所得的結果，斟酌擴充，俾益臻完善。

3 編印高年級兒童讀物。好朋友刊物及兒童週報大率偏於低年級兒童方面。至於高年級兒童讀物，本年度應着手編印。其取材不妨與好朋友同，而增加篇幅，擴充內容，俾同高年級學生的程度相符合。

四、教學研究和指導的計畫

(一)導言在沒有討論計畫之前，先來說幾句極平常的老生常談，作爲普通解釋的代替。

1. 爲什麽要有教育指導？關於這個問題，討論的文字很多，尤其是改視學制爲指導制的時候，幾乎全國的教育刊物都登載這類討論文字，歸納起來，有五個要點。

(1)引導全體教師向同一條路上進行

今後三年間的進行計畫

(2)集合教師作有系統的研究

(3)討論困難問題

(4)指導實施教育方針

(5)考核教師之勤惰

2.教育指導員是什麽?教育指導員是教育行政人員之一•但是他的性質應該是教師化的,他的責任就是實行前節所說的目標•他的人格和態度要怎樣呢?

(1)富於教師化的態度,脫去政客化的惡習•

(2)明瞭當地最近的情況和世界潮流•

(3)熟悉當地教育的歷史和現狀•

(4)能溝通教育行政當局和各學校,按照計畫切實進行•

(5)有誠懇,耐勞,研究,和藹,勇敢的態度•

(6)有詳細確切的計畫•

(7)有相當專門知識與經驗•

(二)本篇分三段如下:

1.幼稚園和低年級:

2.小學中年級和高年級:

3.中學和師範:

1.幼稚園和低年級:

本市的幼稚和低年級爲什麽需要特別指導?

(1)幼稚園和小學低年級,所以獨立成爲一個階段的

指導的理由•

A本市幼稚園,都是新辦的•我國幼稚教育方在改造期中,倘不加以指導,要想和改造的潮流,趨向同一,在事實上是不容易的•

B近幾年我國小學教育的方法,進步得很快•其中低年級的成績格外可觀•但是許多新方法,還不能普遍,還只是小規模的試驗•我們一方面想一般教師都受這種訓練,另一方面也希望這種試驗範圍擴大•

C幼稚園應該和小學低年級打成一片的證據,早早有人給我們看過了•在這許多新的幼稚園出世的時代,應該來做一個試驗•並且希望今後小學低年級的各方面,如教法,教材,課程,訓育……等•都變成幼稚園化•打破種種形式訓練和只做「預備成人」的教育•建設自由的,向前的,實際生活的教育•

(2)分期•

教育指導不是一朝一夕所能收效,也不是全部工作可以同時並舉,更不是漫無系統,見東說東,見西說西•隨感錄式的進行的,所以必須有計畫,又必須分期來實現這個計畫•本市幼稚園低年

級指導計畫可分三期：

第一期　訓練期　打破從前許多不合理的舊習慣，討論新方法●

第二期　試驗期　分組試驗新方法●

第三期　實施期　彙集前期的試驗結果，全市實施●以上三期不能有極嚴格的界限，因爲在第一期中也屬着第二期工作●第二期中脫不了一期的指導，大約第一期以短時期爲原則，暫定一年二期暫定一年，三期以後不定年月，怎樣進行，下面逐期說明●

A第一期訓練期

(a)目標(甲)引起教師對於現代幼稚園和小學低年級的組織，課程，教材，教法，設備……等懷疑的態度●(乙)引起教師尋找新方法，和努力做新試驗的動机和興趣●(丙)指示教師時代繼續修養的途徑●(丁)考察各教師之能力和態度●

(b)事項　(甲)宣傳本局教育旨趣　(乙)考察黨化教育實施的進程　(丙)改良舊式的組織—如幼稚園的園周組織，低年級的年級組織皆當改良●　(丁)重組課程●—如三久●跑圈子等課程一概須廢除或改進，完全以生活爲中心●(戊)改進教法●廢去分科教學，採取整個活動的輔導法●(巳)整潔學校內部，改進學校環境●用極省錢的方法●使學校整潔使學校的小環境藝術化　(庚)搜集教材，兒童教材不是只限於教科書●幼稚園與低年級實在不應該有教科書●一切教材應該根據兒童的興趣找來的●　(辛)經費的預算●幼稚園和低年級往往無預算，這是進行中的大障碍●教師們應該要有預算●最好能經濟獨立●　(壬)溝通幼稚園和低年級●　(癸)指示參考書●　(戊)請專門學者講演●　(亥)團結各教師●作互助的討論●

(c)方法　(甲)組織研究會，團結全市教師●討論一切工作每兩星期舉行一次●會場無定，各校輪值●　(乙)組織展覽會●各校開全校展覽會，全市或全區開聯合展覽會●　(丙)實地指導根據本節(b)項所列諸節●實地到各校指導，每次不能籠統全做，要分組指導，注意一項或二項就可以，倘某校對于某項需要特別指導●就可以特別提出來●大致有下列視察，談話，討論，三個步驟●用極虛心，極誠懇的態度視察全校的各部分●考核各

今後三年間的推行計畫

教師努力的狀況•與校長說全校提綱絜領的事項，與教師說局部的問題•有時候倘若某種問題以爲不便與教師直接說的•可以由校長轉達•各校如有種種困難問題•指導員遇教師們提出時（指導員應當詢問各教師有無困難問題）應當盡力討論•可以代爲解決的•當場解決•不能立刻解決的，指示解決的途徑與方法•此外還要參加學生實際活動，每次統計各校狀況，作第二次指導的根據•到了第一期完畢的時候，統計全部的成績，作第二期試驗的根據•

B第二期試驗期

（a）目標：（甲）根據本市社會及自然環境，兒童發育狀况，作有系統的試驗，確定中國化的小學教育• （乙）建設首都小學教育特殊的風氣，爲全國開試驗精神的先河•

（b）事項：（甲）全市共同試驗的：設計組織的課程•省錢而又全乎兒童的設備•溝通幼稚園與低年級的辦法•（注意組織方面） （乙）各校因歷史的關係當地的需要和能力•單獨特認試驗的分六組：第一組故事•語言文字，表演，和其他發表的技能•第二組書畫，音

樂，手工，表演，和其他發表的技能•第三組游戲，音樂，第四組數目•讀法，和個別的游戲•第五組常識，自然界•第六組，兒童動作，技能，習慣，和個別的游戲•

（c）方法：（甲）指導員會議•根據第一期所得成績，決定進行方針與方法• （乙）準備試驗時應用之物品，通知各校自備，或由教育局分發• （内）開主任校長指導員研究聯席會議，決定各校試驗事項，討論試驗規則•

（丁）專科指導員與各個教師合擬試驗計劃，分頭搜集材料與方法• （戊）做假試驗•

（巳）根據假試驗的成績，討論其試驗的進行方法• （庚）開始試驗、注意幾件事，第一詳細的記錄填寫表格•第二精密的統計•第三耐心的向前進行•第四忠實的報告•（辛），指導員定期與各教師直接談話，負答覆問題研究問題考察試驗工作之全責• （壬）定期彙集報告，各種試驗時期各各不同•不過指導員應該依照各種試驗預定的日期，彙集各校的報告• （癸）聘請專門學者，研究試驗的結果，作爲第三期的資料•

C第三期實行期

(a)目標：根據前期試驗所得的結果，本着繼續試驗的精神，循序前進，並喚起全國小學幼稚園之猛省，確立吾國根本教育之基礎●

(b)事項：(甲)訓練全市教師，(乙)實行新方法，(丙)宣傳全國●

(c)方法：(甲)舉行長期講演會六星期●以前期試驗所得結果爲主要材料●各校教師和指導員互爲講師與學員●(乙)頒發新材料與新方法●(丙)釐定教師應做的工作●如記錄報告，研究工作等●(丁)考核各校實施的成績●(戊)解決隨時遇到的困難●(己)刊佈全部試驗工作的進行與材料●

本期各區各組織研究會●各教師互相指導●本局指導員倘能加入教師隊裏去，做一個當然的領袖，效力更大●

2中年級和高年級

(1)本市小學中年級和高年級的特點●

A從前江寧市的教育怎樣，在南京的人都已知道●其中最引人注意的，是師資的不講究●論起資格，只要認得字有教局親戚朋友的都可以做教員●於是把近水樓臺的第四師範，和第一女子師範的畢業生，反而棄之於千里之外●去夏組織本市教育局的時候，有幾位朋友談到這段故事，我們都很替從前辦教育的人可惜●

B因師資的影響就弄得教學上發生不好的結果，這是無可諱言的●所以也有變成私塾式的，也有請校工代課的●願意起來上幾小時課，不願意了放幾天假；學生可以做機器的，對於教師一言不合，便可罷蹺；夏楚是尋常事●這許多情形，有許多老南京人，都這樣說，大概不致於全屬子虛●去年改組時，對於師資教學，當然是首先注意到●聘請的教師雖然力求精選，但是有的是千里歸來，離鄉日久，一時摸不着頭緒；有的是初離學生時代，經驗上稍稍欠缺；有一部分舊有的呢，在從前確有鶴立雞羣之雅譽，但是當然亦有許多不合的地方●因此種種，這段教育到要有特殊的指導了●

(2)怎樣指導？

關於這段的指導，比較前段來得煩瑣些●談到手續，有下列三種：

A打破舊習慣，培養新方法●

B明瞭南京的情形，試驗適合需要的方法●

C分科研究，分科試驗●

(3)根據這三個手續，我們估定二個時期來實行●

今後三年間的進行計畫

第一期希望全市的中年級高年級的教師們，打破從前的習慣，確實明瞭南京兒童的需要，社會的情形，並略受科學方法的教育訓練●第二期希望全市的中年級教師們大多數都有了試驗的精神，明白的觀察，各出心得來做種種試驗●

現在把這二期的大略計劃說一說：

A第一期

(a)目標：(甲)破除從前不良的舊習慣● (乙)明瞭南京社會正當的需要● (丙)明瞭兒童確實的需要● (丁)培養有科學精神的教育方法與知識●

(b)事項：(甲)與前段第一期((b)之(甲))同● (乙)與前段第一期((b)之(乙))同● (丙)重組課程●這期做釐定課程的預備工作●如考察社會的需要，兒童的能力……等● (丁)改良班級制●做能力分團制的假試驗，以解決局部問題● (戊)與前段第一期(b之(巳)同)● (己)精選教材●小學教材不是沒有，而是不精，所以這期是精選期● (庚)指示參考書● (辛)請專門學者講演● (壬)團結各教師作相互的討論● (癸)解決隨時發生的問題●

一〇

(c)時期：暫定三個學期●

(d)方法：與前段第一期的方法同●並得隨時酌採用前段第二期的方法的一部分●

B第二期

(a)目標：(甲)根據本市社會及自然界環境，兒童發育狀況，作爲系統的試驗●確定中國化的小學教育● (乙)建設首都小學教育特殊的風氣，爲全國試驗精神之先河● (丙)隨時將試驗所得結果，向全國報告，喚起全國小學界之注意●

(d)事項二：(甲)全市共同做的是：整理課程，創製設備，和試行能力分團制●(乙)各區當地的需要和能力單獨做一科或二科的試驗，並編輯該科有系統的教材●

(e)時期：暫定三個學期●

(d)方法：與前第二期第三期同●

中學師範及職業學校

(1)本市的中學和師範需要指導嗎？

在十六年度教育狀況看起來，本市中學和師範需要指導地方不多。但是照本局的三年計畫看來，到了十八年度，中學和師範需要指導的地方很多了●現在我國把最近三年實的計畫說一下：

(A)第一年(十六年度)
(a)創辦初級中學●試驗初級中學課程●組織教材方法等，作將來擴充的預備●
(b)考察國內外辦中學最優良的方法●
(B)第二年(十七年度)
(a)擴充初級中學
(b)創辦師範班三班，藝術科一班，黨義科一班，幼稚師範科一班●
(c)試辦民衆職業學校五班，木工，泥水工，綫工，縫工，理髮工，各一班●
(a)添辦女子中學一所●
(C)第三年(十八年度)
(a)成立完全中學一所●
(b)籌辦完全師範一所●
(c)擴充女子中學●
(b)擴充民衆職業學校●

這樣看來本市的中學和師範需要指導嗎？還有本市的私立中學很多●也都是急需指導的●幸而本市的中學和師範都是新辦的，一切事情都是從頭做起，做各種試驗亦比較來得容易●

(2)私立學校的指導。

私立學校的指導，有時頗有特殊情形，所以關於這段的指導手續只有兩種：

A偏重做新的試驗工作●本局訂定立案辦法規定新辦的中學或師範校長，在未辦以前，切實審定種種辦法，並物色有學識有經驗的教師●

B糾正舊方法，使漸漸見向着正當的路上走去，這是指導私立中學的大概。

(三)結論

這篇計劃大部分是根據本局各種進行計劃而定的●要想這個計劃完全實現出來，不是難事●不過至少要有以下的幾條條件：

1教育行政人員要有確實的保障●
2全市的教師們要有確實的保障●
3全市的教師們要耐勞，耐苦，安於其位●
4全市的教師們要分工的研究，互助的前進●
5本局的指導員，都能團結一致●並且都是教師化，富於研究精神●

總之教育的成績，是教師的工作的結晶●指導員不過從旁指導。實際工作還在教師的雙手。所以要想本市教育能夠開全國的新紀元，做全國的模範。只看本市的教師們志願堅不堅了●

五　私塾改進的計劃

（一）私塾改良底目的。

私塾改良底目的，不在使之發達，而在使之學校化。本局的計劃即在實現此項目的。但是事實上既不能即時停閉本市所有的私塾，那麼：

1 如何方能「學校化」我們主張：只能注重積極的引導，使逐步改良，以達到「學校化」；然後再進一步，改爲學校，是爲蛻化的改進法。同時也要取消那些落伍的私塾。

2 何時能完全「學校化」？由私塾而改爲市立小學校，人材經費一時皆虞供不應求，故在使之逐步改變。譬之收編軍隊，使之逐漸投降若干，以底於全軍歸順。

（1）前三年間——私塾改良
- A 塾師檢定
  - 免試——登記審查
  - 受試——檢定試驗
- B 塾師訓練
  - 塾師講習會
  - 私塾教育研究會
  - 其他
- C 補助私塾
  - 課程方面
  - 設備方面
- D 取締私塾
  - 以私塾資格、私塾成績爲準
    - 已領許可證否
    - （與各期標準合否）

（2）後二年間——私塾蛻化
- A 歸併
  - 全塾的
  - 一部的
  - ——於附近小學
- B 改組
  - 一塾單改
  - 數塾合改
  - ——爲一小學

上面兩个表，前者是我們三年間的工作，爲完成整个計个計畫起見，也把後二年——第五年第六年——的工作一併附在下面，茲一一分述如左：

（二）十七年七月至十八年六月

1 指導人員培設二人雖前共有三人

2 塾師檢定

（1）舉行第三四屆塾師檢定試驗（每學期舉行一次）

（2）舉行第二三屆塾登記（每學期舉行一次）

3 塾師訓練

（1）私塾教育研究會——繼續前期

（2）塾師講習會——第二三屆

（3）名人講演

（4）指導自修

4 補助私塾

（1）設巡迴教師十二人

A 示範的　國語　算術

B助教的　遊唱　工湊

(2)津貼設備費案照成績分甲乙丙三級津貼金額每月十五元十元五元受津貼塾數不得過五塾十塾二十塾(詳細辦法另定)

(3)津貼設備費預算表(第一年)

級別	每月金額	塾數
甲	一五元	五
乙	一〇元	一〇
丙	五元	二〇

5 取締不良私塾未得許可證之各塾師一律嚴加取締

(三)十八年七月至十九年六月

1 指導人員　人數照舊

2 塾師檢定

舉行第五屆塾師登記　停止師塾檢定試驗

3 塾師練訓

(1)私塾教育研究會　兩期繼續進行

(2)名人講演

(3)指導自修

4 補助私塾

(1)巡迴教師　照舊進行

(2)設單級教師二十人

上年曾受津貼各塾成績優良者各得指派單級教師一人駐塾施教

(3)津貼設備費照舊進行　但受津貼之塾數每級加倍如左表

津貼設備數預算表第二年

級別	每月金額	塾數
甲	一五	一〇
乙	一〇	二〇
丙	五	四〇

5 取締不良私塾

取締不合第一期標準之各塾

(四)十九年七月至二十年六月

1 指導人員　人數照舊

2 禁設新塾　停止塾師登記　從本年起永遠禁止

3 塾師訓練

(1)私塾教育研究會　兩期繼續進行

(2)名人講演

(3)指導自修

今後三年間的進行計畫　一三

今後三年間的進行計畫

4補助私塾

(1)巡迴教師　人數照舊

(2)添聘單級教師五人共得二十五人

(3)津貼設備費　照舊進行　但每級加二分之一塾數如左表

津貼設備費預算表第三年

級別	每月金額	塾數
甲	一五	一五
乙	一〇	三〇
丙	五	六〇

5取締不良私塾

取締不合第二期標準之各塾

6私塾蛻化

擇上年受津貼各塾中之最近於學校之形式及精良者改組及合組爲市立小學校(或歸併於附近之小學)十所

(五)　十年七月至二十一年六月

1指導人員　減少一人尚餘二人

2

3塾師訓練　照上年各項進行

4補助私塾

(1)巡迴教師　照舊

(2)加倍添聘單級教師二十五人合原有共得五十人

(3)津貼設備費　照舊進行　但每級各加三分之一塾數如左表

津貼設備費預算表第四年

級別	每月全額	塾數
甲	一五	二〇
乙	一〇	四五
丙	五	八〇

5取締不良私塾

取締不合第三期標準之各塾

6私塾蛻化

除歸併於附近各小學外再合組及改組爲市立小學二十五所

(六)二十一年七月至二十二年六月

1指導人員　人數照舊

2塾師訓練　照上年各項進行並參加小學教育研究會

3補助私塾

(1)巡迴教師　照舊

(2)添聘單級教師二分之一即二十五人合原有共得七

十五人

(3)津貼設備費 以各私塾成績爲標準不限數

4 取締不良私塾不合最低標準者一律取消

在本年終A將所有私塾教師嚴密審查及檢定擇尤改爲學校之用。B學校數驟增指導員巡廻教師單級教師全數改爲學校教育課指導員及各小學教員

社會教育擴充計畫

一、教育局社會教育課的組織及行政

(一)編制

職別 \ 說明	本局編制表所列人數	現設人數	計畫人數	備註
課長	一	一	一	
審訂股主任	一		一	
民衆教育股主任	一	○	一	
擴充教育股主任	一	○	一	
藝術教育股主任	一	○	一	
文化事業股主任	一	○	一	
慈善事業股主任	一	○	一	
課員	三	二	一二	
指導員	六	三	一二	
調查員	三	○	八	
巡廻教師	六	○	八	
事務員	二	一	三	

(二)編審事項

1 編輯社會教育叢刊五十種

2 編輯社會教育唱本二百種

3 編印「社會日報」

4 編印民衆學校教科用書

5 編印工及夜校各種教科材料

6 審查一切通俗書報及影戲

7 審查新舊劇本

二、設施計劃

種類	名稱地點	現在狀況	創設或擴充計畫	備註
1 民衆教育				

今後三年間的進行計畫

民衆學校	某某（以所在地名）民衆學校	市區內各地	十校	擴充	（一）在最近兩月內擴充二十校，合已設者為三十校，完成第一期計畫 （二）此後每年辦三期，每期增加二十校	
民衆博物館	第一民衆博物館	夫子廟		創設	（一）以朝天宮典守署所存樂器為品類之基礎 （二）內分（1）歷史部（2）風俗部（3）交通部（4）教育部（5）實業部（6）美術部	
	第二民衆博物館	下關		創設		設備及館舍務求簡單，以速成設立為原則
民衆教育館	第一教育館	府西街	具有圖書博物理化實驗演講室等部	擴充	（一）添購書籍 （二）、增加設備 （三）添置理化室儀器藥品 （四）修大演講廳并組織學術講演會 （五）守設動物園 （六）完成植物園	
	第二教育館	下關		創設		簡單創立

民衆閱報處	某某（依所在地名定）民衆閱報處	市區內各地	十處	擴充	（一）在最近三個月內擴充十八處，完成第一期計畫之三十處 （二）分期設立至一百處為止	
民衆圖書館	第一圖書館	文場街		擴充	（一）添購書籍 （二）增加設備 （三）增設出版部（以江南官書局舊存書板為基礎）	區計畫遷至江南官書局舊址辦理
	第二圖書館	下關		創設		地址尚未擇定
	第三圖書館	中正街		創設		同右
	第四圖書館	南門大街		創設		同右
	第五圖書館	北門橋		創設		同右
植物園	同上	郊外		創、		同右
公	第一公共體育場	府西街		擴充	（一）添置運動器具 （二）闢兒童遊戲場	

一六

公共體育場	第二公共體育場	鼓樓		創設		地址尚未擇定
	第三公共體育場	下關		同右		同右
	第四公共體育場	門東或門西		同右		同右
	第五公共體育場	沐府西街		同右		同右
游泳池	同上	復成橋北		同右		同右
健身房	同上	夫子廟		同右		同右
公共演講廳	第一公共演講廳	中正街		擴充	(一)組織圖書室 (二)籌設音樂會	現為軍隊醫院借住
	第二公共演講廳	文場街		創設		現正擬將文場街第一閱書館遷至江南官書局後之原址開辦
	第三公共演講廳	下關		創設		地址尚未擇定
	第四公共演講廳	北門橋		同右		同右
	第五公共演講廳	南門大街		同右		同右
露天文庫		市內各區處		創設		至少設十處
巡迴文庫				同右		至少設一百組
揭示處		市內各區處		同右		至少設五十處
號砲所		聚寶門北極閣		擴充		已呈請軍委會將號砲移歸本局管理
鐘		各街道交		創		凡本市新築馬路均計畫有鐘亭一項其設立

亭		叉處		設		數量向依築成馬路之多少為準
函授學校	本局			同右		
2 勞働教育						
工友夜校	某某所（在地名）工友夜校			擴充	（一）每年擴充十校	
農人學校	某某所（在地名）農人學校	本市各農民居住地		創設		
工場	實驗工場			同右		
3 擴充教育						
學術演講會				創設		每一公共演講廳附辦一處

公共理化實驗室				創設		另第一教育館附設一處
補習學校	某某（以數字名）補習學校	市區內各地		同右	（一）設立十校	
4 藝術教育						
公	第一公園	復成橋	見附屬機關概況	擴充	（一）建築演講廳一所（二）建築電影場一所（三）建築花室一所（四）建築球場一處（五）建築兒童遊息場一處（六）建立紀念塔一座（紀念討孫陣亡將士）（七）添置路椅（八）添闢會議室一處（九）添蒔花木（十）建築動植物標本室（十一）建立音樂廳（十二）建立游泳池	
	秦淮公園	貢院街		擴充		正在建築中內有兒童遊場等

園	中山公園			創設		地址未定
	莫愁湖公園	莫愁湖		同右		同右
	台城公園	台城		同右		同右
	中央公園			同右		同右
	明孝陵公園	明陵		同右		同右
	雨花台公園	雨花台		同右		同右
	下關公園	下關		同右		同右
	第二公園	綠篤花圃		同右		同右
	鼓樓公園	鼓樓				現已移借大學院
電影院	實驗電影院	夫子廟		同右		地址尚未擇定
美術館	同上			同右		同右
游戲雜藝場	同上			同右	(一)改造夫子廟下關現有各場 (二)擇地建立新場	同右

兒童游息場	同上			同右		同右
5 風化教育						
婚喪指導所	同上	本局		創設		
通俗書報審查委員會	同上	本局		擴充		
6 慈善事業						
善堂	普育堂	駒子巷	見社會教育附屬機關	擴充	見社會教育附屬機關	
	救生局	儒府河	同右	擴充	(一)擴大積穀倉 (二)添置救生汽油船 (三)籌設養老院 (四)籌設嬰兒院 (五)籌辦平民工廠 (六)添設風雨測量台	
貧兒教養院	同上	昇平橋		擴充		本院原係省立現正預備接收加以整理

低能兒敎養院	同上		創設

普及民衆教育肅清不識字者！

注意民衆職業教育解决民生問題！

學校概況

▲目　錄▼

▲學校概況

學校概況

工市立學校

本市的教育，注重研究與實驗，爲研究便利與精神易于集中起見，暫分本市爲東南北中四個學區，每區設立實驗學校一所以爲研究的精神中心，本年度上學期計共設立實驗學校四所，初中一所，完全小學十三所，前期小學十五所，育啞學校一所，又自接收救生局後增設前期小學一所；下學期因學生大增，更添設幼稚園六所，又把前期小學一所擴充爲完全小學，各校並添學生一級或二級不等，其中初中與幼稚園，均附設在實驗學校及其他小學校內，盲啞學校由普育堂小學附設，就現有的校數計算，東區計有學校六所，南區八所，北區八所，中區十三所，合計卅三所，現將十六年八月所製學區與市校地點圖列左，並將市校的狀況一一分舉在後面：

一、圖表

（一）南京特別市教育局暫定學區及市校地點圖

（圖）

（二）南京特別市立學校一覽表

（表）

二、各校狀況

（一）職教員概況

市校的職教員，上學期共是263人，年假因事辭職的達147人；本學期新聘的職教員，合計365人，其中有兼二校或三校職務的教師21人，所以本學期職教員的總數是344人，比較上學期多81人，現把最近調查的實況，詳述于後，但因各校所填的調查表格互有缺漏，所以各表的總人數不能齊一。

1.資格　市校校長與教師，共是344人，師範畢業生居百分之五八，大學畢業與肄業生合佔了百分之七，其餘的或是專門學校畢業生，或是檢定合格的，可說是所學正合所用，且女教師佔總數之大半，担任低年級學童的教職，更是合宜，職教員資格的詳細情形，請看後面

⑴市立學校職教員資格比較表

2.年齡　教職員的年齡中數是25.7歲，校長的年齡中數是32.5歲；男教職員的總計中數是28.2歲，女教職員的總計中數是25歲，就是就中數看起來，男教師的年齡比女教師大；校長的年齡又比男教師大，而總人數的年齡中數是二六二歲，正屬年富力强，大有作爲的時候，各學校之富有進取的精神，就此可見一班了。請參閱：後面

⑵市立學校職教員年齡表

3.籍貫　小學教師最宜熟悉地方情形；而能說方言一點，更是要緊，本市學校的教師，有百分之六十五以上是生長

市內的，而百分之二十三以上又籍隸江蘇，他如籍隸他省的合計不及百分之十，師生之間語言隔膜，與教師不熟悉地方情形的兩種弊端，可以說絕對是沒有的了，參觀後面

(3)市立學校職教員籍貫表

4.待遇　小學教師的待遇向來很低，查本市上學期小學教師的月薪，最高的是44元（公一校長），最低的是7元（市立第廿三校級任教員）月薪的平均數與中數大約是18元，現代的生活，米珠薪桂，像這樣的待遇，怎樣可以維持生計；而且積欠數月其困苦更可以想見，古語說得好：「巧婦不能為無米之炊」，南京原有學校的腐敗，實在不能完全歸罪于教師們，本局有鑒於此，所以對于改善教師的待遇一點，特別重視，規定教師的待遇標準；更定教師的服務考勤條例，提高待遇與增進效力並重，市校前期小學校長的月薪，暫定四十元；完全小學校長的月薪暫定五十元；實驗學校校長的月薪，自五十五元至八十元不等，完全小學的校長，其中也有少數資格較高薪金較暫定額數稍多的，兼課教師的薪金，係按鐘點計算，（詳後面條例第　頁）上學期的專任教師，共計185人，月薪的中數是34.9元，平均數是35元，較以前增進一培，本學期的專任教師共計247人，月薪的中數是35.5元，平均數是35.8元，比較前學期稍增，這因本學期舊有教師的薪額稍有增加之故，參觀後面

(4)市立學校專任教師薪額表及

(5)市立學校專任教師薪額曲線圖

（二）學生概況

1.學生數　上學期市校中學與小學及盲啞學校的學生共計187級，計男生2702人，女生1365人，合計學生4067人，本學期男生計4541人，較前學期增加了1839人；女生計2915人，較以前增加了1365人，共計本學期增加學生3389人，本學期所加的學生，年級愈低而愈多；所添的女生，也是年級愈低而愈多，就各級總人數看來，年級的高低與學生數的多少適成反比，其故有二：（一）人民的生計困難，不能維持子弟完成小學的教育就使子弟從事謀生，（二）近來人民漸能信仰學校教育，是以低年級的學生往往比較高年級生多，就男女生數而論，他和年級高低的比例與前一樣，人民生活的困難，可算是一個當然的原因，但按六年級的女生數僅當男生數三分之一而強，試按幼稚生的男女數，可說是沒有差別，就這一點看來，可以證明人民漸能知道女子教育的重要了，算是一種很好的現象，參照，

(6)市立學校各年級學生數表及

(7)市立學校十六年度上下學期各年級男女生數比較圖

2.年齡　年齡與智力學力的關係很大；更可以供作觀察地方教育是否發達的參考，按舊定學制系統，自七歲至十二

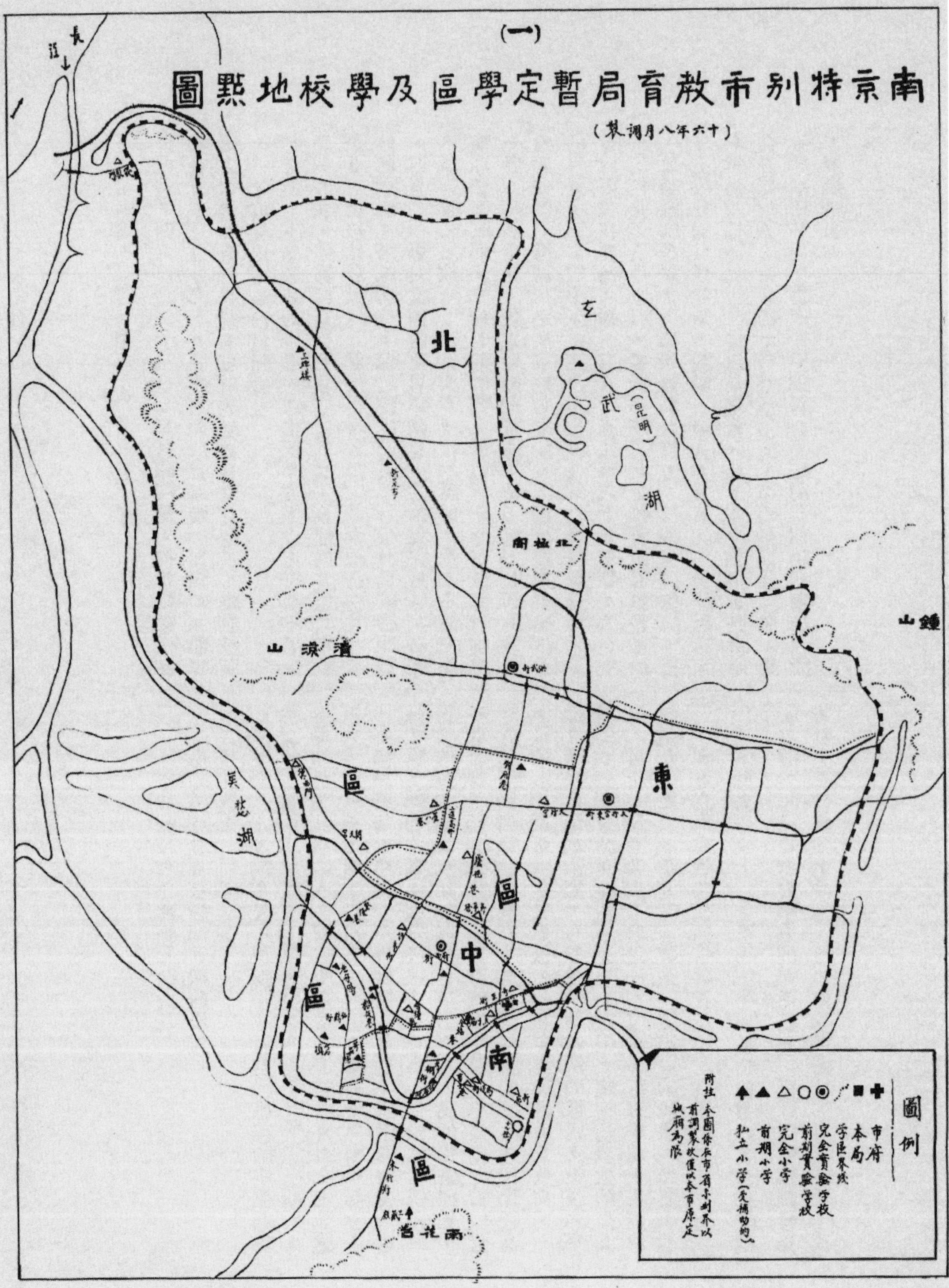
（一）
南京特別市教育局暫定學區及學校地點圖
（十六年八月調製）
長江
北
玄武湖
北極閣
鍾山
清涼山
莫愁湖
東
區
中
區
南
區
區
圖例
市府
本局
学區界线
完全實驗学校
前期實驗学校
完全小学
前期小学
私立小学（受補助的）
附註 本圖係在市府示劃界以前調製故僅以本市原定城廂為限

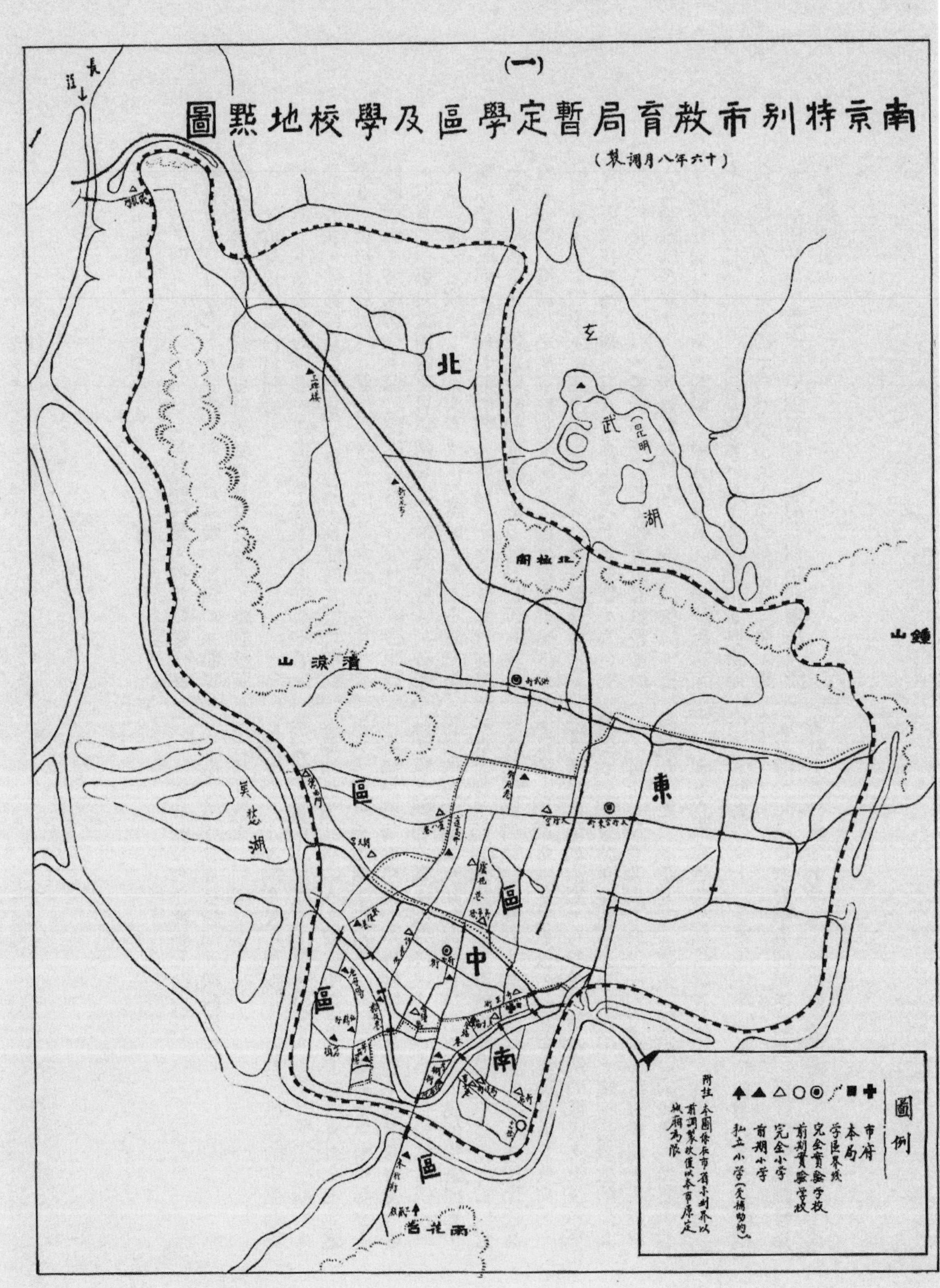

南京特別市市立學校一覽表(二)

中華民國十七年四月調製

學區	學校類別	學校	部別	校長	教職員 男	教職員 女	教職員 合計	學生 男	學生 女	學生 合計	學生 級數	學生 平均每級人數	經費 月支經常費	經費 每生每月估經費數	校址
東區	實驗學校	實驗學校	小學	劉令鑑	四	一四	一八	二七七	一八六	四六三	一一	四二	九六六.〇九	二.〇九九	大行宮東街
東區	實驗學校	實驗學校	幼稚園	劉令鑑		二	二	一七	二〇	三七	一	三七	一〇〇.〇	二.七〇	大行宮東街
東區	完全小學	昇平橋	小學	王佩玲	三	五	八	一〇七	九一	一九八	五	四〇	四二二.五	二.一三	昇平橋
東區	完全小學	昇平橋	幼稚園	王佩玲		二	二	一七	一九	三六	一	三六	一〇〇.〇	二.七八	昇平橋
東區	完全小學	大行宮小學		戴鍾嶽	五	七	一二	一八七	六七	二五四	六	四二	五三七.五	二.一二	大行宮
東區	完全小學	盧妃巷小學		閻紹騫	七	四	一一	二一三	八三	二九六	七	四二	五六五.〇	一.九一	盧妃巷
東區	前期小學	鄧府巷小學		徐龍蓀	二	一	三	六四	三七	一〇一	二	五一	二〇五.〇	二.〇三	鄧府巷
東區	前期小學	高井小學		汪慧秀	一	六	七	八四	八〇	一六四	四	四一	三三五.〇	二.〇四	二道高井
南區	前期實驗學校	前期實驗學校	小學	袁健安	四	四	八	一三四	五九	一八三	五	三七	五〇五.〇	一.七八	門東小心橋
南區	前期實驗學校	前期實驗學校	幼稚園	袁健安		二	二	一一	一四	二五	一	二五	九五.〇	三.八〇	門東小心橋
南區	完全小學	夫子廟	小學	葉繼祖	五	四	九	一七四	九一	二六五	六	四四	五一二.五	一.九三	夫子廟
南區	完全小學	夫子廟	幼稚園	葉繼祖		一	一	一五	一三	二八	一	二八	七七.五	二.七七	夫子廟
南區	完全小學	馬道街	小學	吳瑞芳	四	八	一二	九七	一九三	二九〇	六	四八	五三七.五	一.八五	馬道街
南區	完全小學	馬道街	幼稚園	吳瑞芳		二	二	二〇	二一	四一	一	四一	九五.〇	二.三二	馬道街
南區	完全小學	新廊	小學	查鴻藻	七	五	一二	一八七	一二二	三〇九	七	四四	五六五.〇	一.八三	新廊
南區	完全小學	善育堂	小學	俞友仁	八	七	一五	二〇七	一二九	三三六	九	三七	五九二.〇	一.七六	剪子巷
南區	完全小學	善育堂	盲啞學校	俞友仁	三		三	五	一〇	一五	一	一五	一九八.〇	一三.二〇	剪子巷
南區	前期小學	米行街小學		丁正圖	五	三	八	一〇一	九八	一九九	五	四〇	四〇二.五	二.〇二	南門北米行街
南區	前期小學	考棚小學		施福貞	五	五	一〇	九七	九二	一八九	四	四七	三三五.〇	一.七七	下江考棚
南區	前期小學	正誼小學		鍾炅秀		三	三	三〇	四二	七二	二	三六	二〇〇.〇	二.七八	信府河
北區	實驗學校	實驗學校	小學	孫毓驊	九	六	一五	一七九	九六	二七五	八	三四	七六五.〇	二.七八	洪武街
北區	實驗學校	實驗學校	幼稚園	孫毓驊		二	二	一九	一三	三二	一	三二	九五.〇	二.九七	洪武街
北區	完全小學	儀鳳門	小學	何元興	五	四	九	一七〇	八八	二五八	六	四三	五四四.五	二.一三	儀鳳門
北區	完全小學	儀鳳門	幼稚園	何元興		二	二	六	一六	二二	一	二二	八三.五	三.八〇	儀鳳門
北區	完全小學	崔八巷	小學	童文旭	七	六	一三	一一三	一三八	二五一	六	四二	五〇二.五	二.〇〇	崔八巷
北區	完全小學	崔八巷	幼稚園	童文旭		一	一	一六	一六	三二	一	三二	九五.〇	二.九七	崔八巷
北區	完全小學	漢西門小學		梅榮生	六	五	一一	一〇七	九二	一九九	六	三三	五〇二.五	二.五三	漢西門
北區	完全小學	朝天宮小學		隨勤畝	七	一	八	一四三	一六	一五九	四	四〇	三六〇.〇	二.二六	朝天宮
北區	前期小學	三牌樓小學		張汝綱	三	二	五	一四八	三七	一八五	三	六二	二七二.五	一.四八	三牌樓
北區	前期小學	新菜市小學		王桂林	三	三	六	九九	七〇	一六九	四	四二	三三五.〇	一.九八	新菜市
北區	前期小學	昆明小學		毛遜之	一		一	五三	九	六二	一	六二	一二五.〇	二.〇六	後湖老洲
中區	實驗學校	實驗學校	中學		八		八	一〇五	一〇	一一五	三	三八	五〇〇.〇	四.三五	府西街
中區	實驗學校	實驗學校	小學	李清悰	九	六	一五	二三六	五七	二九三	八	三七	七七〇.〇	二.六三	府西街
中區	實驗學校	實驗學校	幼稚園			二	二	二一	一一	三二	一	三二	九五.〇	二.九七	府西街
中區	完全小學	許事街	小學	張受龢	五	七	一二	八九	一六九	二五八	七	三七	五六五.〇	二.一九	許事街
中區	完全小學	許事街	幼稚園	張受龢		二	二	一八	二二	四〇	一	四〇	一〇〇.〇	二.五〇	許事街
中區	完全小學	督糧廳小學		陳健恒	五	四	九	一〇八	二九	一三七	六	二三	五二二.五	三.七四	督糧廳
中區	完全小學	奇望街小學		夏激琬	四	六	一〇	一〇四	三八	一四二	五	二八	四二二.五	二.九八	奇望街
中區	前期小學	砂珠巷	小學	張毓華	二	五	七	八一	五一	一三二	四	三三	三三五.〇	二.五四	砂珠巷
中區	前期小學	砂珠巷	幼稚園	張毓華		二	二	二六	一三	三九	一	三九	一〇〇.〇	二.五六	砂珠巷
中區	前期小學	倉項	小學	蕭榮炘	三	二	五	一〇六	五五	一六一	三	五四	二七二.五	一.六九	門西倉項
中區	前期小學	倉項	幼稚園	蕭榮炘		二	二	一九	一五	三四	一	三四	九五.〇	二.七九	門西倉項
中區	前期小學	登隆巷小學		仇良弼	四	四	八	一四四	六一	二〇五	四	五一	三七〇.〇	一.八一	登隆巷
中區	前期小學	老府橋小學		郭澄江	四	三	七	一三三	六六	一九九	四	五〇	三三五.〇	一.六八	門東老府橋
中區	前期小學	仙鶴街小學		徐雁賓	五	三	八	一二五	七五	二〇〇	四	五〇	三五〇.〇	一.七五	門西仙鶴街
中區	前期小學	荷花塘小學		錢瀛	四	二	六	八八	七二	一六〇	三	五三	二七二.五	一.七〇	荷花塘曹公祠
中區	前期小學	船板巷小學		鄭德瑾	一	七	八	五一	一一三	一六四	四	四一	三三五.〇	二.〇四	船板巷
合計			中學		八		八	一〇五	一〇	一一五	三		五〇〇.〇		
合計			小學		一四七	一五二	二九九	四二三六	二六九二	六九二八	一六九		一四六二七.五		
合計			幼稚園			二二	二二	二〇五	一九三	三九八	一二		一一三二.〇		
合計			盲啞學校		三		三	五	一〇	一五	一		一九八.〇		
合計			總計	三三	一五八	一七四	三三二	四五五一	二九〇五	七四五六	一八五		一六四五七.五		
平均			中學		八		八	一〇五	一〇	一一五	三	三八	五〇〇.〇	四.三五	
平均			小學		四.五	四	九	一三八	八二	二一〇	五	四一	四四三.二五	二.一一	
平均			幼稚園			二	二	一七	一六	三三	一	三三	九四.三五	二.八四	
平均			盲啞學校		三		三	五	一〇	一五	一	一五	一九八.〇	一三.二〇	
平均			總均		五	五	一〇	一三八	八八	二二六	六	四〇	四九八.六	二.二一	

備註：
一、中區實驗學校添辦市立中心學校園
二、善育堂小學與正誼小學均係獨立經費
三、平均欄內之總均係表示三十三校之平均數

歲爲施行小學教育的時期，試按后列學生年齡表與中數圖，各年級學生的年齡，平均較系統表上所規定的要高兩歲，換一句話說：就是本市學生的知力與學力比較標準要低兩年，就是趕不上標準；也就是本市學校教育不發達的象徵，至于市內的盲啞學童，向來沒有就學的機會，自去年秋季由普育室創辦盲啞學校市內的盲啞學童才得求學之所，他們的年齡特別大，就是這個緣故•參看

(8)市立學校各年級學生年齡表

3.籍貫　本市的居民、四方雜處、自國民政府奠都于此、市民益見複雜、按市校的學生其籍貫包含廿省籍隸本省的居百分之七十二以上籍隸他省的佔百分之廿七以上列表于後

(9)市立學校學生籍貫圖

4.家屬職業　調查學生家屬職業的目的，在要知道學生在家庭中的環境，然後可以對症下藥，施以相當的教育，市校學生家屬的職業，商界居多，次推政工界，又次推學界與軍界，其餘如農，醫，郵電，銀行，實業，新聞，辦黨，律師等等無不具備，但按本市原有的居戶，半數都營機業，就商的也不在少數，其他各界，十九都是客民，表中實業一項，是指辦理實業事項者而言，與作工種田……有別，特在此地附帶聲明，學生家屬職業的人數與百分數，列圖如後：

(10)市立學校學生家屬職業圖

5.學生與經費　市立學校除正誼小學與普育堂小學及盲啞小學三處有獨立經費外，餘均由本局按月發給，按十六年度下學期每月經費的預算總額是16456.5元，照此數目推算，全年經常費是197478元共計學生185級，7456人每生每月平均佔經費2.21元；每年平均佔經費26.49元，每級學生每月佔經費88.95元；每年佔經費1067.40元，各種學校的學生個人與每級之每月與每年所佔經費列表于後以資比較，

市立學校經常費與學生之關係表

學校　項別	學生數	學生級數	每月經常費	全年經常費	每生每月所佔經費	每生每年所佔經費	每級學生每月所佔經費	每級學生每年所佔經費
初中	一二五	三	五〇〇.〇〇元	六〇〇.〇〇元	四.二五元	五二.四〇	一六六.六七元	二〇〇〇.〇四
小學	六九二八	一六九	一四六二七.五〇	一七五五三〇.〇〇	二.一一	二五.三二	八六.五一	一〇三八.一三

幼稚園	三六八	三	一三一・〇〇	一三七二・〇〇	三・八四	三四・〇八	九四・三五	一三一・〇〇
盲啞小學	一五	一	一九八・〇〇	三三六・〇〇	一三・二〇	一五八・四〇	一九八・〇〇	三三六・〇〇
合計	七四七六	一八五	一六四五六・五〇	一九七四六・〇〇				
平均					二・三一	二六・四九	八八・九五	一〇六七・四〇

(三)學校經費

本市市立的學校十六年七月中旬着手改組、至九月次第就緒、市校的經常費、至九月亦就軌範、茲將十六年度之各節經費、分述于後：

1.開辦費　市校除正誼小學與普育堂小學及其附設之盲啞小學有獨立之經費外、其餘卅一校均由本局按月發給經費各小學之開辦費，計分三級：實驗學校每所八十元計十二所共九百六十元；前期小學每所六十元計十五所共九百元初中則以一切的設備均須購置、故定開辦費爲一千一百元後來因經費困難，止發了一百元；幼稚園原定八所，開辦費合計二千八百元，也因經費困難的關係，先辦六所，至本學期因應社會上的需要，添辦六所，但每所暫止發給開辦費三十元共三百六十元合共二千六百二十元，按原有市校的設備，非常簡陋，經過駐軍之損失，簡陋更甚，猶憶接收各校時，多數學校，除殘缺不合的桌椅外，他無所有，比之市內規模完備的私塾頗多不如之處，以前市民願將子弟送塾肄業，即係此故，除發給各校開辦費外，由局置備課桌課椅(此項經費，額定四千元)分發各校，以謀合用和齊整，且圖各校經費上的調劑。

2.修理費　市校的校舍過半係局產因爲年久失修復經駐兵的損失如不大加修理不但不合用而且危險當初修理時先請工務局查勘估價然後動工後來覺得這個辦法周折費時改由各學校直接招工估價呈報核准而後照修此較前法費時少而收效大現在大多數的學校，先後修理完竣，實支的修理費已達萬元，查市政府核准的修理費，第一次是六千元；第二次是四千元，共一萬元，俟全部修理成功非加修理費共數千元不辦，致查已經修理的學校，教室內的光線和粉壁的色澤，均較適用且合衛生，可惜一萬元的修理費，供給修理校舍之用且不敷，談不到改造，更談不到擴充本學期開學，各校增加新生平均在一百人以上，合計增加學生三千三百八十人，桌椅既不敷用，教室更不敷支配，就事實方面着想，擴充校舍與增加設備，大有刻不容緩之勢，如在本局的經費不久就可以完全獨立，規定市校的校舍擴充費與增加設備費，此後或者可以實現，

3，經常費　本局原來的計劃擬辦實驗學校五所東南西北及下關各一所，完全小學十三所，前期小學十四所，今年共支經費207396元，因經費困難，辦法稍有更改：計辦實驗學校四所—東南北中—完全小學十二所，前期小學十五所，本學期又將前期小學一所擴充為完全小學，中區實驗學校添辦初中及幼稚園，其他實驗學校與各校，因環境的需要也添辦幼稚園，其總數共是十二所，按最低核實的支付預算根據十二月實支預算—推計，每年共需經常費151608元，再加私立學校補助費年需4600 元（自二月起稍增），合共年需156208元，與原有預算相差 51188 元；且原定預算初中的經費和私立學校的經費均未計入，若併入計算，相差當不止此數，而事實上並此最低月度的經費還不能按月頒發，試查一年來本局與各學校的工作，努力進行，春季市校陡增學生三千餘名，就是含辛茹苦，努力合作的結果，以前市民多願將子弟送入私塾肄業，今則爭先恐後，多將子弟送校讀書了，本學期各校所添新生有1029人係由私塾轉來的，就是很確實的一個證明，茲將十六年度市校的經常費及私立學校的補助費自九月份起，列其用途之百分比較表于次：

市校經常費用途之百分數及其總數與私立學校補助費之百分數

項 \ 月			9	10	11	12	1	2(3—6月同)
市立學	薪金	實支數	6496元	8103	8633	8654	8654	11612
		%	63	67	68	68	68	75
	圖書費	實支數	520元	536	565	565	565	780
		%	5	5	5	5	5	5

學 校 概 況　　　　六

校經常費	行政及工資費	實支數	3255元	3309	3400	3400	3400	3100
		%	32	28	27	27	27	20
	合計	實支數	10271元	11948	12593	12619	12619	15502
		%	100	100	100	100	100	100
	（總合）%		96	97	97	97	97	97
私立學校	補助費	實支數	400元	400	380	380	380	410
		（總合）%	4	3	3	3	3	3
總合		實支數	10671元	12318	12978	12999	12999	15912
		%	100	100	100	100	100	100
備註	圖書費佔圖書與行政及工資三種經費總額之百分之14；行政費及工資佔三者總額之百分之86。							

(1)市立學校職教員資格比較表

職教員 / 畢業學校	校長 男	校長 女	校長 合計	教職員 男	教職員 女	教職員 合計	總計 男	總計 女	總計 合計	百分數 %
師範	14	9	23	87	88	175	101	97	198	57.6
專門學校				12	36	48	12	36	48	14.0
中學	2	1	3	9	14	23	11	15	26	7.6
幼稚師範					25	25		25	25	7.2
大學	6		6	8		8	14		14	4.1
大學肄業				8	2	10	8	2	10	2.9
檢定合格				6	1	7	6	1	7	2.0
優師及高師	1		1	5		5	6		6	1.7
盲啞學校				2		2	2		2	.5
其他				7	1	8	7	1	8	2.3
合計	23	10	33	144	167	311	167	177	344	100

(2)市立學校職教員年齡表

職教員 / 年齡	校長 男	校長 女	校長 合計	教職員 男	教職員 女	教職員 合計	總計 男	總計 女	總計 合計
48	1		1				1		1
46									
44	1		1				1		1
42				1		1	1		1
40	1		1	3		3	4		4
38	2		2	5	1	6	7	1	8
36	3	2	5	6	1	7	9	3	12
34	2		2	10	3	13	12	3	15
32	5	1	6	11		11	16	1	17
30	2		2	11	6	17	13	6	19
28	2	3	5	21	15	36	23	18	41
26	2	3	5	20	32	52	22	35	57
24	1	1	2	28	39	67	29	40	69
22				22	37	59	22	37	59
20	1		1	7	26	33	8	26	34
18				2	3	5	2	3	5
合計	23	10	33	147	163	310	170	173	343
中數	33.4	28.7	32.5	27.5	24.9	25.7	28.2	25.0	26.2

七

(3)市立學校職教員籍貫表

職教員＼省市	校長 男	校長 女	校長 合計	教職員 男	教職員 女	教職員 合計	總計 男	總計 女	總計 合計	百分數 %
本市	17	7	24	102	104	206	119	111	230	65.3
江蘇	3	2	5	32	47	79	35	49	84	23.8
安徽				5	7	12	5	7	12	3.4
浙江	2		2	4	5	9	6	5	11	3.1
湖北				4	2	6	4	2	6	1.7
江西	1	1	2		1	1	1	2	3	.8
湖南					2	2		2	2	.6
廣西					2	2		2	2	.6
山東				1		1	1		1	.3
河南					1	1		1	1	.3
合計	23	10	33	148	171	319	171	181	352	100

(4)市立學校專任教師薪額表

薪元金數＼教師	男	女	合計
60	1		1
57		1	1
50	4		4
49			
48			
47			
46	1	1	2
45	2		2
44		1	1
43	1		1
42	3		3
41	1	1	2
40	13	9	22
39	1		1
38	13	7	20
37	5	1	6
36	20	11	31
35	20	36	56
34	10	33	43
33	4	6	10
32	6	15	21
31	1		1
30	6	13	19
合計	112	135	247
中數	36.5	35.0	35.5

附註：校長與兼任教職員暨中學教師均未列入

（5）市立学校专任教師薪額圖

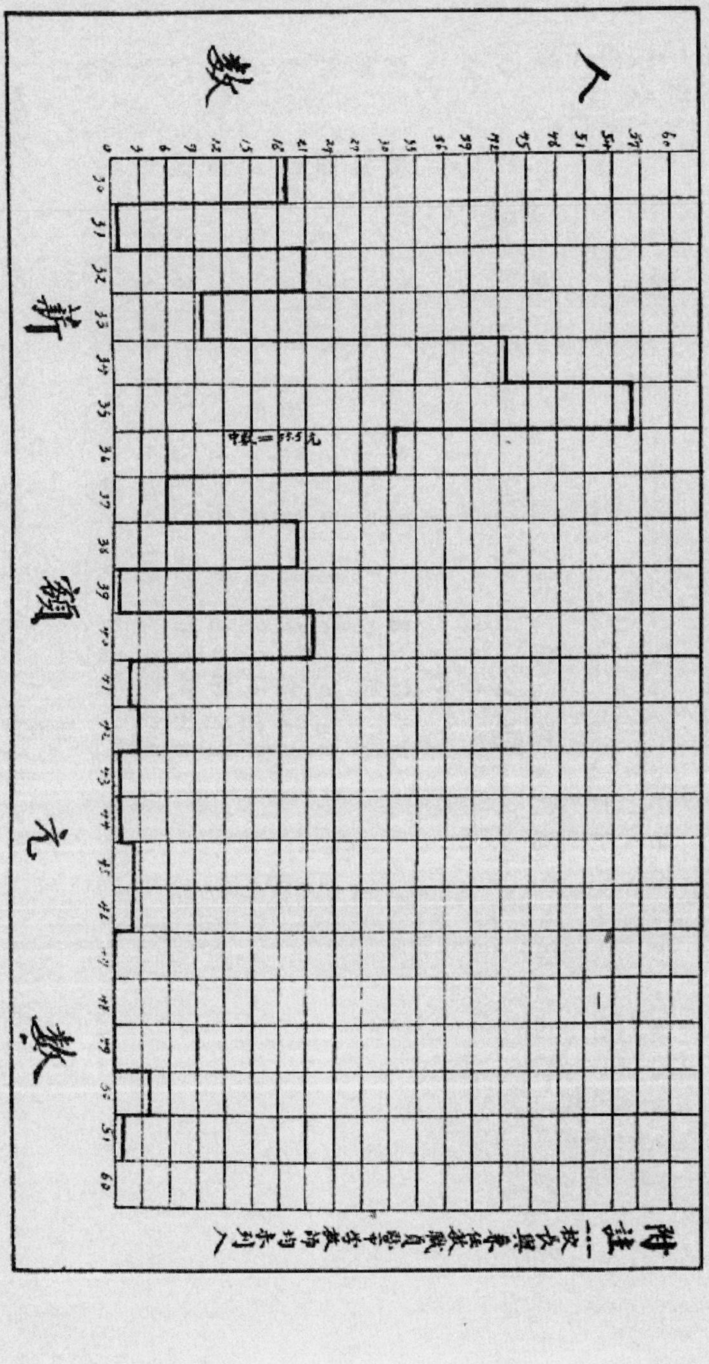

(6)市立學校各年級學生數表

學校	盲啞學校			幼稚園			小學															中學									合計		
							一		二		三		四		五		六		計			一		二		三		計					
	男	女	計	男	女	計	男	女	男	女	男	女	男	女	男	女	男	女	男	女	計	男	女	男	女	男	女	男	女	計	男	女	合計
東區				17	20	37	84	80	72	39	42	28	44	29	23	7	12	3	277	186	463										294	206	500
中區				21	11	32	25	20	37	15	39	8	25	6	39	2	71	6	236	57	293	45	6	30	4	30	0	105	10	115	362	78	440
北區				19	13	32	49	28	43	26	21	13	29	13	20	13	17	3	179	96	275										198	109	307
南區				11	14	25	38	50	36	3	34	2	16	4					124	59	183										135	73	208
漢西門							46	48	18	14	12	9	14	13	12	2	5	6	107	92	199										107	92	199
崔八巷				16	16	32	26	29	24	31	25	17	13	24	18	18	7	19	113	138	251										129	154	283
大行宮							58	29	47	23	32	6	19	2	15	4	16	3	187	67	254										187	67	254
評事街				18	22	40	22	38	18	32	22	42	9	20	11	15	7	22	89	169	258										107	191	298
督粮廳							17	14	14	5	22	6	20	2	21	1	14	1	108	29	137										108	29	137
夫子廟				15	13	28	35	36	33	21	25	13	29	14	28	6	24	1	174	91	265										189	104	293
新廊							53	57	32	28	27	12	28	10	20	13	27	2	187	122	309										187	122	309
馬道街				20	21	41	17	38	24	45	18	23	21	29	9	26	8	32	97	193	290										117	214	331
盧妃巷							52	22	43	7	42	19	25	15	28	16	23	14	213	83	296										213	83	296
朝天宫							13	7	30	4	15	3	23	1	33	11	29		143	16	159										143	16	159
昇平橋				17	19	36	27	44	25	17	23	8	8	10	15	7	9	5	107	91	198										124	110	234
儀鳳門				6	16	22	28	26	40	27	36	18	25	10	30	5	11	2	170	88	258										176	104	280
奇望街							23	12	22	16	18	6	10	1	12	2	19	1	104	38	142										104	38	142
普育堂	5	10	15				86	60	54	29	23	17	16	12	15	5	13	6	207	129	336										212	139	351
船板巷							28	62	16	23	7	20		8					51	113	164										51	113	164
三牌樓							89	29	37	4	13	1	9	3					148	37	185										148	37	185
新菜市							64	32	18	23	11	8	6	7					99	70	165										99	70	169
鄧府巷							37	20	10	5	11	11	6	1					64	37	101										64	37	101
高井							57	47	12	19	11	7	4	7					84	80	164										84	80	164
来行街							44	60	31	19	17	11	9	8					101	98	199										101	98	199
登隆巷							57	29	35	14	27	18	25						144	61	205										144	61	205
老府橋							83	42	27	15	16	7	7	2					133	66	199										133	66	199
仙鶴街							44	42	31	13	22	9	14	10	14	1			125	75	200										125	75	200
倉頂				19	15	34	46	42	24	8	26	4	10	1					106	55	161										125	70	195
荷花塘							46	55	18	7	12	5	12	5					88	72	160										88	72	160
考棚							34	47	17	21	24	12	6	7	10	5	6		97	92	189										97	92	189
砂珠巷				26	13	39	47	36	18	8	16	7							81	51	132										107	64	171
昆明							27	8	10		13	1	3						53	9	62										53	9	62
正誼							11	14	19	28									30	42	72										30	42	72
合計	5	10	15	205	193	398	1413	1203	935	589	702	371	485	274	373	139	318	126	4226	2702	6928	45	6	30	4	30	0	105	10	115	4541	2915	7456
上學期學生數	5	10	15	87	60	147	572	391	496	285	486	225	406	192	283	98	307	103	2550	1294	3844	19	1	20		21		60	1	61	2702	1365	4067
下學期增加學生數				118	133	251	841	812	439	304	216	146	79	82	90	41	11	23	1676	1408	3084	26	5	10	4	9		45	9	54	1839	1550	3389

(7)市立學校十六年度各年級男女學生比較圖

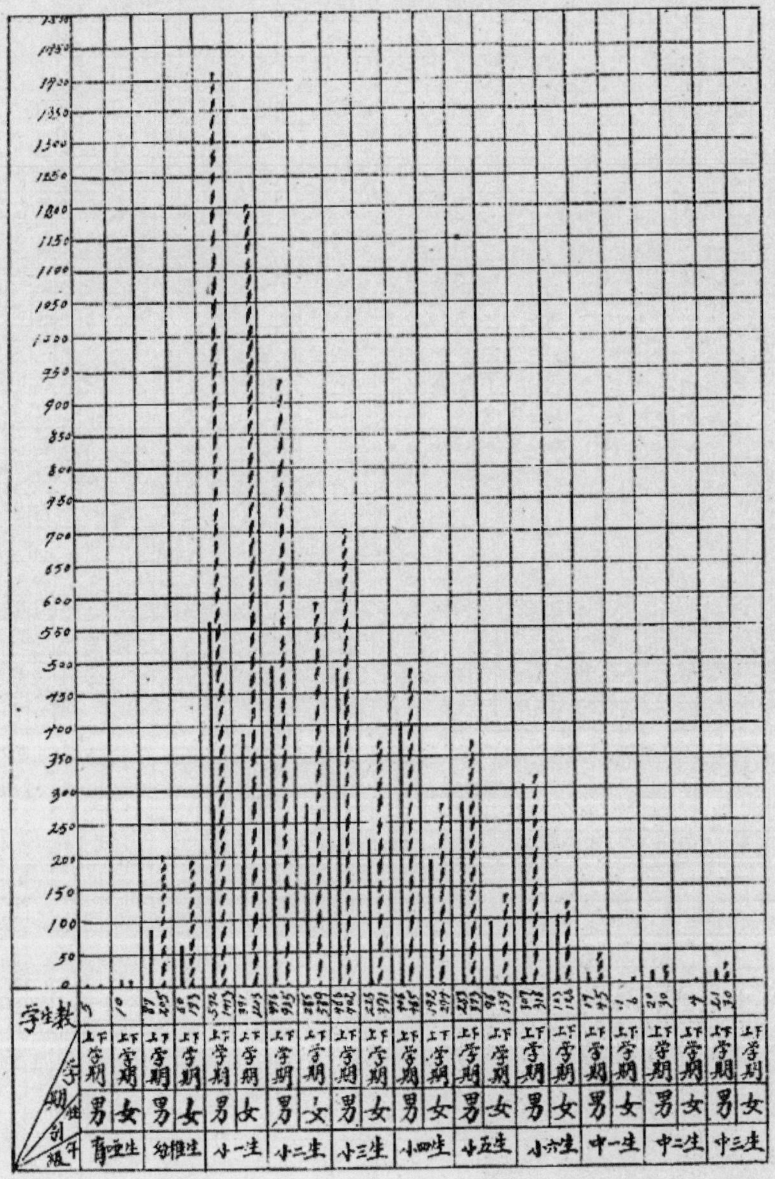

(8) 市立學校各年級學生年齡表

年齡	盲啞學校			幼稚園			小學 一		小學 二		小學 三		小學 四		小學 五		小學 六		小學 計			中學 一		中學 二		中學 三		中學 計			合計		
	男	女	計	男	女	計	男	女	男	女	男	女	男	女	男	女	男	女	男	女	計	男	女	男	女	男	女	男	女	計	男	女	合計
24																							1						1	1		1	1
20		2	2																				1						1	1		3	3
19												1								1	1			2	1	4		6	1	7	6	2	8
18	1	1	2									1		2			1	1	1	4	5	2		2	2	13		17	2	19	19	7	26
17	1		1						1			1	2	3	1	3	3	7	7	14	21	5	1	6	1	6		17	2	19	25	16	41
16	2		2						5	2	11	9	10	8	22	8	35	26	83	53	136	9	2	9		5		23	2	25	108	55	163
15		1	1						20	8	44	19	51	25	51	23	86	33	252	108	360	19	1	10		2		31	1	32	283	110	393
14		2	2				3	7	38	32	82	43	97	60	108	34	94	34	422	210	632	7		1				8		8	430	212	642
13							12	15	64	65	137	65	104	67	87	38	72	25	476	275	751	3						3		3	479	275	752
12		1	1				34	51	133	97	167	100	100	55	59	26	28	1	521	330	851										521	331	852
11	1	1	2				91	94	167	144	137	75	65	37	24	8	9	2	493	360	853										494	361	855
10		1	1				217	190	243	130	94	48	27	10	5	4	1		587	382	969										587	383	970
9							271	284	133	86	32	12	4	2	1				441	384	825										441	384	825
8				2	5	7	341	277	65	31	2	2	1	1	1				410	311	721										412	316	728
7		1	1	36	62	98	294	224	18	5	1								313	229	542										349	292	641
6				91	55	146	106	63											106	63	169										197	118	315
5				42	46	88	15	2											15	2	17										57	48	105
4				25	17	42	1												1		1										26	17	43
合計	5	10	15	146	185	381	1385	1207	887	600	707	376	461	270	359	144	329	129	4128	2726	6854	45	6	30	4	80		105	10	115	4434	2931	7365
中數	16.7	14.5	15.5	6.3	6.4	6.4	8.8	9.1	10.9	11.3	12.5	12.5	13.3	13.4	14	13.9	14.6	16.1	11.4	11.0	11.2	15.6	15.5	16.4	18.5	18.2		16.5	17.5	16.6	11.3	10.8	11.6

(9)市立學校學生籍貫表

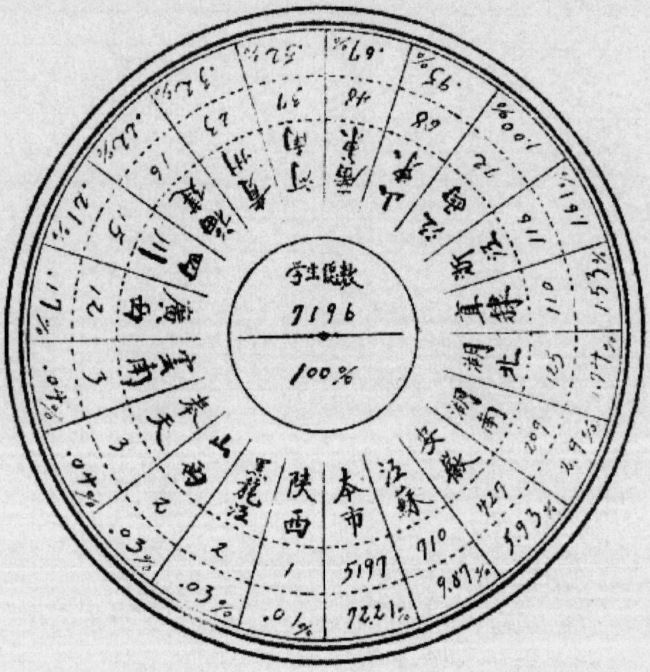

17年5月調製

(10) 市立學校學生家屬職業圖

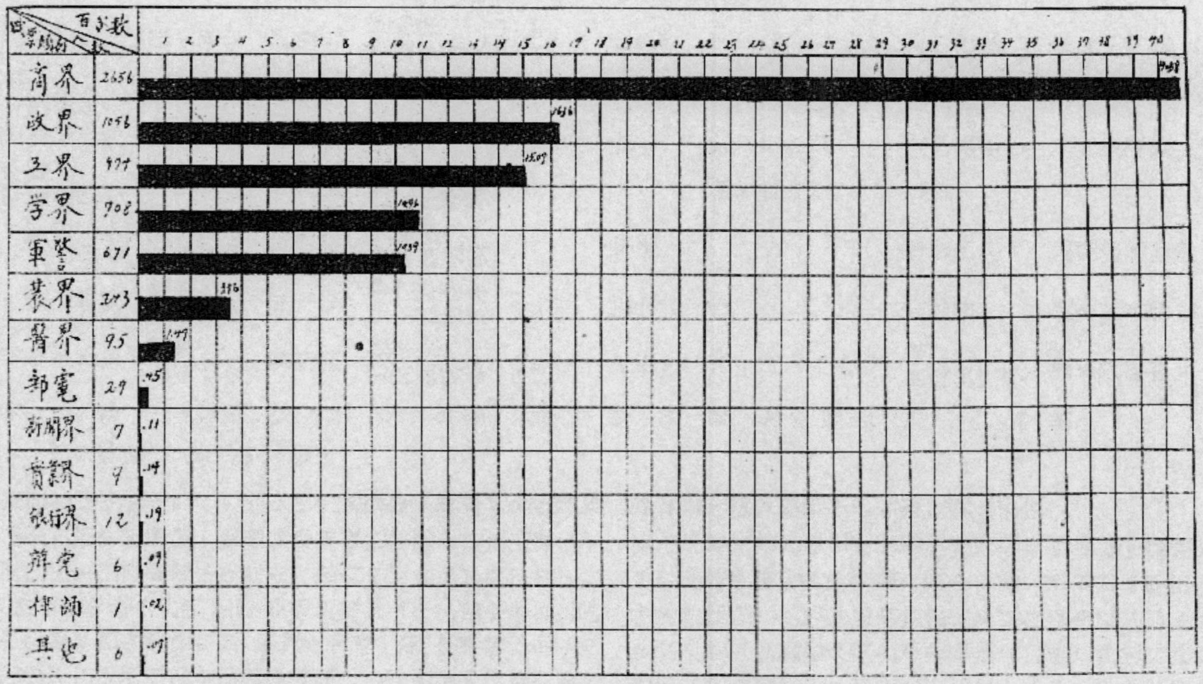

II 私立學校概況

南京私立學校合大學中學小學而言也有幾十校但是有些是開關不定的所以很難說出確數照現在調查到的有五十個內中大學專門學校有四所（內女子大學一所）中學校有十七所（內女子中學有六所）去年受時局影響此十七個中學校裏面又停辦了四個普通小學二十一所內中完全小學九所前期小學十二所平民學校一所農村學校四所補習學校三所這五十個私立學校當中百分之六十四是教會學校再拿教會的性質分別說回教的學校佔百分之十耶教的學校佔百分之五十四校長資格師範出身的佔百分之八大學專門的人才業百分之三十六外國留學的人才佔百分之二十八中學校畢業的佔百分之二十八大抵各私校長都具有相當的資格苟加以相當的指導南京的私立學校教育實在大可以補助市教育之不足的私立學校受補助的現在祇有完全小學二所農村小學三所完全小學每班月補助三十元農村小學每校月補助十五元而已茲將最近調查確實的私立學校列表于左

南京特別市私立學校一覽表

校名	學校編製	校長	校長資格	教職員	學生	級	全年經費	校址	備註
經緯小學校	完全小學複式	杜龍翔	江南高等學校畢業	七	一五二	六	二、八八〇	南門外三藏殿	受本局補助
崇淑小學校	完全小學單式	程志芳	鎮江承志女子中學畢業	十三	三六六	七	二、〇一六	全福巷	受本局補助
神策門中心小學校	前期複式	葛尚德	試驗鄉村師範肄業	一	三五	二	七二	神策門外	試驗鄉村師範
草橋敦穆小學校	前期複式	劉惠民	崇文中學畢業	一	六〇	四	二六四	草橋	
崇穆小學校	完全複式	馬儉傑	、	四	六〇	六	三六四	大禮拜寺巷	駐兵未恢復
孝孺初級小學	單級	方秉彝	中學畢業	三	二八	三	二〇〇	雨花台	
進修學校	完全複式	周立三	金陵大學文科畢業	五	二八	二	二、八八〇	城中會堂	駐兵未恢復

學校概況

鼓樓小學校	完全單級	吳敬堂	金陵大學畢業	五	四四	六	七九二	鼓樓	
智德小學校	前期複式	王敬眞	金陵神學	三	三三	四		紅紙廊福音堂	經費未詳
益智第八小學	單級制	周炳辰	中學畢業檢定及格	二	五三	一	四五八	半邊營	
女青年會補習學校	分科制	劉夫人	哥倫比亞大學畢業	三	一五	一	三六〇	碑亭巷	
女青年會兒童義務半日學校		劉夫人	仝上	三		一	四〇		
南京婦女職業半日學校		鈕瑱華	中西女塾畢業	三	六三	一	一二〇〇	府東街	
私立南京中學附屬小學校	完全複式	柏箴岡	正誼中學畢業	九	五四	四	一六八〇	朱狀元巷	
鼓樓村第一小學校	單級制			一	三三	四	一八〇	老菜市三君菴	特別區農民協會辦經費由本局補助
清涼村小學校	單級制			一	二一	四	二三六	古林寺	特別區農民協會辦經費由本局補助
南京安徽公學	高初中三三制	陶知行	哥倫比亞大學教育碩士	二八	三四六		一三六一〇	中正街	
正誼中學	高初中二三制	楊匡	兩江優級師範	一三	一四〇	六	一〇七五二	申家巷	
成美中學	高初中三三制	周寄高	美國紐約大學文學士	一三	一四三	五	七七七八	大香爐	

。明育女校	初中及完全小學	汪時才	金陵女子大學	一四	一五二	九	二七六九	花市大街	
。愛羣學校	初中及完全小學	邵鏡三	金陵大學畢業	九	六一	八	一四〇五	花市大街	
。五卅公學	高初中及高中師範科	盛永發	東南大學文學士	二九	二七二	八	六五六二	十廟口	
。私立南京中學	高初中三三制	張李蘭	匯文女子中學	一〇	二二	二	一〇七六	朱狀元巷	
。南京青年會中學校	高初中及各專修科	夏曰瑚	民國法政大學畢業	二四	一四九	六	四一八五	府東街	
。匯文女子中學	高初中三三制	劉芬資	哥倫比亞大學畢業	一八	一二〇	六	一三、三四〇	乾河沿	
。鍾南中學	高初中三三制	喬一凡	東南大學文學士	十二	六五	四	六〇、〇〇〇	楊將軍巷	
金陵女子大學	預科一年本科四年	吳貽芳	米西干大學博士	三〇	九七		八三、八五七	谷瓜市	
金陵大學		陳裕光						鼓樓	調查表未收到
華中公學								黃泥巷	暫停辦
明德女學								黃泥巷	暫停辦
中學女子中學校								保泰街	
東方公學								大倉園	調查單未收到
鍾英中學								南捕廳	又

學校概況

金陵女子神學	螺絲轉灣	停辦
金陵神學	又	又
赫德聖道女學	韓家巷	暫停辦
進德聖道女學	螺絲轉灣	暫停辦
俞衢小學	估衣廊	調查單未收到
尙德小學	府東街	又
務德小學	七家灣	又
濟美小學	中正街	又
普善初級小學	南城岡	又
北區平民學校	鼓樓	又
同仁街小學校	同仁街	又
同文學校	頂心橋	又
定淮村小學	定淮村	特別區農民協會辦受本局補助
道勝小學	海陵門	
新民小學	下關	
勤業女學	下關	
兩級小學	顏料坊	……調查表未收到

Ⅲ私塾概況

一、全市私塾的概況

本市私塾曾於去年由本局託公安局各分署分發表格調查，嘗收到七百餘份，玆將統計結果抄錄如下；

（一）塾師

1. 塾師資格　就調查所得總數爲七百十五人，內未進學校者有三百六十三人，占百分之五十强：受高等教育者六十人，占百分之八强：受中等教育者二百人，占百分之二十七强：受小學教育者六十一人，占百分之八强：其他各種學校者三十一人，占百分之四强。（觀左表）

各種資格百分數表

資格種類	人數	百分數
高等學校	60	8.39
中等學校	200	27.99
小學校	61	8.53
其他學校	31	4.34
未進學校	363	50.77
合計	715	100

2. 塾師年修　少者二十元以下，多者達五百二十元以上，中點數爲一一三·六，較之江浙鄉間小學敎師尙爲優越。（觀左表）

塾師年修表（以元作單位）

年修	人數
20以下	11
20 —	51
40 —	61
60 —	76
80 —	94
100—	73
120—	67
140—	47
160—	53
180—	39
200—	23
220—	21
240—	13
260—	15
280—	9
300—	8
320—	8
340—	6
360—	5
380—	1
400—	2
420—	1
440—	2
⋮ ⋮	
520	1
未詳	23
合計	715

（二）私塾學生

1. 學生數　計共統計私塾六百九十五所，學生不滿五人者十所，而達八十人者，亦有一所焉，中點數爲二十五·三（觀左表）

各塾學生數表

學生數	塾數
1—4	10
5—	34
10—	75
15—	80
20—	133
25—	82
30—	95
35—	68
40—	55
45—	33
50—	14
55—	9
60—	3
65—	
80—	1
未詳	15
合計	710

2. 私塾女生數　各塾女生大率甚少，然亦有至三十人者，中點數爲四·四，女塾師共二十一人，女生多者，概爲女塾。（觀左表）

各塾女生數表

人數	塾數
1	68
2	112
3	73
4	74
5	64
6	52
7	34
8	29
9	17
10	15
11	7
12	3
13	1
14	10
15	1
16	2
17	
18	2
19	4
⋮	
30	3
未詳	139
合計	710

3. 塾師敎館年數　不滿一年者二十五人，三十年以上者八十九人，五十年以上者五人，中點數爲十·三。（其表如下）

塾師教館年數表

年數	人數
不滿一年	25
1	28
2	39
3	48
4	32
5	60
6	32
7	22
8	33
9	14
10	55
11	16
12	23
13	13
14	19
15	27
16	24
17	3
18	7
19	6
20	62
25	20
30	60
35	6
40	14
45	4
50	4
55	1
未詳	18
合計	715

4. 塾師年齡　大者至八十三歲六十歲以上者九十三人二十歲至二十五歲者四十三人中點數爲四六·五（觀左表）

塾師年齡表

年齡	人數
15—	1
20—	43
25—	62
30—	74
35—	57
40—	90
45—	99
50—	113
55—	83
60—	64
65—	17
70—	8
75—	3
80—	1
合計	715

二、已得許可證之各塾師所設之私塾概況

本年就已得許可證各塾師所設之私塾舉行調查，共收到一百二十八份。玆將關於學生方面之統計結果摘錄如下；

（一）學生年齡　男生所得中數比女生幾大一歲。而滿十八歲者共得十九人，與初中學生年齡相當者一〇七四人，與高中學生年齡相當者三七二人：此等學生或爲現在中小學肄業者或爲已在小學畢業者要皆補習國文，所讀皆經書。

（二）學生籍貫　跨省十五，雖僻遠如雲桂亦有之。

（三）學生家長職業　商界多爲小本商人與各商店夥計。工界亦以苦力爲多。政界以錄事爲多。學界以在各校任事務員或書記爲多。

(1)已領塾師許可證之私塾學生年齡表

學生年齡	男	女	合計
18	16	3	19
17	24		24
16	80	4	84
15	251	13	264
14	131	28	159
13	409	33	442
12	414	59	473
11	454	80	534
10	421	84	505
9	403	90	493
8	371	73	444
7	313	72	385
6	153	29	182
5	10		10
合計	3450	568	4018
中數	11.1	10.2	11

附註：未填年齡者118人
總人數爲　4136

⑵已領塾師許可證之私塾學生籍貫百分表

項別＼省別		本市	江蘇	安徽	湖北	山東	湖南	浙江	直隸	江西	廣東	河南	福建	廣西	陝西	四川	雲南	合計
學生	人數	3002	681	217	100	44	22	22	15	10	8	8	3	1	1	1	1	4136
	%	72.58	16.46	5.25	2.42	1.06	.53	.53	.36	.24	.19	.19	.07	.03	.03	.03	.03	100

⑶已領塾師許可證之私塾學生家長職業百分表

項別＼職業類別	商界	工界	政界	學界	軍警	農界	醫界	郵電	銀行界	實業界	新聞界	律師	其他	合計
人數	2606	605	261	144	96	89	56	38	14	9	5	3	38	3964
%	65.7	13.3	6.6	3.7	2.4	2.2	1.4	1.0	.3	.2	.1	.1	1.0	100

附註　未填職業者172人總人數爲……………………………………4139

教育是國家的根本大計！

教育是革命的原動力！

勵行三民主義教育！

增加教育經費並保障其獨立！

社會教育機關概況

▲目錄▼

▲社會教育機關概況

社會教育機關概況

工、民衆教育

一、市立第一通俗圖書館

（一）緣起

市教育局長陳劍脩就職後，認爲圖書館在社會教育上負有重大的使命；所以經一度討論，就決定籌辦本館。十六年六月六日，派顧天樞，徐谷聲，做籌備員，楊恕做事務員，局長自己兼籌備主任，規畫一切，積極進行，六月二十六日正式成立，就在那天，開了一個成立大會，來賓到了四百多人，舉行各種儀式後，陳劍脩報告籌備的經過，社會教育課長陳泮藻報告關於社會教育的計畫；後來劉紀文市長，和各機關的代表，都有很誠懇的演說，對於本館的進行方針，多多的指教，這是本館應當感謝而且要努力的—

成立以後，陳局長就改聘顧天樞做本館主任，楊恕做事務員，自兼館長。對於一切事務，還是照着原定計畫，按步就班的做去，現在館舍面積，佔地約四百二十五方尺，藏書二千九百餘冊，閱覽書報的平均每天有二百多人，照這樣看來，似乎還能適應社會的需要。

不過現在本館所感覺到的困難，就是藏書太少，供不應求，這皆因爲經費太少的原故，不能購買大宗書籍，這是本館很抱憾的一件事；所以本館現在，爲了事業的前途，就不能不抱着三種希望：（一）增加經費，（二）擴充設備（三）建築館舍。至於詳細的計畫，另外當寫成一本計畫書，因爲限於篇幅，不再詳列了，

（二）組織和行政

1. 組織大綱附系統表

(1)本館歸南京特別市市政府教育局直接管轄。

(2)本館爲辦事便利起見，分爲左列的六股：

A 總務股

B 選購股

C 編目股

D 參考股

E 典藏股

F 推廣股

(3)本館設館長一人，他的職務，是統攝全部的行政；主任一人，商承館長處理全部的事務，館員數人，幫同辦理各股的事務。

組織系統表：

2.現任職員一覽表

姓名	別號	年齡	籍貫	職別	經歷	通信處
陳劍脩		三〇	江西遂川	館長	英國倫敦大學碩士曾任北大教授	南京特別市教育局
顧天樞		三〇	安徽歙縣	主任	曾任東大圖書館館員政大圖書館主任	安慶棨牌街麟鳳堂孔肖雲轉
楊恕	屏卿	三六	江蘇江寧	事務員	曾任安徽第四師範學校文牘員	南京箍桶巷十九號
陸德新		二一	江蘇江寧	書記	南京鍾英中學畢業	南京止馬營一三三號

(三)設施

1.現在狀況

(1)藏書數目和種類:

本館現在藏書共計三千九百七十八冊內中又可分爲三種:

(A)購書的——二四〇二冊
(B)捐贈的——四一八冊
(C)寄存的——一五八冊
總計二九七八冊。

本館係採用杜定友著的世界圖書分類法，現在再將這二千九百七十八冊書的類別，列表如左:

次序	類別	冊數	百分比	備考
a	總類	一八五	6.20%	這個表中，包括地圖，碑帖，畫冊，在內。另外還有雜誌和公報共三十幾種，裝訂日報二百多本，均未計算在內。
b	黨義	三四三	11.51%	
c	哲學	二九三	9.、3%	
d	教育學	四〇九	13.73%	
e	社會科學	一九八	6.64%	
f	藝術	一四三	4.80%	
g	自然科學	一九九	6.65%	
h	應用科學	一五〇	5.05%	
i	語言學	四四	1.47%	
j	文學	八一三	27.30%	
k	史地學	二〇一	6.84%	
	總數	二九七八		

(2)閱覽人數和種類:

A本館從成立到如今，已經十一個月，現在將每月閱覽人數和種類列成統計表於左:

閱覽人數統計表(十六年六月至十七年三月)

年份	月份	閱覽人數	百分比
十六年	六月	六五九	1.83%
	七月	一二四八	4.03%
	八月	一七四八	5.64%
	九月	二三八六	7.70%
	十月	二四六七	7.96%

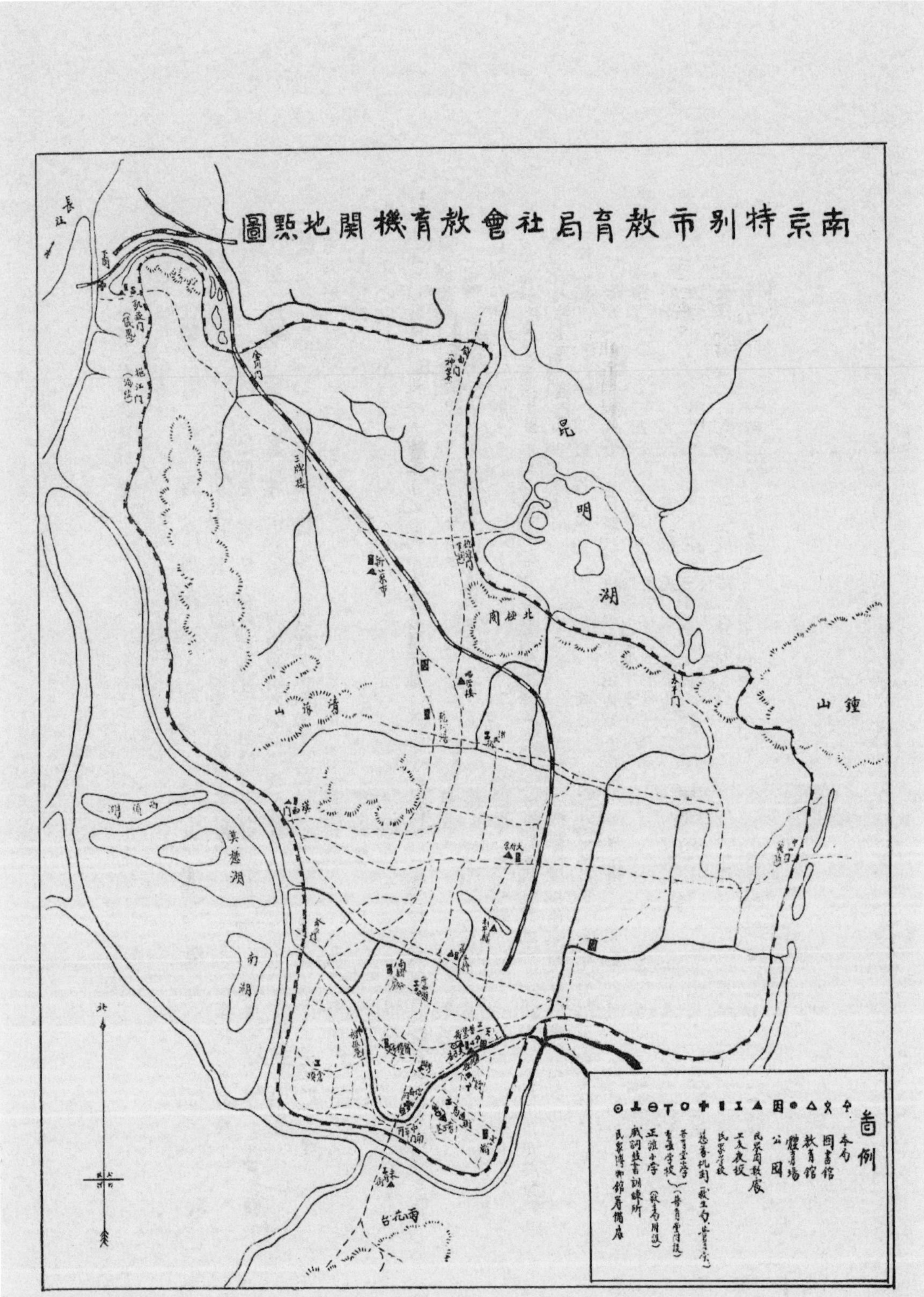
南京特別市教育局社會教育機關地點圖
長江
昆
明
湖
北極閣
鍾山
清涼山
莫愁湖
雨花台
圖例
本局
圖書館
教育館
體育場
公園
民眾閱報處
工人夜校
民眾學校
正誼小學
戲詞鼓書訓練所
民眾博物館

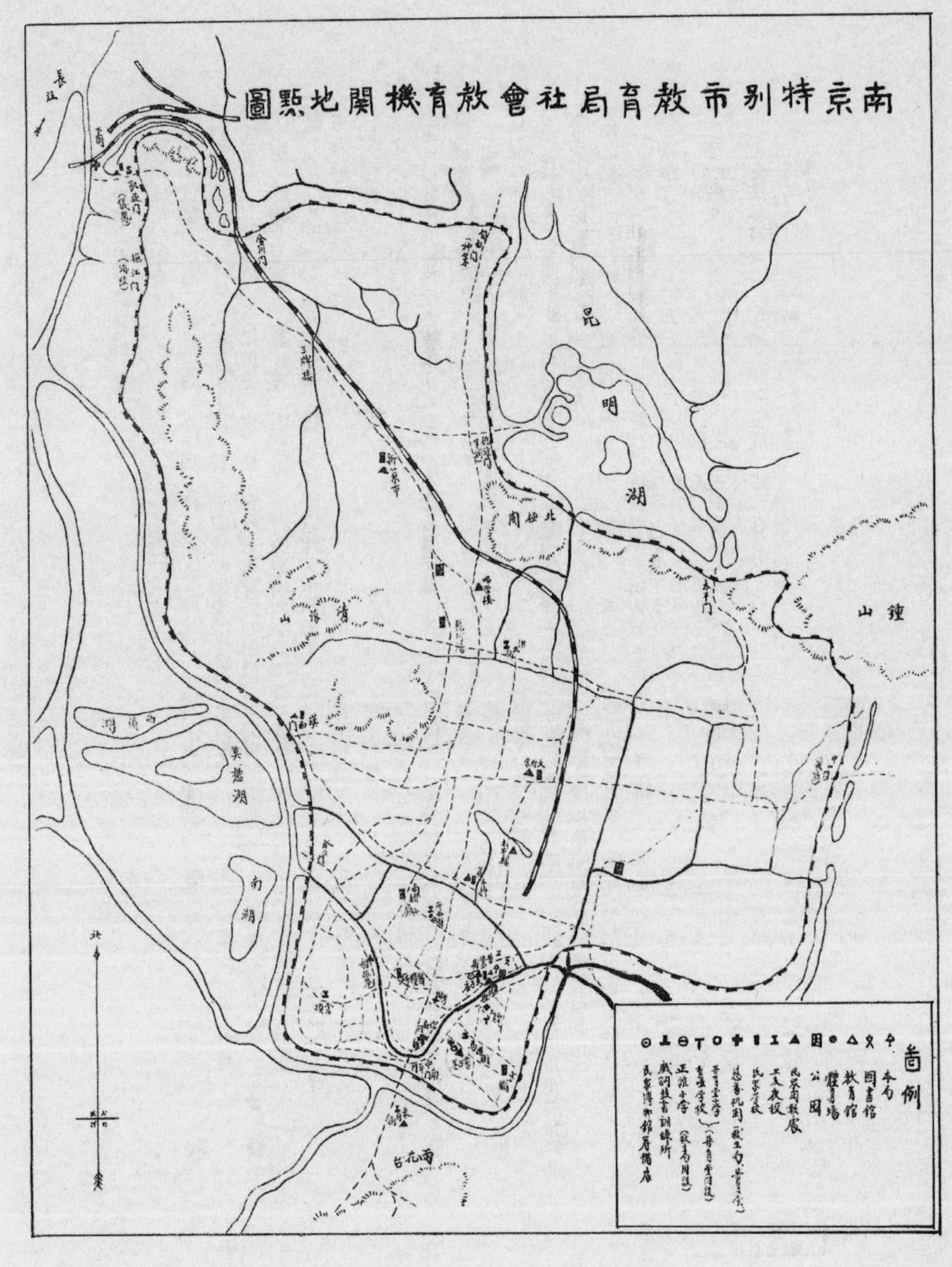

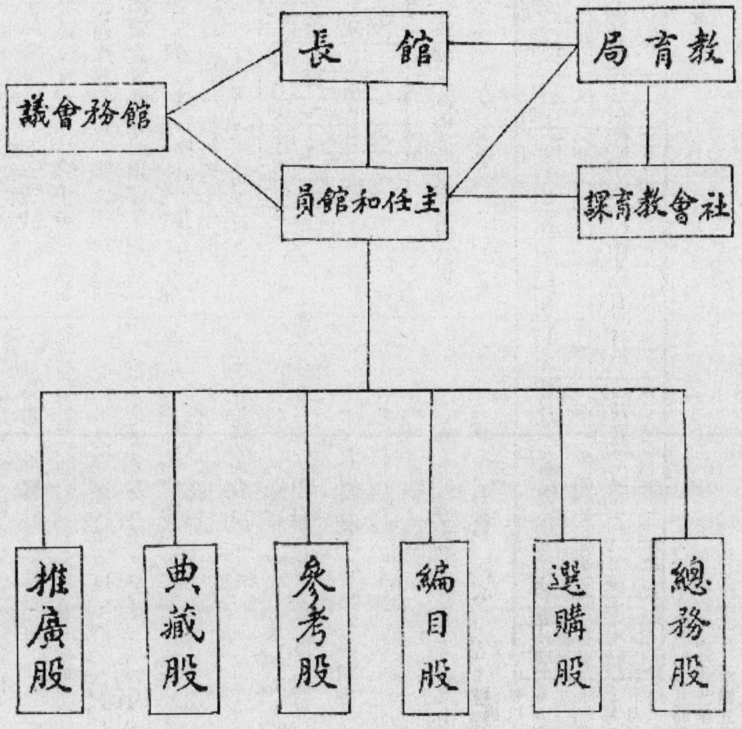
館長
教育局
館務會議
主任和館員
社會教育課
推廣股
典藏股
參考股
編目股
選購股
總務股

	十一月	三二六四	10.53%
	十二月	三五八九	11.58%
十七年	一月	三五八〇	11.58%
	二月	五六四四	18.21%
	三月	六四八八	20.74%
總	數	三〇九八三	

B看了上表，就可知閱覽人是逐月增多，現在再將閱覽人的種類列成一表，好作一個比較，不過因限於篇幅，不能按月列表，只好將十個月——十六年六月至十七年三月——合併起來計算。

閱覽人種類統計表（十六年六月至十七年三月）

次序	類別	人數	百分比	備考
（A）	學生	八三二九	26.95%	
（B）	兒童	六二二四	20.14%	
（C）	教師	四二四一	13.72%	
（D）	商人	三五二七	11.41%	
（E）	機關職員	二七四一	8.87%	
（F）	工人	二五四一	8.22%	
（G）	軍警	一九六四	6.35%	
（H）	農人	七六五	2.48%	
（I）	婦女	五七七	1.86%	
	總數	三〇九〇九		

(3)兒童閱覽室

本館現在添設一兒童閱覽室，幷預備添聘女職員一人，每天演講故事，引起兒童讀書的興味。

2.進行計畫

本館進行的計畫，大約分爲三個步驟：(1)增加經費(2)擴充設備，(3)建築館舍。至於詳細的辦法，另外寫成一本計畫書，因爲限於篇幅，此處只好從略了。

（四）南京特別市市立第一通俗圖書館規程十六年八月二十五日公佈

組織大綱

第一條　本館隸屬於南京特別市市政府教育局

第二條　本館視事務之性質置左列六股

（一）總務股

（二）選購股

（三）編目股

（四）參考股

（五）典藏股

（六）推廣股

第三條　總務股所掌事務如左

（一）關於文書之撰擬收發繕寫校對及保管事項

（二）關於統計報告調製事項

（三）關於館務記錄事項

（四）關於預算決算編製事項
（五）關於館舍管理及衛生事項
（六）關於設備佈置事項
（七）關於用品配置保管事項
（八）關於引導參觀及招待來賓事項
（九）關於稽查事項
（十）關於不屬他股各事項

第四條　選購股所掌事務如左
（一）關於圖書選擇及購買事項
（二）關於徵求及介紹圖書事項
（三）關於書欵登記及查詢事項
（四）關於圖書登錄事項
（五）關於圖書交換及寄存事項

第五條　編目股所掌事務如左
（一）關於目錄編製及整理事項
（二）關於圖書解題事項
（三）關於圖書增減調查事項

第六條　參考股所掌事務如左
（一）關於圖書借閱及收還事項
（二）關於指導讀者事項
（三）關於參考圖書調查及徵集事項
（四）關於參考資料採集事項

（五）關於研究問題答復事項
（六）關於雜誌報章登記陳列及整理事項

第七條　典藏股所掌事務如左
（一）關於圖書保管整理事項
（二）關於圖書曝曬及消毒事項
（三）關於圖書修補裝訂事項
（四）關於材料配置保管事項
（五）關於報紙重要文字之剪裁彙集事項
（六）關於其他附屬事項

第八條　推廣股所掌事務如左
（一）關於分館籌設事項
（二）關於與其他圖書館互助事項
（三）關於演講事項
（四）關於通俗書報編輯及審定事項
（五）關於其他附屬事項

第九條　本館設館長一人總攝全部事務主任一人秉承館長處理全部事務管理員事務員助理若干人分理各股事務

第十條　本館館長由市政教育局長兼任主任由市教育局長聘任管理員事務員助理由主任呈請館長分別延訂

第十一條　職員處理事務應依據辦事細則其細則另訂之

第十二條　本大綱如有未盡事宜得由館長或主任於館務會

議時提出修正之

第十三條　本大綱自公布日施行

二、市立第一通俗教育館

(一)沿革　本館和附設的公共體育場，原來是江寧縣立的．及至民國十六年八月，歸了市政府教育局管轄，把他擴充起來，才改成現在的名稱．

(二)組織和行政

1，組織大綱　本館組織，共分七部．館長之下，設主任指導員館員事務員書記，辦理各部的事務．附表如下：

南京特別市立第一通俗教育館

館長

主任

- 總務部
- 圖書部
- 博物部
- 理化部
- 體育部（附設公共體育場設主任和指導員）
- 游藝部
- 講演部

館員三人事務員一人書記一人分任各部的事務

2．現任職員一覽表

本館現任職員一覽表

姓名	別號	年齡	籍貫	職別	履歷	通訊處
陳泮藻	梓屏	三六	贛縣	館長	德國哈勒大學畢業巴黎大學研究教育及市政法國司太史堡大學碩士	
劉郁文	郁文	三二	江西	主任	北京中國大學畢業	江西永新兩美轉
劉春林	鶯雀	二五	遂川	體育指導員	江西匡廬中學畢業黃浦政治工作速成班畢業	江西遂川藻林市交
薛雪	蠟明	二一	蕭縣	館員	江蘇省立第十中學畢業	徐州蕭縣後街巷門王宅東院
劉宴江	宴江	三四	江西	館員	江西高師畢業	永新教育局轉
劉紹美	琴南	二二	江西	館員	吉州中學畢業	永新兩美轉
徐克良	克良	三七	南昌	事務員	兩江師範中學畢業	南昌進內太史第七號
李文元	文元	二五	江蘇	書記	高小畢業	上海斜橋德運里一號

（三）工作紀要　本館的工作，除了新的設備工作以外，只是供給市民的游覽演習，本館怎樣地引導市民使他們以最經濟的方法而得增加常識陶冶品性强壯身體的效果，這便是本館日常的工作。

1.新的設備工作　本館因限於經濟，新的設置不能迅速發展，現在打算先從游藝部擴充起，正在籌辦電影。

2.日常工作　看下列的表，便可以知道我們工作成績的大概了。

本館各部游覽演習人數統計表

年月＼人數＼部別	圖書部	博物部	理化部	體育部	講演部	游藝部
十六年八月	二五〇五	一六九〇	八四二	一三四二	一五〇八	七一六
九月	三一〇五	一五六四	七六三	二五一八	二〇八二	八三一
十月	二〇〇六	一三〇九	六九二	二三〇四	一四三一	六〇三
十一月	一二三六	一六〇三	六〇四	一六三五	一二八六	五二四
十二月	一五〇八	一〇四八	五二一	一〇〇四	一〇六四	四三九
十七年一月	一八六七	一三六五	六三二	二三一六	二一〇三	五一八
二月	二六七七	二〇四八	七一八	二五一八	二三〇六	六二九
三月	三六〇九	二五〇五	七三四	三〇四二	二六一八	六四〇

附注　本館自民國十六年八月改隸市政府教育局，才有現在的名稱，以前並無紀載可考，所以統計便自十六年八月起。

（四）南京特別市市立第一通俗教育館章程

第一章　總則

第一條　本館由南京特別市市政府教育局設立改定名曰南京特別市市立第一通俗教育館

第二條　本館以改造社會習尚增進普通常識並謀市民德智美藝諸育普遍的增進爲宗旨。

第二章　組織

第三條　本館組織計分七部　一曰總務部　二曰圖書部　三曰博物部　四曰理化部　五曰體育部　六曰遊藝部　七曰講演部

第四條　總務部　辦理本館會計庶務文書交際推廣等事宜

第五條　圖書部　蒐集各種科學教育黨政書報以供市民閱覽

第六條　博物部　蒐集中等教育範圍內之各種動植礦生理衛生以及歷史博物標本模型圖畫以供市民研究參考

第七條　理化部　設立理化實驗室置備中等教育範圍內之各種物理化學器械藥品以供學校及研究者實驗

第八條　體育部　設立公共體育場置備各種體育器械各種球場以供市民運動

第九條　遊藝部　設備各種樂器電影幻燈及其他遊藝諸品並組織新劇社以增市民高尚娛樂

第十條　講演部　本部宣傳國民黨黨義及政策並舉行科學講演及通俗教育事項以開通民智

第十一條　各部規則另定之

第三章　職員及其任務

第十二條　本館設館長一人主任一人館員若干人指導若干人事務員若干人書記若干人

第十三條　館長由南京特別市市政府教育局長委任之主任由館長呈請教育局長委任之館長承局長之命令總理全館一切事務主任處理本館各部事務

第十四條　館員及事務員由館長聘請呈報南京特別市市教育局局長核准商承主任分別辦理文牘會計庶務及各部事務

第十五條　指導員由館長聘請呈報南京特別市市教育局局長核准商承主任指導本館各部工作事宜

第十六條　書記司理一切繕寫事務

第十七條　館中職員概須呈報教育局備案

第十八條　本館辦事細則另行規定之

第四章　經費

第十九條　本館經費由南京特別市教育局教育經費項下支給並須于會計年度開始及終了時由館長主任分別造具預算決算表册呈請教育局長審核之

第五章　館務會議

第二十條　本館館務會議分全體會議部務會議二種

第二十一條　本館全體會議每月最少舉行一次部務會議每星期舉行之

第二十二條　本館館務全體會議討論全體進行事項開會時由館長主席館長因事時缺席由主任主席遇必要時得擴大之函請教育局局長及教育局各科科長參加

第二十三條　本館部務會議由主人主席討論各部工作進行事項

第二十四條　本館館務會議議決案均須呈報教育局審核然後執行

第六章　展覽及假期

第二十五條　本館展覽時間除例假及休息日外上午八時至十二時下午一時至五時冬季每日上午自九時起下午一時

至五時

第二十六條　本館休息日爲各紀念日及星期日之次日

第七章　附則

第二十七條　本章程如有未盡事宜得隨時呈請教育局長核准修正之

第二十八條　本章程呈請　教育局長批准後施行

三、市立民衆閱報處

(一)緣起

南京特別市立民衆閱報處，現在已經辦的，計有十二處，各處的經過情形，大畧相同。在沒有開辦以前，是由市教育局社會教育課在擴大局務會議提案，通過，呈請市政府創辦閱報民衆所辦處三十所，會經令准先辦十二所，就是現在的夫子廟，昇平橋，大行宮，新菜市，儀鳳門，漢西門，太平街，剪子巷，船板巷，米行街，新廊，貢院街這些地方所設立的南京特別市立民衆閱報處。

(二)組織和行政

上節已經說過閱報處的沿革，是由市教育局社會教育課在擴大局務會議提案，通過，呈請市政府創辦的。所以閱報處的組織和行政，係由社會教育課指定一位職員專負總管理責任，各處各設管理一人，分管各處工作事宜。職員名單見教育局的組織及行政內各附屬機關職員一覽表，視察時拿出來看，

(三)設施

民衆閱報處是遵照提案附設在繁盛通衢公共機關和學校所在地點，閱報處的範圍，僅限小屋一間，裏面的設備：置總理遺像國旗黨旗，並存列關于黨化書籍和許多通俗冊本，各處都是如此，其目的在使一般民衆都能得到普通常識，不會發生道聽途說信口雌黃的流弊，更藉這種閱報機會貫輸黨化教育，從開辦到現在已經有幾個月了，由最近二個月的成績報告，每天閱報的人數每處約有七十多人，（參看三四兩月的統計表）計算三十處約有二千多人，以一人傳十的推算，那麼南京特別市內四十萬民衆，應當人人都知道黨國要聞，但現在只有十二處，所以市教育局的計劃在最短期間增設八處，預算本年內完成提案上的計劃，這就是民衆教育的一種，尤爲黨治首都下的民衆所急需且切要的事。

(四)南京特別市市立民衆閱報處章程

第一條　南京特別市市政府教育局爲增進市民智識及傳佈時事消息起見特于市區內各相當地點設置民衆閱報處俾民衆隨時流覽

第二條　閱報處除有特殊情形得租用民房外以附設于學校或公共機關爲原則

第三條　閱報處設立之數量由教育局呈請市政府核定之

第四條　閱報處置總管理一人由教育局委任之

市立民衆閱報處三四兩月份閱報人數比較圖

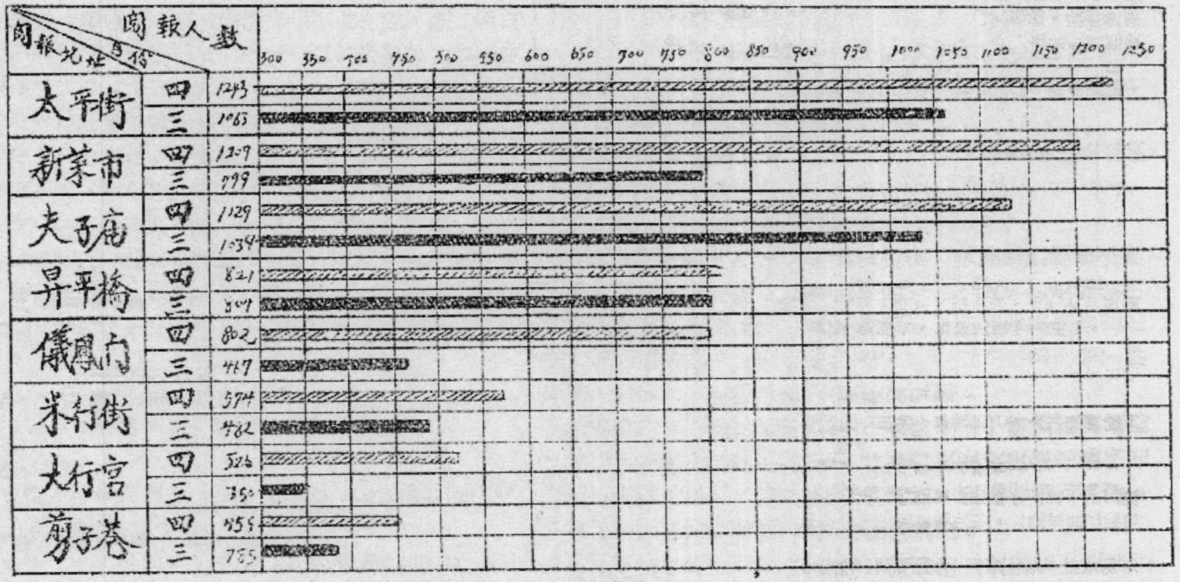

在閲報處數量未甚加多以前總管理得由教育局社會教育課課員兼任之不另支薪但得酌給車馬費

第五條　總管理之任務如左

一、巡視各閲報處并稽核各管理員之勤惰

二、計畫各閲報處之興革事項

三、編製各閲報處之預決算

四、彙計各管理員每週所報閲覽情形按月報告於教育局

第六條　每處設管理員一人由總管理延聘閲報處所在之學校或公共機關人員兼任之

管理員得支津貼

第七條　管理員之任務如左

一、管理本處之屋宇器具

二、管理本處之書冊及逐日報紙

三、彙訂每週閲過之報紙

四、維持本處之閲覽規則

五、注意本處之清潔事項

六、每週報告開放閲覽情形一次于總管理

第八條　每處購置之京滬各大埠重要報紙至少須在五份以上

第九條　凡宗旨不正當之小報及有反革命論調之報紙本處概不購置

第十條　本處為推廣民衆教育起見得附設關於本黨三民主義書籍及通俗單行冊本

第十一條　本章程如有未盡事宜由教育局長提交局務會議議決修改之

第十二條　本章程自公布日施行

四、市立民衆學校

(一)沿革

我們因為南京全市的民衆有四十萬多，而學校止有四五十所，不識字的人要佔十分之五六，民智方面，還是多麼危險呀！所以關心教育的同志們，對於民衆識字運動極力提倡，在五年前有「平民教育促進社」這個機關就是專為促進民衆識字運動的，我們是依據市政會議，在首都先行設立三十所民衆學校，以資提倡；去年十二月就着手籌備起來，因為經費關係先開辦十所，以後仍當陸續增加，在十六年十二月十日，正式上課。

(二)組織和行政

1.組織大綱(附表)

民衆學校設校長一人，教員二人或三人不等，教員兼理教務訓育及事務，每校先設一班，一班中再分級教授，入學的時候，先向民衆學校報名，填寫志願書，及各種測驗題，再用口試，揣測他的程度然後依照他的程度，再行編入那一級受課。民衆學校組織系統表：

教育局—社會教育課—校長{教務主任／教員／事務員{會計／庶務}}

2.編製及現任職員一覽表

民衆學校暫分甲乙兩級教授現在把兩級的課程寫出來

⑴甲級：千字課第三冊，三民主義第四冊，常識，算術，國文，音樂，習字，游戲。

⑵乙級：千字課第二冊，三民主義第二冊，初級常識，初等算術，游戲，音樂，習字。

民衆學校校長一覽表（見教育局的組織和行政圖表內）

(四)設施

1.各民衆學校均組織有市民自治團，教民衆個個能了解市政的組織，所有公安局衛生局等皆由各民衆學校學生組織之，列表如下：

市民自治團{衛生局（辦理全校衛生事宜）／公安局（辦理全校公安事宜）／消防局（辦理全校消防事宜）}

2.講演會，在每個禮拜中舉行一次，或兩個禮拜舉行一次，教他們隨意發表，使他們表現他們的口才，同時並可以判定他們的智愚。

(四)南京特別市市立民衆學校章程

第一條　南京特別市市政府教育局為勵行民衆教育起見特於本市區內廣設民衆學校以資普及

第二條　各校依所在地點定名為南京特別市市立某某民衆學校

第三條　民衆學校設立之數量由教育局呈請市政府核定之

第四條　各校校舍及校具以向各公私立學校及有相當設備之公共機關借用為原則

第五條　每校設校長一人由教育局聘任之校址附設于某學校者即以聘該校校長兼任為原則

第六條　各校校師由校長依民衆學校教師條例聘請民衆學校教師條例另訂之

第七條　凡市民［失］學齡兒童應入小學求受教育外不限性別年齡及識字與否均可入校修業

第八條　各校因學生數之增加得分班教授每班學生至少須四十名至多不得過六十名

第九條　本校學生修業期定為四個月修業期滿經考查成績及格者准予畢業並給予畢業證書

第十條　各校教授科目暫定為三民主義千字課習字算術常識五種但得視需要情形酌量增減之

第十一條　本校教授時間除星期日外定為每日下午六時至八時計一百二十分鐘其各學科所占分鐘數量另

定之

第十二條　學生課業用品由本校發給之

第十三條　教育局所公佈之關於市立學校各條例章則其不與本章程抵觸者民衆學校均適用之

第十四條　本章程如有未盡事宜由教育局長提交局務會議議決修改之

第十五條　本章程自公布日施行

Ⅱ藝術教育

一、第一公園

(一)沿革

本園原名秀山公園，係軍閥齊燮元爲李純於民國九年冬開始建造，十二年秋落成的，十四年間有人倡議改爲中山公園，白寶山等起而反對，因組織什麽董事會，十六年我們國民革命軍克復了南京，八月間有改爲南京第一公園的消息，九月間由首都軍民追悼討孫陣亡將士大會籌備處改爲血花公園，十月間奉　國民政府令南京特別市政府轉令市教育局派王又余等接管，旋奉　國民政府二百零八號指令，定名爲南京第一公園，並設管理處，辦理全園事務。

(二)組織和行政

1.組織大綱

本處設主任一人，總理和監督全園事務，其餘職工，分管各部事務，爲辦事便利起見，現分左列六部：

(1)事務部　管理文牘，會計，庶務，集會，票務。

(2)園藝部　管理花草菓木，祠宇亭榭，房屋器具，池沼山石，林園竹籬。

(3)圖書部　管理通俗書本，黨義書籍，文藝，常識，報章雜誌，宣傳品。

(4)博物部　管理動物，儀器，標本，地理風景，古物玩具，圖畫影片。

(5)藝術部　管理電影，新劇表演，各項展覽　游藝技術

(6)教導部　管理體育，音樂歌舞，民衆教育，演講。

2.現任職員一覽表

姓名	字號	年齡	籍貫	職別	經歷	通訊處
王又余		三十一	江西	主任	北京中國大學法學士歷任各機關各學校職務及報館通信社編輯黨部委員	本園管理處
陳昌佁	震東	二十六	江西	文牘	上海大夏大學教育學士江西幼幼中學教務主任	本園管理處
王靜余		三十一	江西	會計	江西省立第五師範畢業曾充遂川縣立高小教員兼農會會長又充縣黨部職委兼指導員	本園管理處

鍾裕	豐如	二十二	江西	庶務	國民革命軍第一軍一師政治訓練處宣傳科員	本園管理處
封澂	靜菴	二十九	江蘇	花卉師	浦東中學畢業曾任泰興黃橋私立初級中學園藝部主任	本園管理處
劉仕達		二十一	江西	書記	江西省立第二中學畢業	本園管理處
王曜東	淺伯	二十四	江西	稽查	縣立高小畢業	本園管理處
蕭映娟		二十	湖南	圖書博物館管理員	上海中西女塾畢業	本園管理處
李中朋	淨悔	五十三	直隸	監工	前在督部府當差使	本園管理處
胡紹棠	鏡秋	三十四	江蘇	彈子房管理員	出身軍界於民國七年充江蘇教育廳辦事員兼江寧縣稽查員	通濟門內大中橋琥珀巷十四號
吳慶生	雲甫	三十一	江蘇	售票員	商	本園管理處
陳玉山	潤夫	三十八	安徽	售票員	市政府傳達	本園管理處
劉貴海		三十三	直隸	收票員	警界	本園管理處
馬西月		三十六	山東	收票員	馬路工程局監工	本園管理處
吳隆福	炳南	四十四	江蘇	烈士祠看守	商	本園管理處
金桂	椿華	三十五	江蘇	圖書館看守	商	八寶後街門牌十號
傅潤	潤芳	六十	江蘇	博物館看守	農	八寶後街六號門牌
張德才	玉發	三十七	江蘇	動物看守	商	南門三坊巷四十五號
陳朝選	乾良	四十一	山東	工頭	民國六年在法國做工十一年回國在江蘇馬路工程局做工	本園管理處
王書慶		三十三	河南	花匠工頭		宋店巷鎮十號門牌

(三)牆上標語

(1)公園爲民衆公共遊息的地方，應該民衆化。

(2)公園爲民衆公共娛樂的地方，應該藝術化。

(3)公園爲民衆公共聚集的地方，應該社會化。

(4)這個公園係民衆紀念討孫陣亡烈士的，尤其要革命化。

(5)公園係陶冶民衆性情，培植民衆思考，探索，冒險，試驗各種能力的工具，所以亦要科學化。

(6)公園就是一個大學校。

(7)公園給我們許多關於動植礦物的學問，更是一個自然科學的實驗所。

(8)公園使我們與自然接近。

(9)在公園裏望月，看花，聽雨，聽鳥語蟲聲，眞有天機妙處。

(10)在公園裏看奇山，怪石，落花流水，格外有趣。

(11)在公園幽林竹影中飲茶，敍懷，閱書，讀畫，比什麼地方盤桓，更有意義。

(12)在公園芳草斜陽間吟詩，繪畫，把酒，高歌，是一種優雅的生活。

(13)在公園風警輕談的清晨散步，運動，遊戲，玩覽，是一種健康的生活。

(14)公園可以養成民衆堅强的意志。

(15)公園可以養成民衆豐富的感情。

(16)公園可以養成民衆深厚的理性。

(17)公園可以培養民衆自由平等博愛的良好習慣。

(18)在公園裏遊覽，貧富老幼一樣的享受自然樂趣，沒有階級的分別。

(19)在公園裏休息，人人安閒清逸，得到自然幸福。

(20)遊了公園，可以使民衆對於清潔，優美，整齊，有愛好心。

(21)遊了公園，可以使民衆對於社會中種種罪惡，人類間種種缺德，世界上種種不平，有深惡痛絕心。

(22)在公園裏養育生長的兒童，可以適應複雜社會的環境。

(23)在公園裏薰陶活動的民衆，可以担當建設新社會的責任。

(24)公園可以培植民衆高尚人生觀。

(25)公園可以培植民衆的完美世界觀。

(26)公園裏所表現的，是人類社會的縮影。

(27)有良好的公園，然後纔有良好的社會。

(28)民衆化，藝術化，社會化，革命化，科學化的公園；纔能產生新文明。

又門首左邊大檔標語

公園可以使理想的社會實現化，實現的社會理想化。

又門首右邊大檔標語
公園可以使城市鄉村化，鄉村城市化。

(四)規則

1.南京第一公園遊園規則

第一條　本規則對於本園遊人適用之
第二條　本園遊人須依照規定之出入口分別出入以免擁擠
第三條　本園遊人須依照規定之開門時間來園遊覽至閉門時即去不得逗留
第四條　本園遊人車馬應停門外不得闖入
第五條　本園遊人對於園內亭舍花草樹木及其他一切物品不得任意移動攀折污穢損壞如有攀折污穢損壞情事發現應負恢復賠償之責
第六條　本園遊人不得在園內各處牆壁上任意塗寫以保美觀
第七條　本園遊人不得有喧嘩鬥毆及其他不法之情事
第八條　本園遊人不得赤身露體行走園中妨碍風化
第九條　本園遊人不得向草木內任意拋棄烟頭以防火燭而重公安
第十條　本園遊人不得任意大便小解以重衛生
第十一條　本園遊人非有必要事務不得擅入管理處
第十二條　本園遊人不得攜帶違禁及其他危險物品入內遊覽
第十三條　本規則如有未盡事宜得隨時修改之
第十四條　本規則自公布之日施行

2.南京第一公園出借各民衆團體開會規則

第一條　凡民衆團體借用本園會場開會須二日前向本園管理處接洽妥當始得來園開會會畢即散
第二條　凡民衆團體來園開會借用本園器具物件者應由本處斟交自行搬用用畢應搬歸還原處
第三條　凡民衆團體開會借用本園之會場器具物件須格外愛護如有損壞或缺少情形應負賠償責任
第四條　凡民衆團體與本管理處接洽妥當借用本園會場開會時所有出入本園開會人員須佩帶某會證章並須於入園時簽名劃到以便免票讓人
第五條　凡民衆團體借用本園開會會場秩序須由各團體維持會議性質及內容亦請該團自行負責
第六條　凡各界人士來園參與各民衆團體會議時須遵守本園所訂各種規則並應愛護園內公物勿稍毀損

附則

第一條　本規則如有未盡事宜得隨時斟酌修正之
第二條　本規則自呈請市教育局公佈之日施行

3.南京第一公園園牆內外張貼標語簡章

第一條　本園為保護園內牆壁亭館風景美觀起見凡欲入園張貼標語之團體務須遵照本簡章辦理之

第二條　凡含有宣傳黨義黨綱及社會教育之標語得向本園磋商張貼

第三條　凡關於政局時事之臨時標語張貼時須由發貼團體蓋章或該團體先向本園管理處聲明負責

第四條　凡近於商業廣告性質之標語無論園牆內外非得本園同意不得張貼

第五條　凡機關團體在本園園牆內外張貼標語須就本園所裝置之標語木牌上張貼之期保美觀而資劃一

第六條　凡機關或團體張貼標語自願裝置木牌經本園管理處接洽指定地點得隨時裝置之

第七條　凡機關或團體欲在本園樹木電桿木柱上懸掛鉛製標語須向本園管理處接洽商定辦法辦理之

第八條　凡機關或團體推廣宣傳自願在本園圍牆壁上粉刷標語刻繪圖畫應先商由本園管理處指定相當位置粉繪之

第九條　凡機關或團體在本園門口及內外圍牆上懸掛布綢標語應先商由本園管理處覓定相當空間懸掛之

第十條　凡本園內外圍牆祠宇亭館及其他處所不得任意塗寫

第十一條　凡本園固有之標語及宣傳圖畫等不得任意塗改拋棄

附則

第一條　本簡章如有未盡事宜得隨時斟酌修正之

第二條　本簡章自呈請市教育局公佈之日施行

4.南京第一公園維護公物規則

一、本園屋舍草地花木器具動物及陳列品遊人不得攀折踐踏損壞或侵害

一、遊人如有踐踏損壞屋舍草地器具及陳列品時本園得責令修理或照價賠償

一、遊人如有侵害本園所飼養保護之動物時本園得視情形輕重科以相當罰金

一、遊人如有攀折花木時本園得酌量責令賠償一角至二元之代價

一、遊人如不遵照本規則所規定之各條時本園得即移送公安局勸令遵辦以重公物

一、本園各部處場所之管理及保管等規則另訂之

二、戲詞鼓書訓練所

(一)緣起

本所是一個適應需要的新設機關，所以沒有沿革可說，本節所敍，儘可算是本所創辦的最近經過罷了，十六年十二月間，南京青年會劉湛恩博士，發起了一個說書訓練班，函請教育局社會教育課參加指導，那時社會教育課陳泮藻課長，也正想到這班說書的與唱詞的和社會接觸力量很大，若是任他們信口宣說，則影響於社會，至重且大，將不堪設想，倘若將這類人加以訓練，間接的實可利用他們宣

傳黨義和新的思潮，這個功效實在比印刷品和宣傳員等還大，所以就由社會教育課顧濂棻孔充等辦一個說書大鼓訓練班，又請市府彭秘書林仙巖秘書掄魁任秘書龢和顧懷慶等特別加以贊助和指導，後來又發覺這事有擴充的必要，而且戲劇及唱詞兩項在社會上占有更大的勢力，所以就改爲戲詞鼓書訓練所，到十七年二月，南京特別市市政府亦已核准了。

(二)組織和行政

本所設正副主任各一人，主持本所一切事務，訓練部長一人，主管訓練學員的職務，由教師去協助進行，編審部長一人，主管編製劇本曲本，審查劇本曲本事務，及本所的文件由編輯協助進行。指導員若干人，專司所內所外(如劇場遊戲場等)指導的事務，事務員一人，辦理所內庶務方面的事項，並隨時敦請藝術界的名人擔任名譽指導及講師。

(三)設施

1.調查　我們着手進行的第一步，就是調查，經過兩個星期的時間，查得下列的結果：

(1)伶工　在各戲院演劇者全城(連下關在內)約一百八十人

(外埸面約九十五人)

(2)清唱　全係女性，每日分下午晚間兩次在各茶園茶

舫演唱，全城約二百二十八。

(外埸面約八十人)

(3)鼓書　男女皆有，也在各茶園演唱，約三十人。

(外埸面十八人)

(4)說書—全城計六十三人

(5)唱詞—約一百人

(6)雜耍—約四十五人(包有相聲雙簧以及散在空地的說戲迷的賣拳棒的賣藥草糖的)

總計約在八百餘人。

2.登記　在他們未曾來所訓練之前，先要他們塡着本所所定的登記表，逐項登記，登記時，還要覓有相當的保證人，保證他們在外不得損害本所名譽及傷害風化違背黨義的表現，這件工作，因爲他們未能全體了解本所的目的所以還沒全體辦理完畢。

3.訓練　本所每星期三五上午九時至十一時爲總訓練時間，講授黨義戲劇概等，并專力注重於民衆化藝術化革命化方面。在他們業餘的時候，便施行個別訓練。按戲詞鼓書四類，施以相當的訓練。

4.編製曲本　本所因爲要增加宣傳的力量起見，更專力編輯關於黨化方面的曲本。已經編成的有中山歷史(二黃調仿瓊林宴)總理遺言(反二黃調仿李陵碑)五三慘案(二黃調仿路遙知馬力)打倒軍閥(西皮調仿蘇武

坿統系表如下

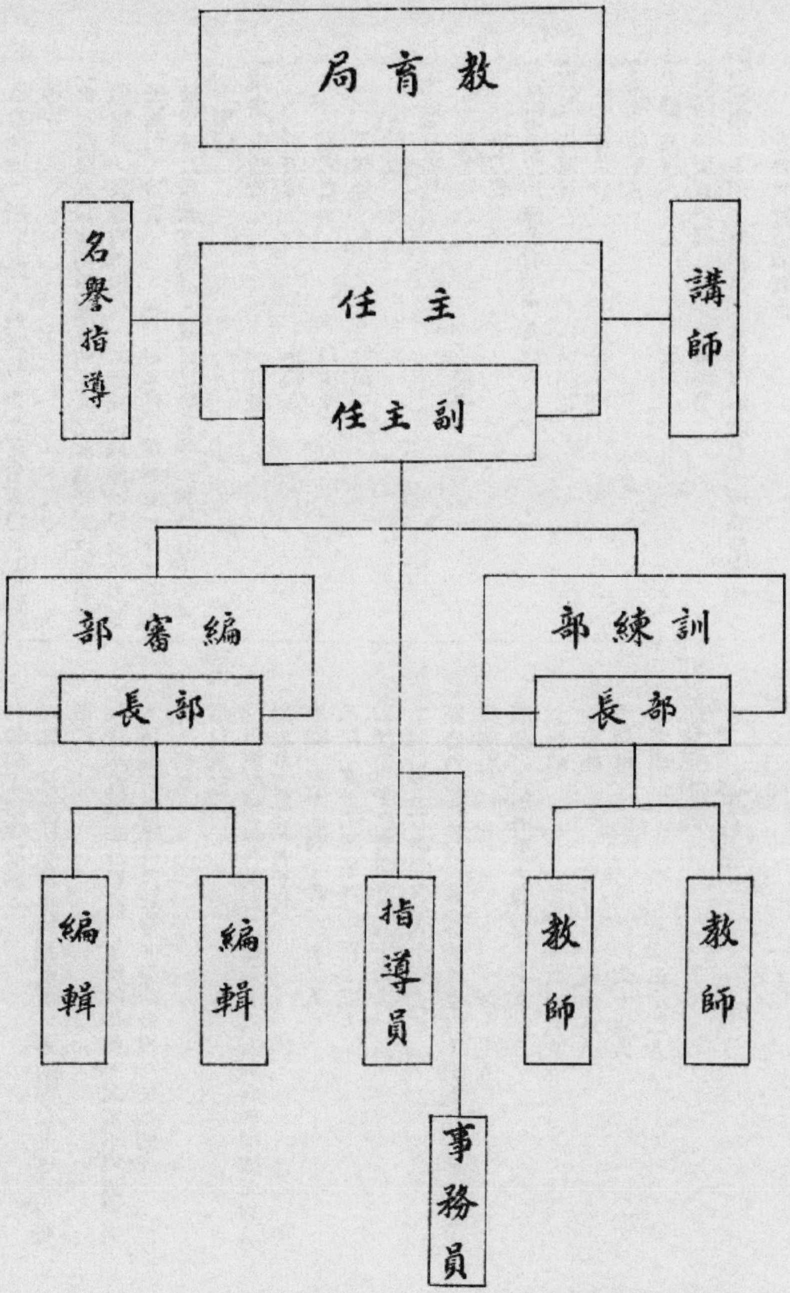
教育局
名譽指導
主任
講師
副主任
編審部
部長
訓練部
部長
編輯
編輯
指導員
教師
教師
事務員

罵毛延壽）戰龍潭（大鼓調仿戰長沙）青天白日（書詞）等。

5.審查舊劇本　以前的舊劇本曲本大都沉淪在封建忠君的思想裏，其餘有傷風化的不合現代潮流的以及與黨義抵觸的，實在不少。我們必須逐一的審查一下，分別加以修改或使其消滅，現在已經着手修改的有下列十四種

（京戲）李陵碑　清官冊
慶頂珠　南陽關
上天台　白虎堂
八義圖　哭祖廟
罵殿
（大鼓）黛玉焚稿
烏龍院　長板坡
單刀會

其已經決定消滅的有下列九種

（京戲）梅龍鎮　紡棉花
打花鼓　殺子報
（秦腔）梵王宮
（大鼓）挑簾　戲叔
（唱詞）情擬買郎眠　蕩湖船

6.視察　本所不時派員到各戲院游戲場所視察演唱的詞句情節，以便取締。

7.鼓勵　凡本所學員勇於改進者，本所加以獎飾，以資鼓勵。

8.注意學員的生計教育　本所的學員，大半不能識字，本所現在已經按照程度，分組教授。使他們在本業之外，仍能

（四）學員班數

受訓練的學員，共計二百九十八人別爲四種依每組人數之多寡分爲若干班

甲種（女子已識字者）三十二人
乙種（女子不識字者）一百十五人
丙種（男子已識字者）八十六人
丁種（男子不識字者）六十五人

照他們所專長的別類分起來也有下列六組

戲劇組　一百十七人
唱詞組（包有唱小調的）　七人
大鼓組　二十六人
說書組　五十八人
場面組　六十六人
雜耍組　二十三人

III 慈善事業

一、普育堂

(一)沿革

普育堂的沿革可以畧分下列三期來說；

1.洪楊前的普育堂　前清雍正年間，各省創設普濟育嬰諸堂。南京的普育堂，也就在那時應運產生的。（前清雍正十一年）當時兩江總督趙宏恩是第一個創辦人，堂址設聚寶門外的侈園；在一百八十四楹的高堂大厦裏面，分設老民老婦殘廢育嬰四堂；後來又有許多慈善家捐建了淸節堂，（城內油坊巷）養老堂，（東花園明時敎坊）崇義堂，（剪子巷道北）及義學堂。（淸節堂東）在那個時期，眞可謂規模宏大：也許就可以稱為江蘇省最大的慈善機關；直是全盛時代的普育堂。經過一百二十餘年，洪楊之役，堂屋全燬。

2.洪楊後的普育堂　兵燹後堂址既燬侈園的遺址，已變成了一片荒草亂塚。哀鴻遍野：災黎滿途。當時江寧知府涂宗瀛便就城內舊地，另購新基多處，重建普育堂。老婦老民，殘廢，育嬰，淸節，義學諸堂，都漸漸地恢復設立起來。這可以說是普育堂的復興時期。

3?革新的普育堂　是從前淸同治四年洪楊之役，直至民國十六年五月，其間不無有六七十年的歷史。雖然經過了辛亥革命，普育堂還是一仍舊貫：不過由府辦改歸省辦，內部畧有伸縮之處。總之，還是在靜的時期中一種自然進的變態而已。可是在這種靜的進化中間，祇給普育堂一個腐化的大好機會。當然，一般貪官汚吏，土豪劣紳，乘着這種良好機會盤據着，實施他們的營私舞弊搜括侵吞的技倆了。結果，竟把一個好好的普育堂，做成監獄式的留養所，官僚式的衙門。貧苦無依的民衆，都不能普遍的受惠。差幸去年（民國十六年）救苦救難解放民衆的革命軍，風馳電掣地克復了南京，建設新都。中央劃南京為特別市區，普育堂便歸市政府接辦。最初由市政府直轄，先設主任，繼設整理委員會。現在又由市府發交敎育局接管。前後經過了一年的光陰，堂內積弊，固然革除了不少，可是還不能說是已經澈底整理妥善。只得盡我們心力之所至，繼續前進努力罷了。

(二)組織和行政

1.組織大綱　普育堂的組織，分作四部分：

(1)總堂—辦理全堂堂務的總樞紐。設下列四股；

A文書股—處理關于收發文件，典守印信，保管案卷，及擬稿繕寫校對一切事宜。

B會計股—經理各項收支，編造預決算，及其他關於會計上一切事宜。

C事務股—處理堂內保管公物，淸潔，衛生，採辦雜務，及收發柴米等事宜。

D管理股—管理各分院之編製，訓育，及其他一切管理事宜。

本堂因堂務上的需要，更設運柴員醫士及調查員等

(2)分院—分別收容居民，現分下列五院：

A 養老院

B 育嬰院

C 殘廢院

D 婦女院

E 貧嬬院

各院得設辦事員看護員等。

(3)學校—教育居民和他們的子女，設下列各校；

A 普育小學—一個完全小學。牠的內部組織如下：

(a)總務部

甲、文書股　乙、會計股

丙、庶務股　丁、圖書股

戊、育業股

b 教務部

甲、級務股　乙、出版股

丙、教導股

c 訓育部

甲、衛生股　乙、訓導股

丙、黨務股　丁、指導股

以上三部十二股，都由校長會同教員合組的。

B 盲啞學校—專為教育盲啞兒童而設的。現在學生十餘人。學校方面：設有校長及教員，學生方面，分甲乙兩組；教授方面，除授小學校課程外，并酌授以工藝。

C 普育夜校—因為各院居民失學的很多，僅一普育小學，不免有額滿見遺之憾，所以又新創這個夜校，救濟救濟。

(a)學校方面：—校長由本堂主任兼，教員則由本堂職員兼任。

(b)學生方面：—高級為識字的；低級為不識字的。

D. 民衆學校—亦擬於最近期內，努力籌辦。

(4)工廠—已經市政府核准，將市立利生工廠撥歸堂辦，正在計劃中。

2. 組織系統表

3. 現任職員一覽表

南京特別市普育堂職員履歷表

社會教育機關概況

職別	姓名	別字	年歲	籍貫	出身	履歷	通訊處
主任	魏璧	璞完	二十六	湖南長沙	里昂理科大學數學門畢業巴黎理科大學專修微積分學及理論力學	曾任廣東中山大學武昌中山大學上海吳淞暨南大學數學教師湖南工科大學行政委員中央學術院學務秘書	長沙北城外大麓學校轉
文牘	莊叔遐	夙埜	二十四	江蘇武進	上海南洋路鑛學校畢業吳淞中國公學大學部法科政治系修業三年	上海商業儲蓄銀行辦事員(文牘)上海正蒙學校教員南京特別教育局社會教育課課員指導員南京特別市黨部第五區黨部執行委員兼組織部長	武進觀子巷
會計	湯荔秋		三十	湖南寧鄉	明德中學畢業		湖南長沙小吳門街十號
管理	李新之		二十九	江蘇泗陽	國立北京女子師範大學畢業	國立北京女子師範大學舍務員國立北京中俄大學秘書兼女生指導員湖北省立第一女子中學訓育主任兼教員汕頭市立女子中學訓育主任兼教員	上海江灣立達學園劉薰宇轉
車務	胡紹唐		三十七	安徽合肥	兩江師範附屬中學南洋海軍學校青年會全國協會牯嶺幹事學校畢業	財政部江南造幣廠統計科科員大勝關稅務總分所主任紹興統捐總局主任南京青年會會員交際部幹事總務部事務主任兼體育部主任幹事益友社執行委員普育堂幹事長事務股主任國民政府軍事委員會政治訓練部總務處管理科少校科員	南京花牌樓松濤巷四號
書記兼收發	陳少青		三十五	江蘇江寧	鍾英中學畢業	江寧認捐局庶務陸軍第九司令部副官處書記長參謀處密電員陸軍第十八混成旅司令部統計處辦事員湖北襄鄖鎮守使署統計處襄陽道尹公署管卷員襄陽道貧民大工廠會計湖北樊城徵收分卡卡長湖北沙市征收局票總	南京古鉢營十三號

二〇

南京特別市普育堂組織系統表

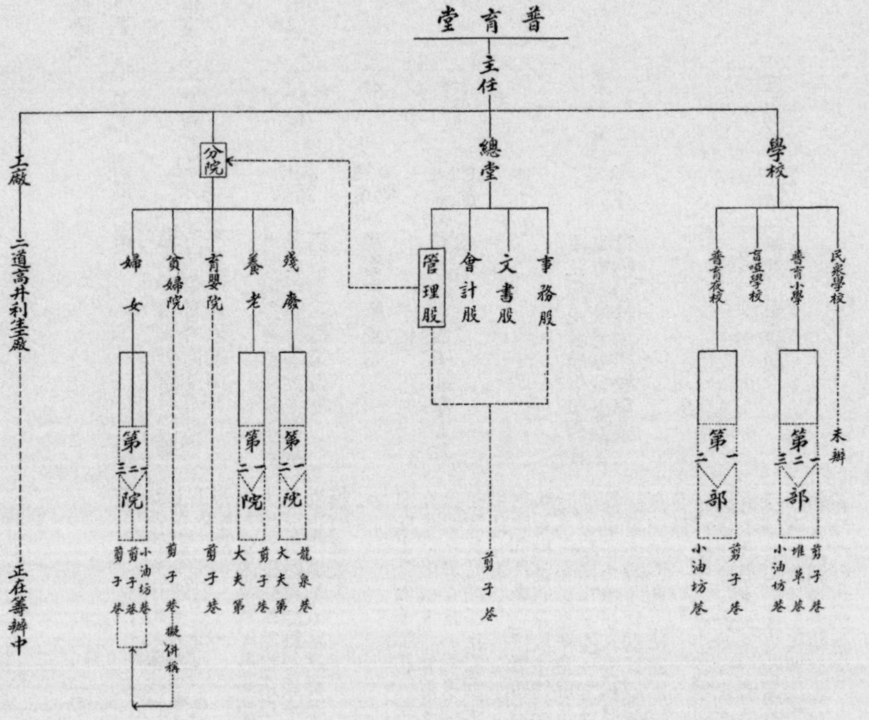

調查兼助理事務	陳汝元	吉甫	三十五	江蘇江寧	南江法政講習所畢業	南京南城公益會事務員江蘇賑務處幹事南京市政協進會交際員歷充普育堂庶務員助理會計兼調查征收員等職時已五年矣	南京剪子巷三十七號
普育堂調查員	羅兆璜		三十	江西南昌	江西警察傳習所畢業	曾任江西警察廳稽查員及公安局督察員	南京進外膠皮巷胡漢淋號轉
運柴員	蕭炳坤		三十二	湖北江夏	歷辦大黃洲八卦洲濟漕洲等洲柴務	南京柴業協會執行委員	南京南門外賽虹橋
育嬰院辦事員	王雲珍	蘊琦	二十六	江蘇吳縣	鼓樓醫院護士		蘇州養育巷
育嬰院護士	王燕譽	彧謀	二十三	江蘇無錫	江蘇省立二女師後師畢業	畢業後學日文未成因有志改進育嬰遂求教於富有經驗之醫士	上海北四川路豐樂里十七號
育嬰院護士	黃俊卿		二十八	安徽合肥	女子惠寧學校畢業	民國十二年在安慶省立女子第一貧民初級任課民國十四年在南京夫子廟二十四國民小學	梟鶴樓三號
貧婦院辦事員	易昌蔭	柏青	二十八	安徽巢縣	安徽蕪湖萃文書院畢業南京金陵大學神科肄業三年	曾任安徽合肥三育中學附設高小校長南京江寧鎮培幼高初兩等小學校長	南京城南擔桶巷二十四號後進高宅轉
養老一院辦事員	陶惕予	永新	四十三	江蘇江寧	南京崇文中學畢業美術專門畢業	歷任鎮軍第五標書記官淮安北伐支隊炸彈隊長江蘇討袁軍炸彈混成旅軍需課長浙江慈谿直隸邢台等縣第一科長南京勞工總會組織幹事	新廊五號
養老二院辦事員	馬式武		二十八	江蘇蕭縣	句容縣立師範學校畢業	曾任句容縣公署辦事員句容貧兒教養院管理員	蕭縣小南門內馬宅
殘廢一院辦事員	王西衡		三十五	江蘇江寧	達材初級師範畢業	安徽都督府庶務蕪湖關監督公署稽核金壇縣徵收等職	南京沐府西門三十六號

殘廢二院辦事員	周超然	子蓉	三十一	江蘇江寧	縣立師範金大師專第四中山大學社會教育講習會畢業	江浦縣立第一高等小學級任教員宿遷縣第三科助理員吳淞鹽驗局文牘員	南京羊市橋二十五號
婦女一院辦事員	陳玉	琢如	三十	江蘇江寧	惠寧女子師範畢業	南京貧民崇淑經緯市立第一第二第二十四各小學教員江浦縣立愛華小學教員上海勤業女師職教員上海婦女協會執行委員上海婦女團體一會執行委員上海女界戰士慰勞會執行委員	南京三步兩橋十五號
婦女二院辦事員	姚寶樹	鐵珊	三十四	江蘇江都	高小畢業	曾充太源公司會計江都邗陽市戶籍主任瓜泗稅務分所會計鎮江清黨委員會文書鎮江市黨部會計兼助理庶務	瓜洲鎮公安局上首間交
婦女三院辦事員	駱繼昇	治平	四十六	江蘇句容	隨營學校畢業	江南軍械總局稽查員隨軍糧餉局收發	南京三茅宮三十一號

(三)設施

目下堂內各院收容的居民，老、弱、殘廢、婦女近二千人。每月散發的食米，約二百六十石，散發的柴薪約八百多担，郵金榮鍐月需三百元左右，普育小學，盲啞學校，普育夜校三校的學生，合計有四百餘名，都是各院居民的子女。文具，書籍，以及其他一切需要，無一不是由堂供給的。以前的節婦院，已經改稱婦女院。最汚濁混亂的貧婦院，已漸漸地把牠整潔起來；并且一俟各院待遇平等，就可併稱婦女院，處處不合育嬰原理的育嬰院，也正在逐步改造中，利生工廠，并已呈准市政府撥歸堂辦。總算初步的計劃開始進行了。

附各院居民人數比較表。

養老院	共二百四十人
育嬰院	共六十人
殘廢院	共三百人
婦女院	共五百五十人
各院居民子女	共八百五十人

(四)南京特別市普育堂暫訂章程

第一條　本堂爲南京特別市市立慈善機關定名爲南京特別市普育堂

第二條 本堂隸屬南京特別市教育局直接受南京特別市教育局管轄

第三條 本堂設主任一人由市教育局聘任之

第四條 主任之職權列左

一、總理全堂堂務

二、對外代表本堂

三、執行上級機關命令

四、召集堂務會議及總堂分院合組會議會議時爲主席

第五條 主任之下設文書會計管理事務四處每處設主管職員一人助理若干人承主任之命在總堂辦事掌理左列事務

一、管理文卷印信編輯事項

二、經理各院收支編製預決算事項

三、專司各院之編製訓育事項

四、辦理本堂一切設備公物清潔衛生採辦雜務及收發柴米事項

第六條 本堂職員由主任聘任之

第七條 本堂暫設下列各院遇必要時主任得呈准市教育局增減之

一、育嬰院

二、養老院

三、殘廢院

四、貧婦院

五、婦女院

第八條 各院居民遇過多難容時得由主任分成數院收養之（如養老第一院養老第二院是）餘可類推

第九條 各院設辦事員一人或其他認爲必要之職員若干人由主任聘任之

第十條 各院辦事員或其他職員秉主任之命受管理處主管職員之指揮辦理各該院內一切事務

第十一條 各院章程另定之

第十二條 總堂及各院辦事細則另定之

第十三條 主任爲統籌全堂堂務得召集總務堂會議或總堂分院合組會議

第十四條 總堂堂務會議以主任暨總堂四處主管職員四人組織之總堂分院合組會議以主任暨總堂分院職員組合之

第十五條 會議規則分別另定之

第十六條 本堂設下列學校教育各院居民及其子女

一、完全小學

二、盲啞學校

三、民衆學校

第十七條 完全小學及盲啞學校各設校長一人由主任聘任呈市教育局核准民衆學校由本堂職員辦理之

第十八條　學校內一切組織各例規程由各校依照市教育局之規定自定之呈由市教育局核准施行

第十九條　學校行政由該校校長負責執行之

第二十條　學校除執行市教育局之命令外受本堂之監督指導

第二十一條　校長有所建議時得列席本堂堂務會議或合組會議但無表決權

第二十二條　本堂爲使各院居民有相當工作得創設工廠

第二十三條　本暫行條例經總堂分院合組會議議決呈由市教育局核准施行

第二十四條　本暫行章程如有未盡事宜得由總堂分院合組會議三分之一人數提議三分之二人數通過修改呈請市教育局核定之

二、救生總局

(一)沿革

原名金陵救生總局，係前清嘉慶年間，南京士紳胡鐘等所創辦的，到了洪楊亂後，幾告中輟，江甯知府涂升規復之，由南京地方士紳主管，近數年來，因該局辦理廢弛，查其財產之來源，多係官廳所指撥及捐稅所輔助，確係公共產業，且屬南京市行政範圍，於民國十六年十一月，南京特別市政府奉　國民政府令飭市教育局接收整理，現直轄於市政府教育局

(二)組織和行政

1.本局之組織，於總主任一人副主任一人之下，分設文牘股會計股庶務股稽徵股，另於下關老江口地方，設總局辦事處，沿江一帶如大勝關犢兒磯烈山周家山巴斗山三港口等處，分設六分局，又設義倉一所，小學一校，

2.本局的行政係專辦水上救生，陸上掩埋，和施藥施棺施米卹嫠積穀備荒設學濟貧等慈善事業，現正籌辦工廠醫院及貧民借貸所施診所等積極的慈善事業，

3.本局現任職員一覽表

姓名	字號	年歲	籍貫	職別	履歷	通訊處
鍾靈秀	毓雲	三三	江西遂川	總主任	曾管理處秘任江西中山大學法政專門學校教員贛省中學校長南潯鐵路總書長潯陽道署教育科長	
李健民	强	二四	江西遂川	副主任兼會計	曾任國民革命軍第一補充師三團三營營長第一軍一師補充團中校團政治訓練員	
馮哲辰	斌甲	二四	南京	文牘兼庶務	曾任燕子磯小學級任教員江蘇水陸警備總司令部辦事員南京市黨部組織部主任幹事兼代秘書四區黨部執委	

姚丙奎	海珊	四五	松江	總徵收	曾任中學師範工業專門等校教員學監各務主任教務主任代理校長等職計十七年並兼辦教育統計財政調查教費處徵收委員
康世材		二九	江西泰和	稽徵員	曾充小學校長泰和地方財產保管處會計江西省黨部特派員
周承業	紹臣	二七	南京	稽徵員	曾任江西財政廳辦事員江西內地商捐處會計員南市財政局稅捐股助理員
徐廣仁	燮甜	二五	南京	司書兼雜務員	曾任杭州警察保安隊書記上海順昌洋行辦事員
湯允中	藹如	四二	南京	下關辦事處主任	曾任前江蘇省公署教育司科員金陵道尹公署第三科科長鈞和兵艦文案督辦下關商埠局諮議
趙錦心		二四	南匯	會計	曾任滬寧鐵路材料處司事
顧浩如		三八	南京	庶務	曾任丹徒稅務公所管單稽核南京慈善會貸濟處會計
陳祝三		四一	南京	巡江送偷司事	曾任江寧市自治公所書記南京中學校庶務
洪企周		四四	南京	管理船務司事	曾任前下關救生局修船督工
胡吉生		二五	南京	管理房產司事	曾任南京市政籌備處戲捐徵收員
賈灼夫		六一	南京	書記	歷辦地方公益事業
伍鳳樓		六二	南京	大勝關分局司事	歷辦地方慈善事業

社會教育機關概況

陶樹人		五八	南京	幘兒磯分局司事	曾任稅務處稽查員
張棟臣		三五	南京	烈山分局司事	曾任自治公所調查員
張少山		三四	南京	色斗山分局司事	曾任江蘇省立貧民藝廠會計
張春岩		五三	南京	周家山分局司事	曾任江蘇財政廳管理田租湖北禁烟總局交口分局主任江蘇全省捲菸特稅局稽查
季麗潭		五五	南京	三港口分局司事	歷辦地方慈善事業
楊覺		二六	興化	正誼小學教務主任兼教員	曾任江蘇興化縣立第一女子小學校長教員南京市黨部幹事興化縣婦女協會常務委員
梅振華		二八	南京	級任教員	曾任南京女子職業學校教員安徽滁縣女高小學校幼稚園主任
濮東生		二七	南京	級任教員	曾任上海尚公小學級任教員江蘇省立第四師範附小級任教員
胡本清	士旗	三七	江西南昌	廣善義倉司事	曾任糧食行司帳
張少泉	懋勳	四七	南京	司事	曾任米行行夥

二六

(三)設施

1.本局自接收後一切設施除仍暫維現狀外因財產頗多查訪不易周詳故積極的對於清理財產方面着手以期掃除種種積弊增收各項捐款（至最近一切設施情形已詳工作紀要條略）

(四)經濟概況

附本局歷年救生數量及紅船數目列爲統紀表如下

1.每年收入

(1)洲租	二〇〇〇〇元
(2)房租	八〇〇〇元
(3)田租	一八〇〇元
(4)木捐	五〇〇元
(5)鹽捐	七二〇元
(6)米捐	五〇元

共計三一〇七〇元

2.每年支出

(1)總局薪餉雜用	一一一八四元
(2)郵費	三〇〇〇元
(3)施米費	一四四〇元
(4)施材費	七二〇元
(5)施藥費	三六〇元
(6)施茶費	一二〇元
(7)老人津貼費	二四〇元
(8)廣濟義倉薪餉雜用	一二二四元
(9)正誼小學校薪餉雜用	二三〇四元
(10)下關辦事處薪餉雜用	五五五四元
(11)六分局薪餉雜用	一二九六元
(12)十四號救生紅船薪餉雜用	七〇二七元
(13)修船費	二四〇〇元
(14)救生獎金	一八〇元
(15)救生紅船水手棉衣	三〇〇元

共計三七三四九元

教育行政人員不要官僚化！

教育行政機關要學術化！

毋忘五九國耻及五三濟南慘案！

要報讎雪耻趕快努力教育！

法規

法規目錄

目錄

法規

南京特別市市政府教育局章程

第一條　教育局根據南京特別市暫行條例第十一條及第二十一條之規定組織之隸屬於南京特別市市政府管理市內一切教育事務

第二條　本局分設左列三課

一總務課

二學校教育課

三社會教育課

第三條　總務課掌理左列事項

一關于文書撰擬收發繕寫及校對事項

二關於典守印信保管案卷事項

三關於刊發報告雜誌及宣傳品事項

四關於編造統計表冊事項

五關於會計庶務事項

六其他不屬各課事項

第四條　學校教育課掌理左列事項

一關於管理市立幼稚園小學校其他各種特殊學校及曾經市政府註冊或曾受市政府補助之私立學校教育事項

二關於檢定教員資格及考查學校職員成績事項

三關於獎勵與取締私立學校教會學校及外人所經營之學校事項

四關於學校之視察調查及統計事項

五關於學校教育之感化事項

六關於教育成績展覽事項

七關於獎勵與提倡體育事項

八關於學校衛生事項

九關於其他與學生有關之一切事項

第五條　社會教育課掌理左列事項

一關於通俗教育事項

二關於補習教育事項

三關於勞工教育事項

四關於管理市立圖書館博物館美術館體育場兒童游息場及其他含有教育性質之場所事項

五關於獎勵與取締文藝美術戲劇電影音樂及其他公共娛樂場所事項

六關於社會教育之感化事項

七關於慈善事業之經營管理及調查統計事項

八關於監督及取締私立慈善團體事項

九關於名勝古蹟之保存事項

十關於其他一切社會教育事項

第六條 各課辦事細則由局長另定之

第七條 本局設左列各職員

局長一人

課長三人

主任若干人

課員若干人

督學若干人

指導員若干人

看護員若干人

僱員若干人

第八條 局長綜理局內一切事務課長秉承局長主任課員秉承局長課長辦理本課事務督學秉承局長視察教育事務指導員協助督學視察教育事務看護員管理學生及學校衛生事務僱員繕寫文書及辦理臨時指定事務

第九條 本局於必要時得酌用宣傳員調查員事務員辦理宣傳調查諸事務

第十條 本局為謀事務之進行得舉行局務會議由局長課長主任督學組織之其細則由局長另定之

第十一條 本章程如有未盡事宜得由局長提出市政聯席會議議決修正之

第十二條 本章程經市政聯席會議議決由市長公布施行

南京特別市市政府教育局局務會議規程

第一條 本規程根據本局章程第十二條之規定定名為南京特別市市政府教育局局務會議規程

第二條 本會議以局長及各課課長並主任組織之遇必要時本局課員指導員及各附屬機關職員等亦得列席報告或陳述意見

第三條 本會議議事之範圍如左

甲關於市教育設施方針事項

乙關於市教育計畫事項

丙關於市教育經費事項

丁關於臨時發生事項

戊關於局長交議事項

第四條 本會議以局長主席局長缺席時臨時推定課長代理之

第五條 本會議記錄事宜由局長臨時指定一人任之

第六條 本會議以每星期一上午九時至十時半為常會時間遇必要時得召集臨時會

第七條 本局除照本規程舉行局務會議外得由局長召集全體職員開擴大局務會議至少每月一次其日期時間由局長臨時定之

第八條 本局遇必要時除開局務會議擴大局務會議外得由

局長召集有關係之職員開小組會議

第九條　本規程未盡事宜得由局長提出本會議隨時議決修正之

南京特別市市政府教育局各課課務會議簡則

第一條　南京特別市市政府教育局各課課務會議依本簡則之規定行之

第二條　本會議以各本課職員全體組織之

第三條　本會議議事之範圍如左

1. 關於局長交議事項
2. 關於各本課職員提議事項

以上事項均以有關各本課者為限

第四條　本會議以本各課課長主席課長缺席時得臨時推定主任代理之

第五條　各課議決事項須經各本課課長審酌轉呈局長核定執行

第六條　本會議須有各本課職員過半數之出席方得開議其議案須出席人過半數以上之贊同方得決定可否同數時取決于主席

第七條　本會議記錄由各課臨時推定之遇必要時並應將議決各案于整理完畢後油印分發

第八條　本會議至少每週一次其時間由各課自定之遇必要

時得召集臨時會

第九條　本簡則未盡事宜得提交局務會議修正之

第十條　本簡則自公布日施行

南京特別市市政府教育局職員公守規則

第一條　本規則係根據市政府先後發表之命令及各機關現行通則擇要編訂故定名曰南京特別市市政府教育局職員公守規則

第二條　各職員每日到局均須就本局所設之考勤薄內親自簽到

第三條　各職員除星期日及假期得照章休息外其餘各日須按本局規定時間到局辦公

第四條　每日辦公時間如遇有特別情形經局長或課長認為有延長之必要時得延長之

第五條　各職員在辦公時間內除因公接洽外不會賓客

第六條　各職員如因疾病或特別事故不能到局辦公時應依本局職員請假規程辦理職員請假規程另定之

第七條　各職員須於每週之月曜日參加市府紀念週

第八條　各職員須隨時參加本區黨部所組之區分部各種會議及本局擴大局務會議

等十條　各職員對於所辦公務如尚未屆發表時機有嚴守秘密之義務

第十一條　各職員對於市政府令及本局各種規則經公布後

內有遵守之義務

第十二條 本規則未盡事宜得由局務會議隨時議決修改之

第十三條 本規則自公布日施行

南京特別市市政府教育局職員請假規程

第一條 本規程依南京特別市市政府教育局職員公守規則第六條之規定訂之

第二條 職員請假須將事由及日期經本課課長審核後轉呈局長核准之

第三條 職員因婚喪及其他重要事項請假者由局長酌量給假假期標準如左

一 婚喪假三週

二 女職員妊娠假四十日

三 病假日期須繳呈醫生診斷書以憑決定

第四條 因前條一二兩項事由請假假滿仍不能到局或因前第三項事由請假而假期過長以及因其他事由請假逾一週者均須自行請人代理以重職守

第五條 職員如不能自覓代理人時由局長派員代理其報酬即撥該員假期內應得薪俸支給之

第六條 職員請假經核准者由局長發交總務課登錄於職員請假簿以資考核

第七條 本規程未備事宜得由局長務會議隨時提出修正之

第八條 本規程自公布日施行

南京特別市市政府教育局總務課辦事細則

第一條 本課辦事依本細則之規定行之

第二條 本課辦事時間依本局之規定規定之

第三條 本課事務由左列各股辦理之

一、文書股掌撰擬文稿編輯報告草擬法規及其他與文書有關之一切事宜

二、事務股掌庶務會計事務及其他不屬各股之事宜

三、教育經費股掌各項教育捐稅之徵收事宜

第四條 各股主任秉承局長及課長率同有關係職員主持各該股一切事宜

第五條 本課各股事務由左列各職員分任之

一、文牘員協助文書股主任辦理撰擬及編輯事宜

二、庶務員掌本局庶務事宜

三、會計員掌本局會計事宜

四、統計員掌本局統計事宜

五、圖書員掌本局圖書事宜

六、收發員掌文件收發事宜

七、監印員掌保管印信及文件加印事宜

八、校對員掌文件校對事宜

九、稽徵員協助教育經費股主任稽核徵收事宜

十、徵收員掌一應教育捐稅之征收事宜

十一、稽查員掌　應教育捐稅之稽查事宜
十二、事務員輔助庶務辦理本課事務
十三、管卷員油印員及石印員分掌保管文卷及油印石印各事宜
十四、錄事掌一應繕寫事宜

第六條　本課各股之辦事範圍及程序如次

一、文書股

（一）文牘

1.撰擬不屬于學校及社會教育課之文件

2.局長交辦之件

3.草擬法規

4.各項報告之整理及彙編

前項各稿擬成後須依項送請股主任課長核閱蓋章訖再送呈局長判行

（二）收發其範圍及程序依另定之本局收發文件簡則行之

（三）監印文件加印以經局長判行或蓋章者為限為便於稽考起見並須將加印各件及事由登載印發文件備考簿

（四）校對繕成之件須逐細負責校對訖送監印處加印為便於稽考起見並須將校對各件登載校對文件備考簿

（五）圖書承繪需用各圖依收到之先後定繪製之次序如遇急需之件並須提前趕繪其所繪各件應登入繪畫各件備考簿

（六）發卷及油印石印各員管卷員所管之卷須分類裝訂並摘由登記卷宗簿遇各課調卷時應憑調卷簿所載之件照送關於繕印石印各事宜依另訂之繕印文件簡則及石印稿件簡則行之

（七）錄事錄事繕寫文件由文書股主任或文牘員支配之依收到之先後定繕寫之次序如遇急需之件並須提前趕繕繕寫畢後須登記各員另備之文件繕寫簿以備稽考

二、事務股

（一）庶務

1.關於罷齋及刊印事宜

2.關於設備及清潔事宜

3.關於約束工役事宜

4.其他關於庶務應辦事宜

庶務員購物須以登載購物簿經總務課長簽字或蓋章者為限所購各品各須掣取發票粘存備考遇發給物品時須依另定之發給物品簡則行之

（二）會計

法　規　　　　　　　　　　　　　　六

1.關於經費出納事宜

2.關於編造預決算事宜

會計員須用市政府所屬各局會訂之公用簿記每日送請課長或局長核閱關於經局長課長簽字蓋章之支付單據會計員應照數付款其簡則另定之

（三）統計統計員掌統計事宜依收到之先後定統計以次序如遇急需之件並須提前經辦所有經辦各件均須登記統計備考簿

（四）事務事務員依另訂之事務員辦事簡則行之

三、教育經費股

（一）稽征稽征員須隨時稽查教育捐稅之征收情形逐日將征收得之款送請本股主任核交會計員收管並將徵收狀況及款額填入收款報告單內報由本股主任核轉課長局長考核之

（二）徵收員分司征收教育捐稅及其他關於征收之一切事宜

（三）稽查員受本股主任之指揮分掌稽查事宜

第七條　關于撰稿收發及管卷校對繕印各事宜爲前條所未備者依另訂之處理文件程序行之

第八條　本課爲便于稽考起見設置課務日誌由本課事務員按日記錄之

第九條　本課設置請假簿凡本局職員請假呈經局長核准批交登記時由事務員登記之

第十條　凡事件關係于他課或他股者得由各關係課或股會同辦理之

第十一條　本課得由課長召集課務會議

第十二條　本細則如有未盡事宜得由課長提出局務會議議決修改之

第十三條　本細則自公布日施行

南京特別市市政府教育局學校教育課辦事細則

第一條　本課辦事依本細則之規定行之

第二條　本課辦事時間依本局之規定規定之

第三條　本課事務由左列各股辦理之

（一）中學教育股掌理本市公私立中等學校師範學校之教學教材設備暨其他一切學務指導與研究之事項

（二）小學教育股掌理本市公私立小學校幼稚園之教學教材設備及其他一切學校指導與研之究事項

（三）鄉村教育股掌理本市公私立鄉村小學幼稚園之教學教材設備及其他一切學務指導與研究之事項

（四）私塾教育股掌理本市私塾改進及一切指導研究之事項

（五）輯審股掌理編譯審查及一切出版事項

（六）測驗統計股掌理教育測驗學務調查及一切教育統計事項

第四條　各股主任秉承局長及課長率同有關係職員主持各該股一切事宜

第五條　本課各股事務由左列各職員分任之

（一）課員掌理事務如左

（1）撰擬本課文書

（3）草擬關於學校教育之一切條例

（3）研究各種教學及教材上之問題發表之

（二）指導員掌理之事務如左

（1）關於市立及本市私立中等學校之學務調查及教學指導

（2）關於市立及本市私立小學校幼稚園之學務調查及教學指導

（3）關於本市私塾之改進及教學指導

（4）其他臨時發生之事項

（三）統計員掌理本市教育測驗及一切統計事宜

（四）編譯員承辦編譯刊物諸事項

（五）圖書員承辦繪畫圖表諸事項

（六）事務員承辦本課之計算書寫及不屬於各股之雜項事務

以上各職員對於各承辦之事項商承課長暨各股主任遇必要時並會同有關係職員辦理之

第六條　本課經收文件由課長承收局長發交後擬定辦法核發各股再由各該股主任擬具詳審辦法辦理或發交課員指導員等或擇其他有關係職員辦理之

第七條　本課經發文件由課員或指導員草擬送由股主任核送課長或由股主任親自擬具再送課長辦理之

第八條　凡關於本課重要事項得由課長召集課務會議議決行之

第九條　凡事件關係於他課或他股者得由各關係課或股會同辦理之

第十條　本細則未盡事宜由課長提出局務會議議決修改之

第十一條　本細則自公布日施行

南京特別市市政府教育局社會教育課辦事細則

第一條　本課辦事依本細則之規定行之

第二條　本課辦事時間依本局之規定規定之

第三條　本課事務由左列各股辦理之

一、民衆教育股　掌理關於民衆教育之事項

二、擴充教育股　掌理關於擴充教育之事項

三、藝術教育股　掌理關於民衆藝術教育之事項

四、審訂股　掌理關於編譯審查及出版事項

五、文化事業股　掌理關於文化事業之事項

六、慈善事業股　掌理關於慈善事業之事項

第四條　各股主任秉承局長及課長率同有關係職員主持各該股一切事宜

第五條　本課各股事務由左列各職員分任之

一、課員掌理撰擬文書及草擬關於社會教育之一切條例等事項
二、指導員掌理視察及指導事項
三、調查員掌理調查事項
四、事務員掌理本課之收發記錄及不屬於其他各職員之事項
五、民衆學校巡廻教師掌理民衆學校之巡廻教授事項

第六條　本課經收文件由課長承收局長發交核擬定辦法核發各股再由各該股主任擬具詳密辦法辦理或發交課員指導員等或督促其他有關係職員辦理之

第七條　本課經發文件由課員或指導員草擬送由股主任核送課長或由股主任親自擬具再送課長辦理之

第八條　凡事件關係於他課或他股者得由各關係課或股會同辦理之

第九條　凡關於本課重要事項得由課長召集課務會議議決行之

第十條　本細則如有未盡事宜得由課長提出局務會議議決修改之

第十一條　本細則自公布日施行

南京特別市市政府教育局圖書閱覽室規則

一、本室特備圖書雜誌等供本局職員公共研究之用爰訂立本規則以資遵守

二、本室圖書雜誌等由局長就本局職員中指定一人兼行保管之

三、本室置圖書簿凡各項新置書籍雜誌等均應隨時登記以備查考圖書簿式如次

圖書名稱　卷數　出版所　著作人姓名　價值　購置年月

四、本室置借書簿凡借用圖書雜誌者須先與管理員說明並填寫借閱單以備稽考借閱單式如次

存根

今由　先生借閱　冊限　日歸還除另填借單備考外合留存根備查

中華民國　年　月　日

此書業於　月　日歸還

借字第　號

借閱單

今借到

圖書閱覽室　冊限　日內歸還不誤此致

圖書閱覽室

中華民國　年　月　日　具

五、借閲人送還原書時保管員須就存根單上將歸還月日塡訖以清手續

六、借閲人每次所借圖書至多以二冊爲限但用作特別參攷者不在此限

七、借閲時期以三日至七日爲限設期滿倘未閲畢請求展限時保管員得依次列情形處分之

甲、無第二人借閲時應准其展延一星期

乙、另有人借閲時應隨時收回原書借與第二借閲人

八、借閲期滿仍不歸還時應按日按冊罰銀一分儲爲補助本室添購圖書之用不遵繳罰金者得停止其借閲權利至繳納日止

九、借閲之圖書不得任意汚穢毁損如查有此項情事時應由借閲人照價賠償

十、除例假及星期日停止借閲外本室借閲時間每日上午自九時起至十一時止下午自一時半起至四時止

十一、本規則如有未盡事宜得隨時提交局務會議修改之

十二、本規則自公佈日施行

南京特別市市政府教育局處理文件程序

第一條　本程序依本局總務課辦事細則第二條之規定訂之

第二條　本局收發文件事宜統由收發處辦理

第三條　收發處收到公文應摘由編號登記於收文簿並塡摘由單一紙粘附原到文上送呈局長核閲

第四條　局長核閲到文後即簽閲字或批明意見及辦法於由單上方並分定承辦之課仍發還收發處登記于各課到文簿上分送各課

第五條　課長收閲到文後隨時發交指定之員登記於本課收文簿同時即分發本課職員擬辦其不須辦稿者即摘由登記於稿件歸擋簿上分別歸擋

第六條　各課職員於所承辦之稿件除有特別情形不能即辦者外宜儘文到三日内辦畢之遇緊要稿件必須隨到隨辦

第七條　各課經課長核定簽字之稿件卽摘由登記於本課送稿簿連簿送請局長核閲蓋章或判行

第八條　局長蓋章或判行之稿件發還原課後即由原課轉送總務課文牘股發交録事繕寫繕畢卽記入送校簿連簿送請校對員校對之

第九條　校對員校畢後應將原件記入送印簿連簿轉送監印處分別用印蓋章訖即登入印發文件備考簿轉送收發處封發

第十條　收發處經發公文應編號摘由登記於發文簿並塡寫發出月日於原稿上即將該稿送交各原課歸檔管卷員收到該稿後應加戳於收發處所備之稿件歸檔簿上以備稽考

第十一條 管卷員須將所管之卷分類歸入編號之卷宗內並將同號各件依次裝訂成册仍另立卷宗簿留備稽考

第十二條 本程序未備事宜得由局務會議議決修改之

第十三條 本程序自公佈日施行

南京特別市市政府教育局收發文件簡則

第一條 本簡則依本局總務課辦事細則第一條之規定訂之

第二條 凡到局文件均由收發員編號並同時發給收據收據式如左

收據

今收到

送到 文函 件此據

中華民國 年 月 日 南京特別市市政府教育局收發處

第三條 凡收到文件須隨時送呈局長核閱分別發課辦理

第四條 凡到局正式公文應由收發員登記收文簿內有附件者須載明附件種類及件數其封面係載明送呈個人者收發員不得代拆

第五條 凡發出文件內應交收發員派入分送

第六條 凡發出文件均應由收發員編號並摘由登記發文簿內有附件者並須載明種類及件數

第七條 本簡則如未盡事宜得隨時由局務會議議決修改之

第八條 本簡則自公布日施行

南京特別市市政府教育局繕印文件簡則

第一條 本簡則依本局總務課辦事細則第一條第九項之規定訂之

第二條 凡文稿經課長蓋章幷局長判行後即由各原課轉發錄事分別繕印之

第三條 錄事接到稿件後應按日摘由登記於繕印簿

第四條 錄事所收稿件除有特別情形者外均應即日繕畢於必要時幷應隨時繕發

第五條 凡繕印之件錄事應嚴守秘密不得洩漏

第六條 本簡則未盡事宜得隨時由局務會議議決修改之

第七條 本簡則自公布日施行

南京特別市市政府教育局總務課庶務處購發物品簡則

第一條 本簡則依本局總務課辦事細則第一條第四項之規定訂之

第二條 本局各課領用物品須塡寫領用物品單註明物品數量由領物人簽名蓋章訖送請本課課長及總務課長審核加章

第三條 領用物品單裝訂成册分發各課各一册

第四條 暫定每日上午八時至十二時爲領物發物時間下午一

時至五時爲購物時間但有特別情形者得隨時購發

第五條　凡領用物品須按照第二條規定手續及第三條規定時間將領物單直接送交庶務處領取除處存物品可隨時照發外其須特購者應於次日照發但該物如未能辦購必須延期者應由庶務通知原請領人

第六條　領物時因特別情形本課課長或總務課長尚未蓋章而物品急須應用時得與庶務處先行商領再行補送領物單

第七條　每月購置物品不得超過預算即普通必須之品如遇經費困難時須視會計處存款情形酌量購置若購置特別物品其價值滿十元以上者必經局長或總務課長核准後方可照辦

第八條　各課如有特別情形須自購物品時應直接向會計處領款購置

第九條　本局油印品由繕寫錄事負責領紙書明印刷何物計算需紙若干填單直接向庶務處領用

第十條　辦公廳公共需用物品由總務課事務員代領並負保管責任

第十一條　本簡則未盡事宜可隨時由總務課提交局務會議修改之

第十二條　本簡則自公布日施行

南京特別市市政府教育局會計處支付簡則

第一條　本簡則依本局總務課辦事細則第十一條第三項之規定訂之

第二條　本處因須於每日上午清理賬目支付時間暫定每日下午一時至五時

第三條　本局職員領取薪俸時須填寫薪俸收據並簽名蓋章

第四條　本局職員領出勤費或雜費須填寫領款單由領取人簽名蓋章託轉請本課課長及總務課長審核加章

第五條　庶務處購物其款額在一角以上須有發票發票上並須由庶務簽名蓋章一角以下由庶務或經手人開具便條

第六條　本局附屬機關領款須開具領款單並須得局長及總務課長批准

第七條　領款人手續與以上各條不合時概不付款

第八條　本簡則未盡事宜可隨時由總務課提交局務會議修改之

第九條　本簡則自公布日施行

南京特別市市政府教育局教育月刊編輯條例

(一)本刊以研究教育學術傳布教育消息爲宗旨

(二)本刊暫分論壇研究文牘規程記事報告消息諸欄遇必要時得增減之

法規　二

(三)本刊每月出版一期遇必要時得發行專號
(四)本刊於每月一日集稿十五日出版
(五)本刊由本局編審股編輯總務課發行

南京特別市市政府教育局教育月刊投稿條例

(一)本局各職員均負徵集及供給本刊稿件之責
(二)本刊除文牘規程欄外歡迎外稿
(三)投稿不拘文體及字數但一律須加標點
(四)本刊編輯對於稿件有修改之權如不願修改者須預先聲明
(五)本刊編輯對於來稿有修改及抉擇登載之權除特別聲明及附有郵票者外稿件概不發還
(六)投稿請寄南京特別市教育局編審股訂購請寄南京特別市教育局總務課

南京特別市市政府教育局兒童週報編輯條例

第一條 本報定名為兒童週報
第二條 本報以鼓勵兒童發抒思想養成兒童發展能力灌輸兒童各種智能并提倡兒童文藝為宗旨
第三條 本報材料暫定左列數種
(1)短評 (2)時事新聞 (3)學校新聞 (4)故事
(5)笑話 (6)寓言 (7)歌謠 (8)詩詞
(9)謎話 (10)圖畫 (11)工藝 (12)常識
(13)日記 (14)其他
第四條 本報每週出一期星期四集稿下星期四出版
第五條 本報編輯事宜由各市校各推舉編輯員一人負集稿之責由本局編審股總其成
第六條 本報由南京特別市教育局發行

南京特別市市政府教育局兒童週報投稿條例

第一條 本報注重小學一二三年級兒童作品及適合於小學一二三年級兒童閱讀之材料
第二條 本報除由南京特別市各學校負責徵求兒童投稿外外埠來稿一律歡迎
第三條 投稿材料圖畫以單色畫為主文學以簡單明瞭適合兒童興趣為主
第四條 來稿須加新式標點
第五條 編審股對於稿件有修改及抉擇登載之權
第六條 兒童來稿須註明作者姓名年歲所在學校校名及年級
第七條 稿件登載後由教育局酌贈作者讀物或其他課業用品
第八條 來稿無論登載與否概不發還

南京特別市市政府教育局實驗學區暫行

條例

第一條　本市實驗學區暫分東南北中四區每區設實驗學校一所小學若干所

第二條　實驗學校之任務如左

一、協助本局指導本區內關於教育各種事項

二、研究本局指定或認定之教育問題並將研究情形及所得結果報告本局及有關係者

三、依照本局教育研究會規定辦法得召集本區教育研究會

四、聯絡其他實驗學校研究教育上各種問題

五、協助本局指導監察本區私立小學及私塾

六、協助本局調製本區學齡兒童數教育狀況社會情形等統計表

七、辦理本局或本區教育研究會委託之事項

第三條　小學之任務如左

一、關於教育上各種問題須受本局及本區實驗學校之指導並合作研究共謀改進

二、教育上發生問題本校不得解決時得直接呈請本局認可由實驗學校研究或聯合本區各小學加入研究之

三、負責出席本區教育研究會

四、協助本局及本區實驗學校指導監察本區私立小學及私塾

五、協助本局及本區實驗學校調製本區學齡兒童數教育狀況及社會情形等統計表

六、辦理本局及本區教育研究會委託之事項

第四條　本條例如有未盡事宜得由本局隨時修改之

第五條　本條例自公布施行

南京特別市市政府教育局學校教育研究會章程

第一條　本會由南京特別市市政府教育局職員及市立學校教職員組織而成定名爲南京特別市市政府教育局學校教育研究會

第二條　本會以研究學術聯絡感情爲宗旨

第三條　凡現任本局職員及市立學校教職員皆得爲本會會員

第四條　本會爲便利研究起見得延聘國內外教育專家爲名譽會員

第五條　本會附屬於本局總理會中一切研究進行事項每學期至少開全體大會一次每實驗學區設一分會總理各該學區一切研究進行事項每月開會一次

第六條　本會設下列各組分別研究各組會議由本局召集之

1. 學校行政組

2. 訓導組

3. 黨義教學組
4. 國語教學組
5. 外國語教學組
6. 社會教學組
7. 自然教學組
8. 算術教學組
9. 工藝教學組
10 音樂教學組
11 圖書教學組
12 衛生教學組
13 童子軍教學組
14 低年級教學組
15 幼稚教學組
16 家事教學組

第七條　本會會員至少須認定一組加入研究負責出席

第八條　會員研究結果經本會同意得以本會叢書名義出版但須捐所得稿費百分之十於各該組爲購置圖書儀器之用

第九條　本會設正副會長各一人由教育局局長及學校教育課課長任之主持本會一切事務幹事若干協理一切會務就本局職員中選任之

第十條　分會設正副幹事各一人除實驗學校校長爲當然正幹事外副幹事由該區全體會員公推之

第十一條　各組設幹事一人主持本組一切事務由各該組會員推舉之

第十二條　各組於開會時得由會長延請專家臨時指導之

第十三條　本會職員均爲名譽職不支薪俸津貼

第十四條　本會經費由本局支給之

第十五條　本章程如有未盡事宜得由本局隨時修正增減之

第十六條　本章程自公佈日施行

南京特別市市政府教育局檢定小學教師條例

第一條　南京特別市市政府教育局檢定本市小學教師依本條例之規定行之

第二條　檢定小學教師分試驗檢定二種

第三條　有左列資格之一者得與檢定試驗

甲、師範生三年畢業者（縣立師範農村師範前期師範幼稚師範等畢業生均屬之）

乙、師範簡易科或講習科畢業生

丙、大學本科或高等專門學校畢業生或肄業生

丁、中等學校畢業生

戊、中等學校肄業滿三年以上者

己、曾任小學教師滿三年以上者

庚、研究專門學術兼明教育原理而有相當證明者

辛、師範本科畢業而在教育机關以外服務逾三年以上者

第四條 有左列資格之一者得免檢定試驗

甲、師範本科畢業不犯第三條辛項規定者

乙、優級師範完全科高等師範師範大學或大學教育科畢業者

丙、大學本科或高等專門學校畢業曾選習教育學科六學分以上或曾任教師滿一年者

丁、高級中學畢業曾選習教育學科滿九學分以上或曾任教師滿二年者

戊、大學或高等專門肄業二年以上曾任教師滿二年者

己、曾任小學教師三年以上有教育著作經本局審查合格者

庚、中等學校畢業任小學教師三年以上曾得最高教育行政機關奬狀者

辛、曾任小學教師九年以上得最高教育行政機關奬狀逾二次者

壬、幼稚師範畢業担任幼稚班或小學低年級教師者

癸、曾選習專門學科而有相當證明及專門學校畢業担任相當專科教師者

第五條 檢定辦法

甲、試驗分筆試口試體格檢查三項筆試又分普通學科試驗教育學科試驗專門學科試驗之種

乙、凡受檢定者一律須受口試及體格檢查

丙、三年畢業之師範生及中等學校畢業生曾選習教育學科九學分以上者祇須受乙項規定試驗及普通試驗

丁、大學及高等專門學校畢業生肄業生及高級中學畢業生或具有第一條辛項資格者除免受普通試驗外仍須受教育學科試驗

戊、凡專科教員除在相當專門學校畢業及曾選專門學科而有相當證明者外均須受上項規定試驗及各担任專科試驗

己、中等學校肄業生師範簡易科或講習科畢業生及具有第一條己庚二項資格者除受乙項規定試驗及普通試驗外並須受教育學科試驗

第六條 本條例如有未盡事宜由教育局長提交局務會議議決修正之

第七條 本條例自公布日施行

南京特別市市政府教育局任免小學校長條例

第一條 市立各小學校每校設校長一人依據本局教育方針及大學院各項教育法令秉承本局處理全校行政

第二條 市立各小學校長均由本局聘任之

第三條　凡人格高尚服膺黨義並具有左列資格之一者得聘任爲小學校長

一、師範大學大學教育科高等師範或優級師範完全科畢業者

二、高中師範科或師範本科畢業曾任教育職務一年以上著有成績者

三、大學本科或高等專門學校畢業曾選教育學科九學分以上或曾任教育職務滿一年者

四、大學或高等專門學校肄業二年以上曾任教育職務滿　年者

五、中等學校畢業任小學教師四年以上曾得高級教育行政機關獎狀者

六、曾任小學教師五年以上有特殊成績得高級教育行政機關獎狀二次以上者

七、經本局小學教師檢定及格並任小學教師滿一年以上成績優良者

第四條　小學校長聘任期第一次以一年爲一期第二次以後以二年爲一期

第五條　小學校長在未滿聘任期間時本局不任意撤換之

第六條　小學校長犯左列事項之一經本局查明屬實者得隨時解其職務

一、違背國民黨黨綱者

二、違反大學院教育政策或教育局教育方針者

三、行爲不檢人格墮落者

四、治校人力改進無方者

五、操守不謹侵吞校款者

六、身心缺陷不能執行職務者

第七條　小學校校長除有特別情形之外均爲專任職在校外不得兼有給職務

第八條　校長服務細則另訂之

第九條　本條例如有未盡事宜由教育局長提交局務會議議決修正之

第十條　本條例自公布日施行

南京特別市市立小學職教員待遇條例

第一條　本市市立小學校校長月薪標準自三十元起至百五十元止教師月薪標準自二十五元起至百二十元止

第二條　凡大學本科及高等師範畢業任小學校長者其月薪以四十五元爲最低限度專任小學教師者其月薪以四十元爲最低限度

第三條　凡優級師範或高等專門學校畢業任小學校長者其月薪以四十元爲最低限度專任小學教師者其月薪以三十五元爲最低限度

第四條　凡中等學校畢業任小學校長者其月薪以二十五元爲最低限度專任小學教師者其月薪以三十元爲最

低限度

第五條　凡初級中學師範講習科畢業或具有其他資格而任小學校長者其月薪以三十元爲最低限度專任小學教師者其月薪以二十五元爲最低限度

第六條　凡兼課教師每週任課總數不得過九百分鐘其薪金以鐘點計算等級如下

薪金等級	一	二	三	四	五
資格	高等小學乙種實業學校畢業或有專門學識者	初級師範講習科畢業	中等學校畢業	優級師範及專門畢業	大學本科及高等師範畢業
每點鐘最低限度	二角	三角	四角	五角	六角

第七條　凡專任教師不得兼任校外有給職

第八條　凡專任教師每週授課以一千一百分鐘爲標準但遇必要時得酌量增減

第九條　小學教師聘任期任某校第一學年以一學期爲一期第二學年以一年爲一期續約須於一月前知照

第十條　小學教師薪金除第一次聘任以訂約時起計薪外每學期概以六個月計算

第十一條　凡本市市立學校校長由本局聘任之其聘任期另有本局任免校長條例規定之

第十二條　凡市立學校教師須經本局審查後再由校長聘請之

第十三條　職教員年功加俸及卹金等條例另訂之

第十四條　職教員服務細則另訂之

第十五條　本條例有未盡事宜得由教育局長提出局務會議議決修正之

第十六條　本條例自公布日施行

南京特別市市政府教育局小學校長服務細則

第一條　本市市立小學校長須依據本局方針及所規定之條例主持校務

第二條　市立小學校長之職權如左

甲、關於校務設施者

(1)代表學校處理對外一切事項

(2)主席校務會議

(3)主持全校大政方針

(4)裁可教職員之建議與工作并考查其成績

(5)依照本局條例商承本局進退職教員并支配其任務及俸額

(6)依照本局條例商承本局訂定教材綱要支配教學科目及教學時間

(7)負訓育全校兒童責任處理入學退學事項修

(8)發給學生修業畢業及一切名譽證書

法規　一七

(9)編製預算決算呈報本局審核

(10)計劃學校設備之添置校舍之建築或修理及學校環境之改造

(11)聯絡家庭考查社會之需要

(12)處理其他校務設施事項

乙、關於研究方面者

(1)商承本局訂定實驗教法及步驟

(2)指導及督率教員組織研究機關從事實驗及研究

(3)對於社會通函調查或實地考察負指導答復之責

(4)編輯刊物報告實驗及研究之結果

第三條　凡前期小學及完全小學校長必須担任教課或一級級任但實驗小學校長等視學校需要酌定之

第四條　校長須住居校內依照規定時間督率職員工作

第五條　校長係專任職除有特別情形外不得兼任其他有給職務

第六條　校長因事請假須呈報本局查核在一星期以上者幷須請人代理

第七條　本細則有未盡事宜得由教育局長提交局務會議議決修正之

第八條　本細則自公布日施行

南京特別市市立小學教職員服務細則

第一條　本市市立小學教師除擔任教課外均須分任校務

第二條　本市市立實驗學校得設事務員一人

第三條　本市市立小學教職員職務如左

甲、級任教師之職務

一、主持全級級務並注意其改進及發展

二、協助校長編定本級課程表

三、注意改進所任教課之教學方法

四、考查本級兒童之個性加以陶養

五、注意本級兒童之體育衛生加以訓練

六、考察兒童課內課外之學習過程加以指導

七、統計本級各項成績報告校長及兒童家長

八、調製本級各種訓育教學等表册簿籍

九、調製所担任教科之細目及教學週錄

十、處理兒童間之糾紛問題

十一、處理本級兒童出席及缺席事項

十二、聯絡兒童之家屬

十三、指導兒童之自治活動

十四、指導兒童整理及裝飾本級教室與級園

十五、担任各該級臨時發生之事務

十六、辦理校長及各種會議委託之事項

乙、科任教師之職務

一、注意改進所任科目之教學方法
二、調製擔任教科之教學細目及教學過錄
三、考察兒童課內外之學習過程加以指導
四、評定兒童之學業成績并報告級任教師
五、籌劃担任教科上應用之圖書儀器等件
六、擔任各該科教學上臨時發生之事務
七、辦理校長及各種會議委託之事項

丙、事務員之職務
一、事務員爲專任職員受校長指揮辦理不屬於各教職員職務內及由校長臨時指定之事務

第四條 教職員應以整個的精神教育兒童無論課內與課外均須負責指導

第五條 凡級任教師均爲專任職不得兼任校外一切有給職科任教專教任師亦以專任爲原則如不得已時可聘請專任教員但仍須分任校務

第六條 凡教師缺席在二日以上者須請人代理

第七條 教職員於實行各種教育之試驗應受本局之指導并須隨時報告其試驗之結果與研究心得

第八條 教職員應出席之各種會議須按時出席倘因事故不能到會須先期請假

第九條 教職員應遵守本局一切有關係之規程

第十條 本細則有未盡事宜得由局長提出本局局務會議修改之

第十一條 本細則自公布日施行

南京特別市市政府教育局補助私立學校條例

第一條 本市私立中等以下各學校在本局正式立案經審查確係辦理完善而亟需補助者得由本局呈請市政府酌予補助

第二條 具前條資格之私立學校請求補助時其呈請手續須於會計年度終了前三月辦妥以便審查合格轉呈市政府核准編入下年度預算

第三條 私立學校請求補助時須詳細開呈左列各項
(一)上年度計算書
(二)本年度預算書
(三)本年度收支不敷數
(四)不敷原因
(五)請求補助額

第四條 私立學校補助辦法暫定如左
一、補助學級經費每級自十元起至五十元止
二、補助免費學額若干名
三、補助教職員薪金額若干名
四、補助巡迴教師若干名
五、補助臨時費二百元至一千元

第五條 私立學校之補助以一學年爲期但在會計年度終了前三月得請由本局轉呈市政府核准繼續補助

第六條 凡私立學校之受補助者其每年之預算計算須經本局審核收支帳目概須遵照本局所定簿記式樣辦理

第七條 凡私立學校之受補助者如遇辦理失當時一經查明得隨時呈請市政府停止其補助全部或一部或停止補助若干時

第八條 私立學校之受補助者其校長人選須由校董會提出請本局核准委任之

第九條 本條例未盡事宜由局長提出局務會議議決修改呈請中華民國大學院暨市政府核准施行之

第十條 本條例經呈大學院暨市政府核准公布施行之

南京特別市市政府教育局取締私立學校條例

第一條 本市私立學校除經依法立案或准其試辦者外應照本條例取締之

第二條 本市私立學校有下列事項之一者應行取締之

一、違反中國國民黨黨義黨章及中華民國大學院教育方針及法令者

二、違反本局規定各項法規法令者

三、不依法呈請立案者

四、經費無確實收入並無確定之資產或基金者

五、校舍不適合者

六、設備不完全者

七、校址不適當者

八、教職員資格不合或行爲不端業經證實者

九、學生資格不合或成績不良者

十、學生人數不足或虛報學生數者

十一、課程及教法不當或所設科目不完全者

十二、藉辦學斂錢

十三、藉辦學鼓吹迷信邪說或不正當主義者

第三條 私立學校取締之辦法規定如左

一、公布不立案學校之校名

二、否認學生修業及畢業之資格

三、限期改良

四、限期遷移校址

五、限期停辦

六、勒令停閉

第四條 本條例自公布日施行之

南京特別市私立中等學校及小學立案條例施行細則

第一條 凡本市私立中小學呈請立案須由該校校董會備具呈文及附屬書類呈報南京特別市教育局（以下簡稱本局）經派員調查確實始准立案或試辦

第二條　凡本市已准設立之私立中小學校須於成立第一年內完成立案手續但經費明瞭辦理未臻完善者得由本局限令於相當時期內仍行試辦

第三條　私立中小學呈請本局立案時須合於下列各項之規定

（甲）每級常年經費

一、小學每級至少須有三百六十元

二、初級中學每級至少須有二千元

三、高級中學每級至少須有三千元

（乙）教職員資格

一、小學

1.合於本市小學校長任免條例第三條資格者

2.合於本市檢定小學教師條例第二條之資格或第一條之資格受檢定合格者

二、初級中學

1.國內外師範大學或高等師範學校畢業者

2.國內外大學或高等專門學校畢業者

3.高等師範專修科畢業者

4.師範學校本科畢業服務教育三年以上成績卓著者

5.學術有相當貢獻及著作經本局審查合格者

三、高級中學

1.國內外師範大學或高等師範學校畢業者

2.國內外大學或高等專門學校畢業者

3.高等師範專修科畢業者

4.學術上有相當貢獻及著作經本局審查合格者

等四條　凡私立學校呈請立案時須詳細開具左列各事項連同全校平面圖及說明書送呈備查

1.學校名稱（如有外國文名稱者亦應列入）

2.學校種類

3.校址校地及校舍情形（校產證物亦須呈驗）

4.開辦經過

5.經費來源及經常臨時預算表

6.組織編制課程及各項規則

7.圖書儀器標本校具及關于運動衛生各種設備

8.教職員履歷表

9.學生一覽表附歷年畢業生一覽表

第五條　凡經本局准予立案或試辦之私立中小學學級人數

每級自三十八起至五十八爲度

第六條　凡經本局准予立案或試辦之私立中小學須將教學預計及結果于每學期始末分別呈報備案

第七條　凡經本局准予立案或試辦之私立中小學須將徵收學費及各項費用之數目呈請本局核准備案

第八條　凡經本局准予立案或試辦之私立中小學招收新生或轉學生時其額數及程度資格須先呈明本局核准之

第九條　已經立案之私立中小學有左列事項之一者本局得斟酌情形令其停辦

一、違反中國國民黨黨義及中華民國大學院教育方針及法令者

二、違反本局規定之各項法規法令者

三、不能依照原定計劃進行者

四、成績不良者

五、資產資金及其他收入不能維持現狀者

六、藉辦學斂錢曾經証實者

七、藉辦學鼓吹迷惑邪說或不正當主義者

第十條　本細則未盡事宜由局長提交局務會議議決修改之

第十一條　本細則自公布日施行

南京特別市市政府教育局檢定塾師條例

第一條　南京特別市市政府教育局檢定塾師依本條例之規定行之

第二條　檢定塾師分試驗檢定與免試驗檢定兩種

第三條　有左列資格之一者得與塾師檢定試驗

甲、高等小學畢業生

乙、乙種實業學校畢業生

丙、中等學校肄業生

丁、曾在本局暑期學校或講習會肄業考查成績及格者

戊、曾任學校教師者

己、通解文義設塾有年者

第四條　有左列資格之一者得免塾師檢定試驗

甲、師範簡易科或師範講習所以上畢業生

乙、中等以上學校畢業生

丙、曾在本局暑期學校或講習會肄業成績特別優良者

丁、曾任學校教師一年以上得有教育行政機關褒獎者

戊、曾任學校教師三年以上有成績可稽者

己、深通國學了解社會思潮有相當著作經本局審查合格者

第五條　檢定試驗分下列數項

甲、國語

乙、算術 珠算或筆算

丙、常識測驗 一、黨義黨綱 二、教育常識 三、普通常識

丁、口試

戊 體格檢查

第六條 塾師檢定試驗每年或間年舉行一次但需要時得隨時舉行之

第七條 本條例未盡事宜得由局長提出本局局務會議修改

第八條 本條例自公布日施行

南京特別市私塾設立條例

第一條 凡私人或私人團體設立之學校機關不採用本局所規定之學校組織方式者均屬私塾範圍

第二條 凡在本市範圍內之私塾由本局直接管轄並指導監督之

第三條 本局設有指導員隨時赴各私塾視察並指導一切

第四條 私塾塾舍以無害學童衛生爲準則有過於破壞簡陋者須依本局指導隨時改良之

第五條 私塾訓育方針教學方法課程課本及教材等均須遵照本局之規定

第六條 塾師經本局檢定合格領有許可證後始有設塾之資格檢定條例另訂之

第七條 塾師設塾時須領填本局所規定之表格審查合格後由本局給予設塾証

第八條 設塾證於每學年之終更換一次成績優良者繼續發給不更換者即以自認停辦論

第九條 塾師須于相當時間入本局所設之暑期學校或講習會聽講以謀修進

第十條 私塾成績特別優良或腐敗者由本局酌予奬勵或懲戒奬懲辦法另訂之

第十一條 凡塾師務須効忠黨國遵守本局規定條例如有宣傳他種主義或違反本局者得隨時勒令停辦

第十二條 本條例有未盡事宜由局長提出本局局務會議修改之

第十三條 本條例自公布日施行

南京特別市市政府教育局私塾教育研究會簡章

第一條 本會以研究學術改進私塾教育爲宗旨

第二條 本會會員分兩種

甲、經局長指派之本局職員及本市私塾塾師已得許可證者皆爲本會當然會員

乙、國內外教育家對於私塾教育有特別研究及興趣者得延聘爲本會名譽會員

第三條 本會研究事項如左

甲、黨義教學法
乙、國語教學法
丙、算術教學法
丁、常識教學法
戊、體育教學法
己、唱歌教學法
庚、工藝教學法
辛、私塾教學法
壬、塾舍衛生問題
癸、其他關於私塾之問題

第四條　本會附設於本局但為便利各處塾師就近參與會務起見得分區開會其辦法另定之

第五條　本會設正副會長各一人由局長學校教育課課長分任之總幹事一人由市教育局職員兼任之秉承會長辦理一切會務幹事若干人協助辦理會務又指導員若干人由會長延聘專家充任之

第六條　每分區局幹事一人由會長延請富有經驗之塾師担任之協助總幹事辦理會務並總理各該區研究進行事項

第七條　本會於必要時得由會長延請專家臨時指導之

第八條　當然會員開會時須準時出席

第九條　本會職員均為名譽職不得支領津貼等費

第十條　本會經費由本局開支臨時費另籌之

第十一條　本簡章未盡事宜得由局長提出本局局務會議隨時修正之

第十二條　本簡章自公布日施行

南京特別市市政府教育局塾師登記條例

第一條　凡本市塾師合於本條例第二條規定之資格者得來本局請求登記

第二條　請求登記之塾師以有左列資格之一者為合格

甲、師範簡易科或師範講習所以上畢業者
乙、中等學校以上畢業者
丙、肄業本局所設之暑期學校或講習會成績特別優良者
丁、曾任學校教師一年以上得有教育行政機關褒獎者
戊、曾任學校教師三年以上有成績可查者
巳、深通國學了解社會思潮有相當著作經本局審查合格者

第三條　凡請求登記之塾師經審查合格後得由本局給予許可證

第四條　凡請求登記之塾師須繳畢業證書成績證明書或本人著作品及本人最近二寸半身相片一張

第五條　凡經本局准予登記之塾師由本局通知來局具領塾師許可證時須繳印花稅票大洋一角

第六條 登記事宜每年或間年舉行一次但遇必要時得臨時舉行日期均由本局規定公佈之

第七條 本條例未盡事宜由局長提交局務會議隨時修改之

第八條 本例條自公布日施行

南京特別市市政府教育局塾師講習會暫行簡則

第一條 本局爲改良私塾推行三民主義教育並增進塾師智識技能起見特設塾師講習會

第二條 凡合於本局塾師檢定條例第一條規定資格之一而未得許可證者皆須入會聽講

第三條 講習期滿考查成績及格者由本局發給許可證豁免塾師檢定試驗設立私塾

第四條 本會講習科目如左

甲、黨史義黨黨綱

乙、教育原理　兒童心理　教學方法　教室管理

丙、國語

丁、衛生常識　自然常識

第五條 本會講習期限暫定爲一月

第六條 本會講習地點及時間另訂之

第七條 本會免收學雜各費

第八條 本簡則未盡不宜由局長提交局務會議隨時修改之

第九條 本簡則自公布日施行

南京特別市市政府教育局保護名勝古蹟條例

第一條 本條例根據南京特別市暫行條例第二十一條第五項規定之

第二條 凡市區內之名勝古蹟及有名勝古蹟之寺觀廟宇與有歷史之建築物均受本局之保護

第三條 名勝古蹟所有之物產房屋禁止閒人作踐及破壞倘佔如有上項情事發生時該主管人得報由本局函請公安局懲辦

第四條 名勝古蹟所有之建築物本局得隨時派員視察如無人管理時本局得派員保管之

第五條 名勝古蹟建築物之頹廢及風景之破壞者應設法修理之

第六條 凡名勝古蹟之有人主管者須呈報本局登記並將主管人名及產業等項詳細述明

第七條 名勝古蹟之主管人無故不得有藉名募捐情事

第八條 名勝古蹟之主管人不遵照本條例各條之規定者本局得隨時取締

第九條 本條例如有未盡事宜得由本局呈准市政府隨時修改之

第十條 本條例自經市政府核准公布日施行

南京特別市市政府教育局監督私立慈善

機關條例

第一條　本條例根據南京特別市暫行條例第四章第二十一條第七項規定之

第二條　凡本市區內新立之慈善機關須呈報本局經審查核准後方能設立原有之各機關亦須補行呈報備案

第三條　各種新立及原有慈善機關於呈報本局時須照下例事項列表詳細填明

一、機關名稱
二、機關地
三、發起人姓名
四、創辦年月
五、組織內容
六、指導委員會及主管人員姓名
七、職員人數
八、財產一覽表
九、財產來游
十、本年度預算
十一、最近一年度決算
十二、經辦事業
十三、以前經辦概況
十四、現在經辦概況

第四條　慈善機關應設指導委員會保管財產及計劃該機關一切事宜之進行

第五條　慈善機關所擬一切章程條例須呈報本局核准後方可施行

第六條　慈善機關之主管人員如有更易時應隨時呈報本局備案

第七條　慈善機關主管人員離職時如有營私舞弊本局調查確實者本局得令該指導委員會立即停其職權或科以相常之處分並由指導委員會另推人員主管之

第八條　慈善機關主管人員以下職員如有瀆職或舞弊情事應由該主管人員分別處分呈報備案如匿不檢舉通同舞弊本局得按照第七條之規定辦理之

第九條　慈善机關隨時得由本局派員視察指導之

第十條　慈善机關之指導委員會及主管人員任事日久確係著有成績者得由本局呈請市政府予以獎勵獎勵條例另定之

第十一條　慈善机關每月收支賬目應於年度終了決算後分別呈報佈告但每月收支須編製對照表按月呈報一次於必要時並得由本局調閱單據賬簿以便審核

第十二條　慈善机關募捐應先呈准本局始得舉行募捐應用正式收據本局得隨時審核之

第十三條　慈善机關經查有左列情事之事一者本局得責令

另行改組

一、歷年經辦事項毫無成績者

二、收支欵項有弊端者

三、爲私人所把持者

四、假託慈善實行斂錢者

第十四條　本條例如有未盡事宜得由本局呈准市政府隨時修改之

第十五條　本條例自經市政府核准公佈日施行

南京特別市工人教育委員會章程

第一條　本會定名爲南京特別市工人教育委員會

第二條　本會以推廣工人教育救濟失學工友爲宗旨

第三條　本會當委員五人由左列機關推派之

一、南京特別市市政府祕書處一人

二、南京特別市市政府教育局二人

三、南京特別市總工會二人

第四條　凡關於本市工人教育之推廣改進以及教學法實施方針均由本會計畫并研究之

第五條　本會於每星期二上午十時舉行常會一次遇必要時得召集臨時會均由教育局代表召集之

第六條　本會開會時之主席臨時推定之

第七條　本會設祕書一人由教育局代表兼任掌管紀錄文書並其他一切事宜

第八條　本會對外函件由祕書送由前次會議之主席簽名行之

第九條　本會經費由南京特別市市政府及其他機關撥欵充之

第十條　本會會址暫附設於市教育局

第十一條　本章程如有未盡事宜得由本會議決送請教育局長核准修改之

第十二條　本章程經市教育局核准公布施行

南京特別市市立工友夜校章程

第一條　南京特別市市政府教育局爲推廣工人教育及救濟失學工友起見除背民衆學校混合施敎外幷特設工友夜校以資普及

第二條　各校依所在地定名爲南京特別市市立工友夜校

第三條　各校經費由市教育經費及其他核准撥款或捐款充之

第四條　各校校舍以借用各公私立學校或其他有相當設備之公共机關爲原則

第五條　每校設校長一人由南京特別市工人教育委員會函請教育局聘任之

第六條　各校敎師由各該校校長依照市教育局民衆學校教師條例聘請之

第七條　凡工友不限年齡性別均得入學但須由各業工會保

送之

第八條　每校得設若干班每班以五十人爲限

第九條　各校課程暫定爲三民主義千字課習字算術工人常識五種但得視需要情形酌量增減之

第十條　教授時間除有特別規定外定爲每日下午七時至九時計一百二十分鐘

第十一條　學生修業期定爲四個月修業期滿考查成績及格者得由各該校給予畢業證書

第十二條　學生課業用品由各校發給之

第十三條　凡關於工友夜校之推廣改進以及教學法實施方針均由教育局另組工人教育委員會計畫并指導之

第十四條　凡教育局所訂各項條例章則不與本章程牴觸者工友夜校均適用之

第十五條　本章程如有未盡事宜由教育局長提交局務會議議決修改之

第十六條　本章程自公布日施行

南京特別市市政府教育局戲劇審查委員會章程

第一條　本章程根據南京特別市暫行條例第二十一條第三第四兩項之規定規定之定名爲南京特別市市政府教育局戲劇審查委員會

第二條　本會委員無定額除本局社會教育課課長及社會教育課審訂股主任爲本會當然委員外由局長就國內外研究戲詞鼓書及電影著有成績者酌聘若干人任之

第三條　本會爲便於審查起見得分新劇舊劇電影書詞四組分別審查

第四條　應歸本會審查之範圍如左

1.在本市印行或發售之劇詞鼓書冊本

2.在本市演唱之劇詞鼓書冊本

3.各机關團體或私人所送請審查之各項冊本

第五條　本會以社會教育課長爲主席

第六條　本會置秘書一人秉承主席處理本會日常事務由社會教育課審訂股主任兼任之

第七條　本會每月開常會一次臨時會無定次均由主席召集之

分組會議隨時舉行之

第八條　本會委員不支薪水但開會時有自遠道來者得由本會酌送津貼或川資

第九條　本會於必要時得派員前往各書坊印局劇院書場視察

視察員得出席本會及各組會議報告視察情形

第十條　本會經費由教育局專撥之

第十一條　本會審查結果交由教育局執行及公佈之
第十二條　本會審查規程另定之
第十三條　本章程如有未盡事宜得由局長提交局務會議議決修正之
第十四條　本章程自公佈日施行

南京特別市市政府教育局通俗書報審查委員會章程

第一條　本局為糾正市內之不良通俗書報起見特組設南京特別市市政府教育局通俗書報審查委員會

第二條　本會委員無定額除本局社會教育課長及社會教育課審訂股主任為本會當然委員外由局長就國內外富有學術及教育經驗者酌聘若干人任之

第三條　本會為便於審查起見得分小說雜誌報章三組分別審查

第四條　本會以社會教育課課長為主席

第五條　本會設秘書一人秉承主席處理本會日常事務由社會教育課審訂股主任兼任之

第六條　本會每月開常會一次臨時會無定次均由主席召集之分組會議隨時舉行之

第七條　本會委員不支薪水但開會時有自遠道來者得由本會酌送津貼或川資

第八條　本會於必要時得派員前往各書防印局報館視察視察員得出席本會及各組會議報告視察情形

第九條　本會經費由教育局支撥之

第十條　本會審查結果交由教育局執行幷公佈之

第十一條　本會審查規程另定之

第十二條　本章程如有未盡事宜得由局長提交局務會議議決修改之

第十三條　本章程自公佈日施行

南京特別市市政府教育局民衆教育研究會章程

第一條　本會以研究民衆教育之實施方法及改進旨趣為宗旨

第二條　本會會員無定額分左列兩種

甲、當然委員當然委員之產生及額數如左

一、本局社會教育課課長民衆教股主任及課員
二、南京特別市市黨部代表三人
三、南京特別區農民協會代表一人
四、南京特別市總工會代表一人
五、南京特別市商民協會代表一人
六、南京特別市婦女協會代表一人
七、南京特別市各民衆學校校長

乙、聘任委員由本局就本市熱心民衆教育者聘五人至十人任之

第三條　本會研究範圍如左

甲、民衆教育教學法

乙、民衆教育實施方針

丙、民衆教育之推廣事項

丁、民衆教育之改進事項

戊、其他關於民衆教育事項

第四條　本會研究結果送由本局酌量實行之

第五條　本會以本局社會教育課課長爲主席

第六條　本會每兩星期開常會一次臨時會無定次均由主席召集之

第七條　本會設秘書一人主席就本局社會教育課指定課員或指導員擔任之辦理本會一切事項

第八條　本會委員爲無給職但開會得由本局酌送赴會車費

第九條　本章程如有未盡事宜由局長提交局務會議議決修改之

第十條　本章程自公布日施行

革命尚未成功！

同志仍須努力！

◎編輯處啓事◉

啓者本刊原定於十七年五月四號集稿五月十四付印五月二十四出版嗣因種種關係所有稿件直至五月二十日方始齊集二十一日匆匆付印同時又恐出版誤期大部份稿件由南京錫成公司送往無錫錫成公司分担趕印大部分校對之責亦完全託該印刷公司担負實是之故謬誤舛差之處一定甚多深望閱者原諒不勝幸甚

中華民國十七年五月出版

『一年來之南京特別市教育』

（定價大洋三角）

（外埠酌加運匯費）

編輯者　南京特別市市政府教育局編輯委員會

出版者　南京特別市市政府教育局編審股

發行者　南京特別市政府教育局
（南京夫子廟貢院內）

印刷者　錫成駐甯印刷公司
南京城內花牌樓
電話一一〇〇號

教育學書

商務印書館出版

教育原理

現代教育名著 明日之學校 朱經農譯 [illegible]

現代教育名著 教育之科學的研究 鄭宗海譯 一元五角

小學教師談話 創造教育論 劉經旺譯 [illegible]

師範學校教科書 教育學講義 孫[illegible]編 [illegible]

師範教科書 中學教育 廖世承著 [illegible]

新教育學 蔣維喬譯 [illegible]

新著教育學 [illegible]編 二角

教育心理學原理 實用教育學 [illegible]編 [illegible]

實用教育學 張子和編 三角

簡明實用教育學 吳[illegible]編 五角

斯賓塞教育論 任鴻雋譯 [illegible]

南高叢書 密勒氏人生教育 鄭宗海譯 八角

勤的教育學 [illegible]編 二角

師範小叢書 康德教育論 瞿菊農編 三角

北大叢書 社會與教育 陶孟和著 [illegible]

共學社叢書 平民主義與教育 常道直譯 [illegible]

教育叢著

每册一角

小學的實際問題……俞子夷編

初級中學教育……鄭宗海編

大學校之教育……陶孟和編

師範教育改造問題……常乃德編

教育上之理想……常乃德編

教育與遺傳……[illegible]編

性教育概論……常道直編

性教育的理論……[illegible]編

民鐸叢書 全民教育論發凡 常乃德編 [illegible]

教育上興味與努力 [illegible]譯 二角

百科問答小叢書 教育問答 甘浩澤譯 [illegible]

單級教師之友 陳子仁編 [illegible]

英文 中國教育原理 蔣夢麟編 [illegible]

A Study in Chinese Principles of Education

教育哲學

現代教育名著 教育哲學大意 孟憲承譯 一元

教育哲學 [illegible]著 七角

南高叢書 杜威教育哲學 金海觀編 四角

學藝叢刊 教育哲學大綱 [illegible]著 三角

教育叢書 教育哲學 李石岑編 一角

教育思潮

新智識叢書 教育思潮大觀 鄭次川譯 七角

現代教育思潮 鄭次川譯 [illegible]

晚近教育學說概論 王駿聲編 四角

現代教育思潮批判 李石岑編 一角

日本最近教育思潮 錢鶴編 一角

儒教與現代思潮 [illegible]編 二角

教育史

世界叢書 近代教育史 吳康譯 [illegible]

西洋教育史大綱 姜琦編 [illegible]

現代教育名著 近三世紀西洋大教育家 [illegible]譯 一元五角

中外教育史 [illegible]譯 一元

日本明治教育史 [illegible]譯 [illegible]

師範叢書 教育理想發展史 [illegible]編 四角

百科小叢書 西洋教育小史 王鳳[illegible]著 一角

天(1282)

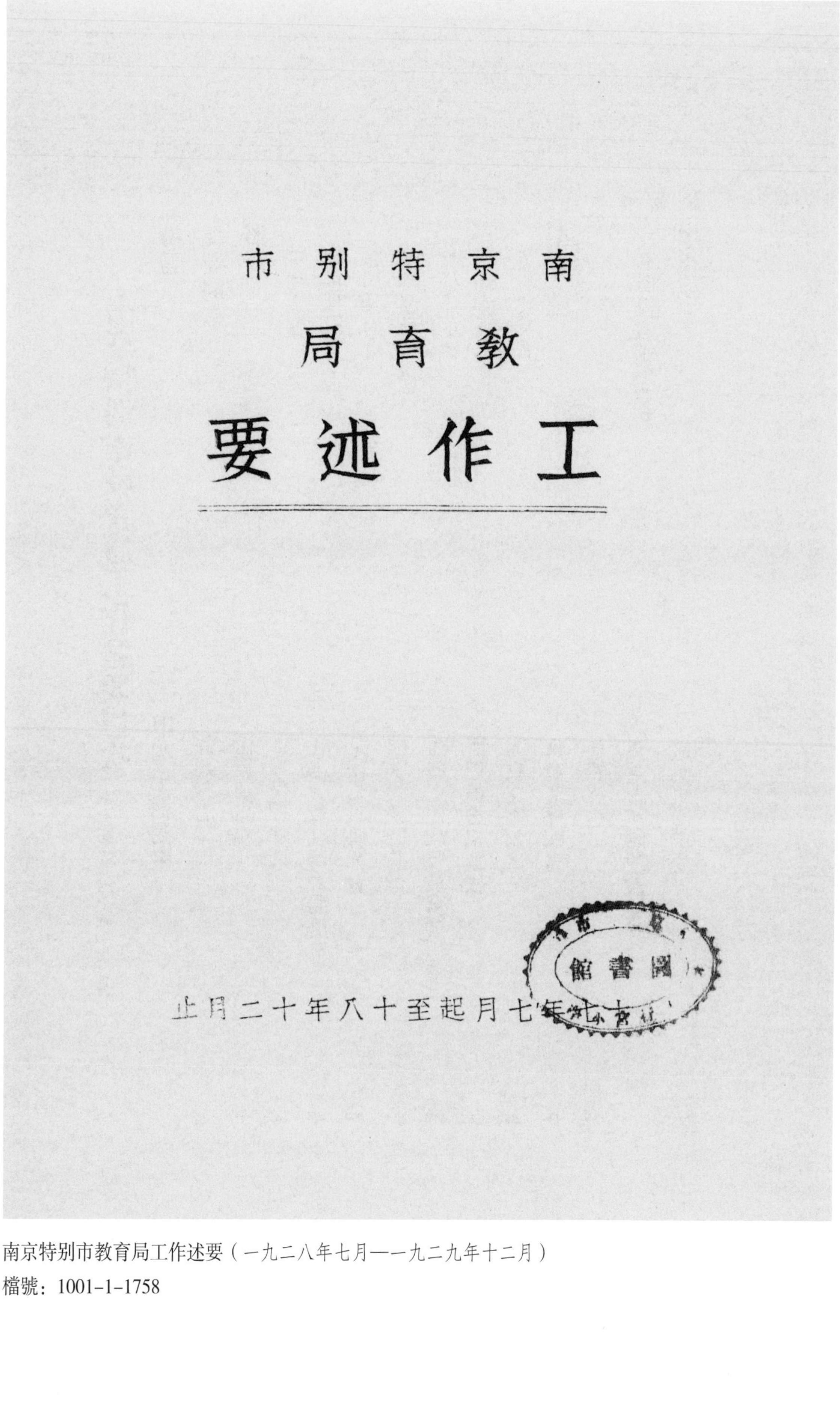

南京特别市

教育局

工作述要

十七年七月起至十八年十二月止

南京特别市教育局工作述要（一九二八年七月—一九二九年十二月）

檔號：1001-1-1758

南京特別市教育局工作述要目次

十七年七月至十八年十二月

導言

建設之道，教育爲先，而首都教育，既係中外觀瞻所繫，尤爲全國文化中心，當此訓政進展期間，實負有重大使命。樹森猥以輇才，謬膺繁重，一年來雖夙夜匪懈，冀免隕越，無如外因經濟之竭蹶，內慚才力之不勝，綢繆未遑，疚戾時感。即就本市小學而言；學齡兒童與日俱增，而市校校數，則一仍十六年度之舊，致每屆學期開始，必有多數兒童，欲入校而無從，此雖事實之無可如何，然身當其衝，能不負疚。中學方面，本市除市立中區中學外，私立中學多至十五六所，捐資興學，事屬可嘉，當此國家財力匱乏之際，尤屬需要。但鑒於歷來放任教育之非是，對於私立學校之督監取締，不得不嚴，而新興學校之宗旨目的，考覈更不厭詳盡，凡明本黨教育宗旨及中央教育行政方針者，當能共諒者也。本市私塾，爲數獨多，迭經調查，全市塾童，竟超過市校學生數量，而在公家無力遍設學校之前，倘遽加以嚴厲取締，則非特此四五百塾師，從此失業，即爲此一萬三千餘塾童計，以其無校可入，何如暫使得識字機會；是以除陳腐不堪者予以停閉外，其餘不得不循序漸進，於取締之中，仍寓改良之意。至於民衆教育方面，一年來所舉辦之識字運動，及民衆學校，倘祇致力於文盲之療治，此後設施，擬於生計教育及職業訓練方面，加以注意，以宏成效。此外通俗教育，亦曾擬具全市各民衆教育館之整個改進計劃，現民衆科學館及歷史博物館，已將次成立，藝術及衛生館，正在籌備中，以限於財力，未能即時實現，以饜衆望。凡此諸端，雖多半因困於經濟，致有如涸轍之鮒，難以轉側；但亦因拙於籌策，致未能應付裕如，所幸本市教育界同志，都能和衷共濟，排除萬難，於困苦顚連中努力奮鬥，茲回溯一年來已往工作，因得勉成述要一帙，以就正於關心首都教育者。

顧樹森十九年一月

編輯例言

一、本書取材，斷自十七年七月至十八年十二月。

二、本書內容，係就本局過去一年半事業中，舉其犖犖大者，作簡明之記載，以資參證。

三、關於本局教育統計，團體智力測驗報告，社會教育實施概況，及其他帶有專門性質者，均另刊專冊，本書從略。

四、本書編校難免差誤，敬希 閱者隨時指正爲幸！

總理遺像

總理遺囑

余致力國民革命凡四十年，其目的在求中國之自由平等。積四十年之經驗，深知欲達到此目的，必須喚起民衆及聯合世界上以平等待我之民族共同奮鬥。現在革命尚未成功，凡我同志，務須依照余所著建國方略，建國大綱，三民主義及第一次全國代表大會宣言，繼續努力，以求貫徹。最近主張開國民會議及廢除不平等條約，尤須於最短期間促其實現。是所至囑。

劉市長紀文

顧局長樹森

裘秘書祝三

夏科長承楓

曹科長伯權

黃科長恭石

本局略史

十六年六月一日南京特別市政府正式成立，本局亦即於此時開始組織，當時局長之下，僅分設總務，學校教育，社會教育三科，三科之下，不再設股，全局職員合計二十二人，局址在貢院街市政府內。十七年五月，第一任局長陳劍脩氏辭職，陳泮藻繼任。此時以事業日繁，局長之下乃增設秘書一人，三科之下又各分設若干股，每股設主任一人，以專責成。事業方面，以市府社會局和公園管理處相繼成立，本局即將所轄慈善機關及公園等分別移交社會局和公園管理處接管。同年九月陳泮藻氏辭職，復由陳劍脩氏[illegible]任職一月餘，又復辭職。由現任局長顧樹森氏繼任。溯自本局成立以來，局址凡二易，十七年九月由市府遷至船板巷，十月由船板巷遷至現在地址奇望街辦公。局內組織由[illegible]，今應事實上之需要改設科四，即總務學校教育社會教育及教育研究等科，並於學校教育科中設督學及視察指導員若干人，赴各校分科視導。詳細情形，見本局組織細則草案，茲不贅述。

南京特別市教育局組織細則草案

第一條 教育局根據特別市組織法第十條第七項及南京特別市政府組織條例第七條第五項之規定組織之

第二條 本局設局長一人承市長之命綜理全局事務

第三條 本局設秘書一人承局長之命處理左列事務

一，關於本局機要事項

二，關於核閱文件事項

三，關於各科事務之接洽事項

四，關於職員進退紀錄及考核事項

第四條 本局分設左列四科每科設科長一人承局長之命分掌各該科事務

一，總務科

二，學校教育科

三，社會教育科

四，教育研究科

第五條 總務科分設「文書」「事務」「會計」三股分掌左列事項

文書股 關於文書之撰擬繕寫收發保管及校對監印等事項

事務股 關於事務審核及建築等事項

會計股 關於經費出納登記預決算之編造等事項

第六條 學校教育科分設「中等教育」「初等教育」「改良私塾」「鄉村教育」四股及督學視察指導員若干人 其事務之分

配如左：

中等教育股　關於市立私立中學師範及其他專科學校之管理及改進事項

初等教育股　關於市立私立實驗學校普通學校之管理及義務教育之推廣事項

私塾改進股　關於私塾之取締及改進事項

鄉村教育股　關於鄉村教育之設施及改良事項遇有關於社會教育問題時會同社會教育科辦理之

上列各股會同督學及視察指導員共同負有左列各項任務

一，關於市內學校之獎勵取締及監督事項

二，關於教師之資格檢驗教材教法之攷查事項

三，關於學校之視察調查以及衛生之獎勵及提倡事項

四，關於三民主義教育之實施及教育成績展覽等事項

第七條　社會教育科分設「民衆教育」「文化藝術」「公共娛樂」「職業指導」四股及視察指導員若干人分掌事務如下

民衆教育股　關於成人補習教育及通俗教育之提倡及推廣事項

文化藝術股　關於名勝古蹟之保存文化藝術之提倡及學術團體文化機關之管理及推廣事項

共公娛樂股　關於戲詞歌曲電影音樂等公共娛樂之審查獎勵及體育場兒童遊息場之管理等事項

職業指導股　關於市立職業指導所之管理及本市職業指導事業之實施及擴廣等事項

第八條　教育研究科分設「編審」「測驗」「統計」三股分掌事務如下

編審股　關於雜誌刊物之編輯教材之編訂及各種教育圖書之審查等事項

測驗股　關於兒童智力體力以各種教育測驗之主持及實驗教育之計劃指導等事項

統計股　關於市內教育狀况教育效率學生生活狀况及國內外有關教育研究及其他材料之統計調查等事項

第九條　左列各科每股設股主任一人承科長之命分掌股務

第十條　本局設科員辦事員錄事等若干人分配各科股務

第十一條　本局設一審訂委員會掌理各種規程計劃之審訂事項由局長指派主任以上人員組織之

第十二條　本局因特殊情事得呈准市政府設立各種附屬機關或專員處理之

第十三條　本局每週舉行局務會議一次其議事細則另訂之

第十四條　本局辦事通則另訂之

第十五條　本細則各有未盡事宜得呈准　國民政府修正之

第十六條　本細則自呈奉　國民政府核准公布之日施行

附註　上列本局組織細則草案，係本局於十八年末理想上之組織，惟尚未呈准，與現時本局組織不適合。

工作述要

甲，關於總務方面者

一，修建市校校舍

本市各校校舍，大都陳舊朽敗，雖迭經修理，但都東塌西損，甲校之修理甫告完工，而乙校之呈請已至，且有數校因校舍狹小，學生擁擠，尤非添築不可，因於十八年八月間，擬具市校校舍修築計劃，計添建新舍者，有中區及南區二實驗學校，將舊校舍折毁重造者，有東區西區二實驗學校，及興中門鄧府巷二校，其餘修葺牆垣，添補椽瓦等零星修理，計二十餘校，共需修建費五萬三千餘元，除奉市府撥發捐款一萬元，市政公債三萬元外，餘尚在籌劃中。此外中區實驗學校中學部，因本學期設高中部及女中部，校舍不敷應用，而校址復經新闢子午線路衝破，因將該校貼鄰第一通俗教育館內，亦經新路線衝破之公共體育場餘址，撥歸該校，建築和平博愛兩院，充中學校舍，計建築費三萬三千餘元，係由該校以今後二年中之學費收入作抵，向金融界借款興築。

二，添置課桌椅

本市各市立學校，自十六年接收時，各種校具，俱破爛不堪，而學生課桌椅，尤感缺乏，在何市長時，本局曾再四呈請撥款添置，終以市庫支絀，未蒙邀准，而本市自政府奠定以來，就學兒童漸增，學校方面，椅桌益覺缺乏，立而受課者有之，架木板代椅者有之，自携椅桌者有之，致秩序凌亂，非特有礙觀瞻，教學精神，亦大受影響。本局睹此情形，苟不亟爲添置，萬不足以維持學業。因就本局及各校辦公費項下按月撙節集款，依各校年級需要，陸續添置課桌椅九百八十餘套，此十八年春季始業尚未開始時也，迨春季始業，各校學生激增無已，從前所添置九百餘套，本屬不敷，更無以應新生需要，而學生加多後，各校辦公費亦隨之增加，更無餘款可以移挪，因再就整頓學費項下，撥款添置七百餘套，以應急需，兩學期來，免强足以敷用，所置桌椅，依學生身體高矮分高低中三種，茲將各級桌椅尺寸列下。

年級	次等	椅高	桌高	桌面長	桌面寬
高	上	18"	31"$\frac{1}{2}$	40"	16"
	中	17"$\frac{1}{2}$	28"		
	下	15"$\frac{1}{2}$	26"		
中	上	15"$\frac{1}{2}$	26"	38"	16"
	中	14"	24"$\frac{1}{2}$		
	下	12"$\frac{1}{2}$	22"		
低	上	12"$\frac{1}{2}$	22"	36"	16"
	中	11"$\frac{1}{2}$	19"$\frac{1}{2}$		
	下	10"$\frac{1}{2}$	18"		

三，整頓學費收入

本市市立學校學費雜費等雖零星瑣碎，然若以全市計算，爲數亦甚可觀，祇以是種收入，向例由學校自行支配用途，辦法既未能統一，而各校以學費收入之豐嗇不均，支用亦未免偏頗，本局有鑒於此，自十八年起，規定整頓辦法，除雜費等由學校直接支用外，所有學費收入，概須悉數繳局並一律用市金庫收據，一面規定徵收學費及免費辦法，凡學生實因家境貧寒，或其他原因請求免費者，須具正式申請書，經核准後方得照免，否則概須一律納費，經此整頓後，十八年第一學期（即十七年度下學期）全市各小學學費收入，計共七千餘元，當時各校以學生激增，苟不添設學級，實無法容納，而市府方面，以年度預算早經確定，且市庫支絀，增級經費勢無所從出，幸有是項學費收入爲挹注，得使各校臨時添設學級或添教員，而市庫方面，並不支動分文，即添置課桌椅七百餘套，亦均由是項收入中開支，迨至本學期中，學費收入約可增至八千餘元，以各校經收學費，尚未盡行結束，故確數無從計算，當此教費蹶竭之時，經此化零爲整後，每年有一二萬元之收入，亦不無小補，此專就小學而言，至中區實驗學校中學部之學費，以該校亟待建築校舍，市庫無款可撥，因命其將今後二年中之學費收入作抵向金融界息借三萬餘元，起建該校博愛和平兩院。

四，訂定學校經濟公開辦法

本局爲慎重學校經費之動用起見，特於本年二月間訂定中小學校經濟公開辦法九條，令飭各校嚴行遵守，茲將辦法錄下：

南京特別市教育局市立中小學校經濟公開辦法

一•各校應組織經濟委員會委員額定三人或五人校長爲當然委員其餘二人或四人由教職員互選之會計員及事務員不得當選每學期改選一次於開學後一星期內組織成立

二•全校經濟之保管及動用須經經濟委員商同辦理

三•經濟委員會至少每月開會一次

四•各校每月收支對照表造成後須先經經濟委員之審查遇有疑義得請負責人說明

五•凡動用經費時無論巨細必經校長及經濟委員一人或二人之簽字會計或事務員無擅自動用經費之權

六•凡不能動用之特別經費及滿百元以上數日內不即動用之現金應即專摺撥存銀行概不得由私人保管

七•各校月報表除呈報本局外應並公布校內

八•每屆年度終了一個月內應造具全年結算書先經經濟委員會審核然後呈報本局並公布校內

九•各校所用簿冊概須遵照本局規定格式

五、組織黨義研究會

在黨治下的各機關職員，對於本黨黨義最低限度，俱應有相當之明瞭，是毋容待言，本局全體職員因求黨義有系統之研究，澈底之明瞭，特根據中央頒布之政軍警各機關工作人員，研究黨義暫行條例，組織黨義研究會，由全體會員推舉四人，會同黨義指導員，組織委員會負責辦理，關於研究黨義之指導，批評，考查事宜，除規定每星期三星期六上午八時至九時舉行討論會演講會外，每日上午八時至九時由各人自動研究，演講會已舉行十一次，討論會舉行四次，委員會共舉行八次，現在第一期三民主義民權初步，第二期五權憲法，實業計劃已研究完畢，以待委員會舉行測驗後，即舉行第三期研究云•

六、校準各校時鐘

本局爲提倡時間經濟起見，特嚴令各校，隨時校準時鐘，並由本局每日照中央觀象台時刻，用電話報告各校，其有未裝電話者，則由本局每間一日專差攜精確時表，前往校對，此事驟視之雖似瑣屑，但學校時鐘準確，影響於學生家屬及一般社會者甚大，行之一年於學校及學生之守時習慣，已漸次養成•

七、補發市校教職員舊欠

十六年度五六月份，在何市長時代，市府欠發經費二萬五千餘元，致本局欠各校經費一個半月，並欠修理費校具費等。自十月起，迄本年六月，始先後領到洋二萬零二百八十九元二角五分：（半數搭公債）方得清償。

八・清理舖房捐票根

在十六年度，舖房捐曾劃歸本局經收，抵充一部分教育經費。自十七年度開始，仍歸財政局經收後，前項票根，卽於三月間清理審核，送至財政局存案。

九・改良文書格式

本局以近時各機關公文，沿用舊式，殊欠明瞭，爰於本年三月間，舉行第十五次局務會議，議決所用公文，均加新式標點，引述原文，另行寫錄，加以括弧，以清眉目。其辦法規定如下：

1. 全句語氣已完畢者用點：如：

卽希查照爲荷。

合行令仰該校長知照。

此亟應舉辦者一。

2. 語氣未完而須停頓者用撇，如：

相應函達，……

除分行外，……

斟酌目前情形，……

3. 語氣雖已完而尚有未盡者，或下文緊接一段意見或轉述者或下文緊接列舉各項者用雙點：如：

此最近所最感困難之實在情形也：至於其他各項問題……

頃據調查員報告：

茲擬定辦法如下：

4. 命令詞用淚點！如：

此令！

切切此布！

5. 註釋用括弧（　）如：

三月十九日（星期六）

通令各機關（社會教育機關除外）

6. 訊問詞或未肯定詞用問號？如：

該項運動會未知定於何日舉行？

是項開支可否在某項經費下支撥？

7. 轉述原文或語言用引號「　」如：

頃據調查員報告

「〇〇學校於〇月〇日……」

案奉

市府令開

「爲令知事……」

8. 凡轉述原文或逐條列舉時，除上述各項外，須另行起並於上下端各空兩格完畢後再另行頂格起：如：

1. 案奉

教育部訓令內開：

「爲令知事……此令！」等因。

奉此，除分行外，合行令仰該校長知照，此令！

2.……茲將應行注意各點列舉如下：

一……

二……

三……

上述各項……

9.凡轉述原文一段祇須用開闔引號各一次「」卽原文中之原文可以不再用引號，但述二段以上不相關聯之原文者仍應各爲開闔如：

1.……訓令內開

「爲令知事：案奉

○○○訓令內開：案准……咨開：查……」

此處不須再用引號

2.呈爲……事案奉

鈞府第……令開：

「查……仰卽澈查具報」，等因。

奉此遵即派員前往調查，旋復稱：

「…………………」等情，

據此理合將……………情由具文呈報……………

十，收發文件報告

本局自十七年七月份起，至十八年十二月份止，共計收文七千三百四十八件，發文一萬八千八百八十六件，細核在十七年度的收文較多，發文較少；至十八年則發文逐漸較多，收文較少，是本局事業之日有發展，於此可見。

列表如左：

南京特別市教育局收發文統計表自十七年七月至十八年十二月

月別件數 \ 文別	呈	咨	代電	公函	令	指令	批	聘書	委令	布告	常函	總計
十七年七月收文件數	一九四	二		二三	九八	十四					五一	三八二
同發文件數	二七			三五	六六	二九	七	七	二	二	一二三	二九八
十七年八月收文件數	一四五			四一	九二	十八	一				四四	三四一
同發文件數	四七			三七	一〇九	三	七	四	二	一	四	二一四
十七年九月收文件數	一五九	七	一	二九	八九	三二					五八	三七五
同發文件數	二七	一		三	一六八	二六	七			一	一三	二四六
十七年十月收文件數	一八八	六	二	三二	六九	九					七七	三八三

十七年十月	發文件數	一七			一九	二七	三六	三	四	五二	一	四四	二〇三
十七年十一月	收文件數	一五七	九	三	五三	一〇九	三四					三八	四〇三
同	發文件數	四八	一		三八	八八	四八	三	五	四	一	九三	三二九
十七年十二月	收文件數	一九六	五	一	六	一〇九	二一					八四	四二二
同	發文件數	二九	一		一二九	八四〇	四〇	一三		五	一	一七六	一二三四
十八年一月	收文件數	一八九	六	三	三三	九五	二一					一六二	五〇九
同	發文件數	三			四八	七五三	三四	九		九	三	一四三	一〇〇二
十八年二月	收文件數	一八三		二	二四	一〇八	一九			二		四五	三八三
同	發文件數	四六			八一	一四八八	三七	一	二七	八		八七	一七七五
十八年三月	收文件數	二〇〇	三	一	三八	一九〇	一八			一		五六	五〇六
同	發文件數	四五			四八	一三二〇	七二	一二		一九		一三一	一六四七
十八年四月	收文件數	一七二	一	一	三四	八七	一八					五四	三六七
同	發文件數	三三			三四	一一八七	四八	一九	一	九	三	一一三	一三四七
十八年五月	收文件數	一一四	一	二	四〇	一五二	一七					三二	三五八
同	發文件數	二五			三六	八二七	六一	一五		一二	一〇	九六	一〇八二
十八年六月	收文件數	一八六	二	一	四九	九八	二六					七一	四三三

同	發文件數	三七			五六	九四六	三八	一七		三	一	一一一	一二〇九
十八年七月	收文件數	二二四	一	五	五九	五八	二一					五八	四二六
同	發文件數	四二		一	四三	一一四四	七四	二七	一三	六	四	一三二	一四八六
十八年八月	收文件數	一九四	一	二	四八	一五五	六			一		四八	四五五
同	發文件數	三八		一	五一	五四三	六九	二一	一	一二	二	三七	七七五
十八年九月	收文件數	二〇四	二	一	五五	一二五	二四					七四	四八五
同	發文件數	四八			五一	一五〇九	四五	三七	二	九	四	五四	一七五九
十八年十月	收文件數	一六四	二	一	五五	一一二	三四					七三	四四一
同	發文件數	五四	一		三七	一四一九	六四	二三	二	六		二二五	一六三一
十八年十一月	收文件數	二二			六五	一〇六	三〇					六六	二八九
同	發文件數	三七	一		二八	九八三	四九	七	一	五		五四	一一六七
十八年十二月	收文件數	一三四		三	三二	一〇八	二六					八三	三九〇
同	發文件數	三七	三		二五	九八五	四八	一四	一	五	三	一六一	一二八二
附註													

南京特別市教育局

(一) 十七年度經常臨時費收入一覽

類別＼月份	一月份	二月份	三月份	四月份	五月份	六月份	七月份	八月份	九月份	十月份	十一月份	十二月份	合計
經常費	26,003,286	58,012,944	24,500,000	29,442,000	29,742,000	30,492,000	31,274,627	31,376,140	32,266,000	34,079,811	32,852,983	32,299,970	392,341,761
臨時費			210,000			1,000,000	3,716,478	1,488,670	263,680	1,000,000	4655,833	7,298,500	19,633.160
合計	26,003,286	58,012,944	24,710,000	29,442,000	29,742,000	31,492,000	34991,150	32864.810	32,529.680	35,079,811	37,598.816	39,598.470	411,974.922

(二) 十七年度經常臨時費收入支出一覽

類別＼月份	一月份	二月份	三月份	四月份	五月份	六月份	七月份	八月份	九月份	十月份	十一月份	十二月份	合計
經常費	24,182,568	53456,183	22,083,721	27,497,060	28,607,422	29,345,818	29,874,627	30,012,140	31961,598	32,451,111	32,466,693	30,107,970	372,046,911
臨時費	2,576,540	5378,929	835,000	1,179,508	238,508	1.379,030	5,116,478	2,822,670	263,680	2,628,700	5,022,990	9,490,500	36,932,533
合計	26,759,108	58,835,112	22,918,721	28,676,568	28,845,930	30,724,848	34,991,105	22,834,810	32,225,278	35,079,811	37,489,683	39,598,470	408,979,444

(三) 十七年度經常費支出一覽

類別＼月份	一月份	二月份	三月份	四月份	五月份	六月份	七月份	八月份	九月份	十月份	十一月份	十二月份	合計
本身行政經費	6,202,268	7300,582	4,938,721	5,365,329	5,643,895	5,250,241	5,610,489	5,734,161	5,844,807	6,100,097	5,831,513	5,829,237	69,651,340
市立學校經費	15,273,500	35 287,443	15,791,000	20,092,731	20,332,197	20,613,200	20,658,452	20,648,423	22,335,535	22.411.508	22.580.965	20,357,896	256,382,850
社會教育機關經費	2.381,800	9 393,000	889,000	1.369,000	1,961,330	2,812,277	2,875,686	2,859,556	3,051,256	3,209,506	3.324,215	3,190,837	37,317,563
私立學校補助費	325,000	1 475,158	465,000	670,000	670,000	670,000	730,000	770,000	730,000	730,000	730,000	730,000	8,695,158
合計	24,182,568	53,456,183	22,083,721	27,497,060	28,607,422	29.345,818	29,874,627	30,012,140	31,961,598	32,451,111	32,466,693	30,107,970	372.046,911

(四) 十七年度本身經費支出一覽

科目＼月份	一月份	二月份	三月份	四月份	五月份	六月份	七月份	八月份	九月份	十月份	十一月份	十二月份	合計
俸給	$2,719,900	$4,505,458	$2,604,340	$2,529.913	$2,951.000	$ 3297,419	$3,455,408	$3,717,148	$3,763,511	$3,636,499	$3,477,322	$3,361,338	$ 40,019,220
薪水	1,200,000	1,132,560	997,763	931,860	900,000	536,130	517,900	610,724	609,272	629,332	685,157	734,384	9,485,082
工資	285,121	299,000	244,486	236,960	246,000	227,360	233,440	219,000	209,420	200,333	227,000	236,934	2,865,054
文具	251,179	326,585	185,268	293,510	141,434	117,755	119,640	131,380	132,211	108,417	177,088	132,170	2,026,637
郵電	23,392	27,422	9,000	18,520	37,700	24,000	25,080	24,000	16,000	16,000	12,000	18,000	251,114
公費	300,000	300,000	300,000	300,000	300,000	300,000	300,000	300,000	300,000	300,000	300,000	300,000	3,600,000
旅費	136,361	63,143	54,745	77,515	81,291	56,128	79,566	38,579	78,144	100,915	117,532	98,589	982,448
購置	185,005	118,208	50,340	231,030	187,220	147,543	120,905	154,155	60,993	268,299	111,160	141,877	1776,735
消耗	156,941	75,133	72,902	198,906	171,766	152,500	293,187	175,895	154,723	221,657	174,646	248,825	2,097,081
什支	944369	543,073	419,913	547,115	627484	391,406	465,363	363,340	520,533	618,645	549,608	557,120	6,547,969
合計	86,202,2268	7,300,582	4,938,721	5,365,329	5,643,895	5,250,241	5,610,489	5,734,161	5844,807	6100,097	5,831,513	5,829,237	69,657,340

(五) 十七年度事業費支出一覽

類別＼月份	一月份	二月份	三月份	四月份	五月份	六月份	七月份	八月份	九月份	十月份	十一月份	十二月份	合計
市立學校經費	15,273,500	35,287.443	15,791.000	20,092,731	20,332,197	20,613.200	20,658.452	20,648,423	22,335.535	22,411.508	22,580,965	20,357.896	256.382.850
社會教育機關經費	2,381.800	9.393.000	889.000	1,369.000	1,961,330	2,812,377	2,875,686	2,859,556	3,051,256	3,209.506	3,324,215	3,190.837	37,317,563
私立學校補助費	325.000	1,475,158	465.000	670.000	670.000	670,000	730.000	770,000	730.000	730.000	730,000	730.000	8,695.158
合計	17,980,300	46,155,601	17,145,000	22.131,731	22,963,527	24.059,577	24.264,138	24.277,979	26,116,791	26,351,014	26,635,180	24.278,733	30 2,395,71

(六) 十七年度臨時費支出一覽

(民國十七年七月至十八年六月底止)

類別＼科目	修繕	預備金	開辦費	合計	備考
本身臨時費	2508,204	4,223,676		6,731.884	凡不屬修繕及開辦費者概歸預備金項下開支
附屬會計臨時費	17,162,987	8,261,500	4,776.162	30.200,649	
合計	19,671,195	12,485,175	4,776,162	36,930,533	

乙，關於學校教育者

一、擴充及改進市立中學

本市市立性質之中等學校，僅中區實驗中學一所。成立於十六年十一月，係就江寧縣立初級中學改組。創立伊始，僅破屋數間教師四五人，學生四五十人，經費尤感困難。至十七年度就學者漸衆，本學期則學生增至四百人。茲略述其發展近況如下：

1擴充學級　該校初辦時僅三級，翌年招新生二班，易爲四級。本年度以市立小學畢業生之增加，及女生求學機會之缺乏，不得不特別擴充學額，乃除招男生一年級二班計一百人外，又添招女子初中三班百五十人。又以初級中學畢業生之升學困難，及本市造就師資之需要，添設高中師範科一級。招生之際，四方負笈而來者逾七百人，投考擁擠，足徵學額擴充需要之急。

2建築校舍　該校校舍原爲前江甯府署舊屋。宇舍歸陋，僅蔽風雨。稍經天時氣候之變，則傾坍者相望。今年春市政府闢子午線路，自北徂南，中貫該校，卽傾坍攲虔者，亦不復可存而爲墟矣，不得不另謀建築。惟市帑支絀，安能出此巨款。乃由該校呈准市府撥洋萬元，校長李清悚呈准教育局會同貸款三萬元，計新建校舍四座。其佔地面積及建築費如下表：

院名	建築費	佔地	註
和平院	二〇四一四•六五〇元	六十方強	樓房
博愛院	一二七六八•六三〇元	三十八方強	樓房
植幼院	五四七六•三五〇元	五十方强	平房
勵青院	五九七八•六四〇元	三十五方強	平房

此項建築計畫，完全由該校李校長主持。屋之外觀採東方暈飛式，以保存我國固有之美，內部採用施菊野 Strager 氏校舍標準，合以中國情形。每一教室長三十二呎寬二十四呎，容學生四十人，每人至少可得十五方呎地位。高十二呎，每人至少可得二百立方呎空氣體積。左手光線，一面採光，光之面積等於地面五分之一。以東南爲主光，北西次之。窗用翻仰，以便清濁空氣之對流。黑板一部分用毛玻璃，一部分用水泥。在京內可稱爲一種最適宜之校舍。

3 **增高經費** 該校創設伊始，經濟竭蹶異常，以至人才設備兩難。其始一級之經費僅百六十元。以視江蘇省立初中之四百元一級者，相懸不可以道里計。本年度擴充學額以後，經費亦加多，雖與省校仍不可比擬，但較諸往者自覺寬裕矣。現計高中一級，初中八級，年費三萬二千七百元。

4 **充實設備** 該校設備之簡陋，爲不可掩之事實，亦兩年來急待解決之問題，尤以圖書儀器缺乏爲最困難，自今年始，校具方面添置課椅二百套，並裝設電燈，及其他零星設備；儀器方面，添有二千元設備，但以缺乏臨時費故，此項設備仍係挪移而來。

5 **改進教導** 該校教學方面係採學分制，對於年限方面有相當之規定。於符號科目則採取能力分組，自今年始又加以改進，注意實際效能之增進。關於訓導方面，該校素注意積極訓導，以充實學生生活爲原則。本學期人數增多，對於課外活動亦甚注重，每星期有學藝競賽，課外研究會，計二十餘種，學生研究興味極佳。

6 **注意研究** 該校對於研究方面，素甚注意。教師方面之研究，注意實際工作。本學期復編印叢書。計已付印者，有蔣子奇之日本與山東，吉厚符之最經濟的自然實驗法。在編輯中者尙有多種。又該校師範科爲學習教育上之種種研究方法起見，組織有教育研究會。其第一種工作，擬編訂民衆字彙云。

識字歌曲，分發各說書游藝場演唱，廣事推行，作民衆之讀物，其一切詳情，已載於首都教育社教專號中，事後并舉辦民校五十四級，總觀二次識運之結果，默察本市民衆，對於求知問題，咸有相當之認識、工廠職工，商店學徒，有自向雇主要求讀書者，公私團體有要求設立民衆學校者，凡此現狀，不可不謂，兩屆識字運動宣傳之效果，本局曾將實施經過情形，呈報教育部備核，當奉拓介，視爲規畫有方，良堪嘉許在案，惟運動以後，限於市帑，不能多設學校，以應民衆需要，深引爲憾。

二、辦理民衆學校

(子)第一屆民衆學校狀況

首都民衆學校在歷史上言之，已有三年之成績，然發達程度，則以近一年中爲最盛，在十六年度告終時祇有學校十所，以本市文盲概數二十萬而論，實急宜設法擴充，以資普及。爰於十七年十二月中舉行第一屆識字運動，盡力宣傳，一時民衆觀念，爲之轉移，同時開辦民衆學校四十七所，踴躍入校讀書者，計有二千二百餘名，惟是草創伊始，關於訓敎上一切設施，尙多因陋就簡之處，乃於開學之前，召集各校敎師，舉行研究會，決定訓敎目標，以利進行，並邀請民敎專家到會演講，說明辦理民校的方法，及應行注意之點，聽者獲益不少，至十八年六月，各學校生修業之期已滿，乃由局中編定畢業測驗材料，分赴各校實地測驗，以甄別各校成績，並以開辦時，所用識字敎本，係分兩種，故測驗結果，亦可覘何種敎本之適用，統計全市及格學生，共一千一百餘名，舉行畢業典禮時，假國民大戲院爲禮堂，各學校生全體參加，同時由局中分獎各生摺扇一柄，正面由市長題讀書救國四字，背面並編印畢業生頌詞及服務信條，俾資感觀，來賓到會參觀者，亦在千人以上，頗極一時之盛，附第一屆民衆學校一覽表如次：

南京特別市市立第一屆民衆學校一覽 中華民國十八年一月調製

學區	學校	校長	教員 男	教員 女	教員 合計	學生 男	學生 女	學生 合計	級數	平均每級人數	經費 月支經常費	每生月估經費數	校址
第一區	中正街實驗民衆學校	胡叔異	二	一	三	五六	三五	九一	二	四五	六〇	•六六元	中正街女中實小
第一區	升平橋實驗民衆學校	王佩珍	三	三	六	四〇	六	四六	一	四六	五〇	一•〇八	升平橋
第一區	夫子廟實驗民衆學校	葉繼祖	二	一	三	七〇	三四	一〇四	二	五二	六〇	•五七	夫子廟
第一區	小心橋實驗民衆學校	袁健安	二		二	三六	四二	七八	二	三九	六〇	•七七	門東小心橋
第一區	盧妃巷民衆學校	閔紹騫	四		四	二七	一二	三九	一	三九	二〇	•五一	盧妃巷曾公祠
第一區	馬道街民衆學校	吳瑞芳	一	一	二	二五	二〇	四五	一	四五	二〇	•四四	馬道街
第一區	崇淑民衆學校	程志芳	一		一	三七	九	四六	一	四六	二〇	•四三	大全福巷
第一區	新廊民衆學校	查鴻藻	三		三	二二	三〇	五二	一	五二	二〇	•三八	新廊大街
第一區	督糧廳民衆學校	夏潋琬	一		一	二四	七	三一	一	三一	二〇	•六五	督糧廳
第一區	普育民衆學校	李新之	一	一	二	二五	一九	四四	一	四四	二〇	•四五	門東小西湖
第一區	第一圖書館民衆學校	周蘭蓀		一	一	二三	八	三一	一	三一	二〇	•六五	夫子廟內
第	高井民衆學校	汪慧秀	一		一	二九	二三	五二	一	五二	二〇	•三八	二道高井
第	砂珠巷民衆學校	張毓華	一		一	四二	四	四六	一	四六	二〇	•四三	砂珠巷

二、整頓私立中學

首都爲政治文化之中心，四方負笈來學，及市立小學畢業而升學者日益增多。除本市實驗中學，及省立男女兩中學容納一部份學生外，其餘均爲私立各校所招收。各校應考者，幾有人滿之患。新設學校，或小學昇格，均乘機而起，其經費充足，內容完善，辦理優良者，固足以補助公家教育之不足；其內容腐敗，設備簡陋，非惟貽誤青年，並且危害黨國。本局爲整頓私立中學計爰詳細調查，依據教育法令，分別督促處理。除上年度准予立案者，有安徽中學，青年會中學，曉莊師範，成美中學，鍾南中學，鍾英中學，五卅中學，東方中學，正誼中學，十校外，本年度准予立案者計有三校，准予試辦者一校，准予備案者一校，正在考慮核辦者兩校，勒令取締者五校。茲將辦理經過情形，分節述明如下。

1 辦理立案

子·中華女子中學　該校爲基督教會所創設，成立已十有餘年，校舍設備，尙屬完全。向來校董會名爲多數華人，實由西人所把持。後得童潤之爲校長，乃改組校董會，遵照中華民國教育宗旨，及實施方針，主持校務，本局經多時之審查，認爲尙合私立學校規則，十八年七月十九日，批准立案。

丑·育羣初級中學　該校亦爲基督教會所創設，成立不過二三年。向分明育女校，愛羣中學兩校。本局認爲該兩校經費既出同源，校舍又屬相對，不妨合併，改爲男子部，女子部，得以集中財力能力，以謀發展。男校長蔡汝霖，女校長汪時才，竭力改組校董會，修正宗旨，將兩校合併，改名爲育羣初級中學。於本年七月廿四日，由本局准予立案。

寅·女子法政講習所　該所爲焦易堂夫人，何應欽夫人，吳木蘭等所創設。原定名爲首都女子法政專門學校。以不符部令，改名爲女子法政講習所，於本年五月二十四日，由本局准予立案。

卯·北平朝大分設南京法政補習夜校　該校爲夏敬民所發起，假私立南京中學爲校舍每日授課時間爲下午六時至十時，純係補習性質，於本年九月十七日，准予備案。

辰●私立南京中學　該校爲張李蕙所創設，成立已十有餘年。因經濟人才兩相缺乏，形式精神俱多陋劣。惟該校董樓桐蓀，孫伯文，頗欲負責維持，本局爲鼓勵私人，振作精神辦學起見，於本年九月七日。批准試辦，以觀後效。

2 取締私校

子●私立堯山中學　該校爲旌德旅京同鄉會江瀛舟等所創設。校董會尚未呈准設立；學校已開辦招生。校舍不適，設備全無。經濟方面，旌德縣教育局堅欲移回補充地方教育，經安徽教育廳核准，咨請本局勿准其立案。該校實施，且與規程殊多不符，乃勒令停辦。

丑●私立益智中學　該校爲戶部街長老會教堂所設立。經本局派員查明，僅有初中程度學生五名，名不符實；該校當局，亦深知不合規程，遂自動取銷。

寅●私立女子法政大學籌備處　該校籌備處並未呈准本局，卽行設立。學校名稱及籌備步驟與大學規程更多不符，一旦設立，深恐貽誤青年。遂勒令停止籌備。

卯●私立南京汽車職業學校　該校爲李嘉會吳世葵等所創設，專以就造駕駛及修理汽車者爲宗旨。校舍設備，簡陋不堪，復經胡亞光徐爾泰等之呈控，由本局查明屬實，該校校長深知不能維持，遂與本局會商結束辦法。

辰●私立中醫專門學校　該校由吳移山等爲籌備主任，設江西會館，下街口等處爲報名處。經衞生局查明，以有違現行學制，咨請本局核辦，由本局復查屬實，卽咨請首都警察廳取銷其籌備。

3. 整飭私校內容

子●訂定招收轉學生規則　本市有少數私立中校，招收學生，毫無限制，以學生衆多則收入較豐也。本局爲限制濫收學生起見，特訂定轉學生規則十條。以高中三年，及初中三年第二學期，不得招收轉學生爲原則。並製定轉學證書式樣，令各校遵照。其有不按照本規則辦理者，則本局予以相當之處置。此項規則，實爲整飭私校之一種辦法，實行以來，各校已無濫收學生之弊。

丑．訂定學歷書　爲限制各私立中學任意放假，及延遲開學起見，特按照教育部頒布之紀念日，製定本年度學歷表，令各私校遵照，各校非有特別事故得本局許可者，不得任意放假。

寅．請頒訓育標準　本局爲整飭各校學風起見，特徵集各校現行訓育標準，及實施方法，彙集成帙，轉呈教育部參考，並呈請於短期內，訂定全國統一之中學訓育標準，以資遵循，而便實施。

三、實行中學視導並舉行校長會議

本市各中學，認眞辦理者有之，敷衍塞責者亦有之。非派員視察，調查詳情，內容不免隔閡，無從督促。本局爰隨時派員分赴各校視察指導，扶助其展進。視察範圍分(一)校董會進行概況，(二)學校行政，(三)作業成績，(四)學生生活，(五)經費狀況，(六)設備種類，(七)校舍內容，(八)教師資格，(九)訓育實施，(十)課程支配，(十一)圖書及實驗；(十二)學校衛生及清潔等項。又本局爲謀中等教育便于進改起見，規定每月舉行中學校長會議一次，一年以來，計舉行中學校長會議九次，議決案四十八件。關於改進行政問題者二十五件，關於課程標準者十二件，關於訓育方法者七件，關於體育設施者四件。

四、舉行中學教師登記

本市各中學教師，除市立者外，每因基金不充，待遇低薄，所聘教師，多有資格不合者，於青年學業，殊多犧牲。本局有鑒及此，特訂定南京特別市市私立中學教師登記規程六條，呈請市政府及教育部核准。各校教師，除少數有不能登記者外，多數曾來本局塡寫登記表，呈驗畢業證書，及服務成績證明書。計登記者二百三十一人，其資格分類統計如下。

稱別	性別	10	20	30	40	50	60	現有人數	總計	百分比數
國外大學畢業	男							18	20	8.58%
	女							2		
國立大學畢業	男							56	56	24.40%
	女									
國外大學肄業	男							7	8	3.43%
	女							1		
國立大學肄業	男							10	10	4.29%
	女									
國立專門學校畢業	男							6	6	2.58%
	女									
國立專門學校肄業	男									
	女									
私立大學畢業	男							48	50	21.46%
	女							2		
私立大學肄業	男							12	13	5.68%
	女							1		

師範學校	男	36	42	18.10%
	女	6		
中等學校	男	10	11	4.72%
	女	1		
其他	男	17	17	7.29%
	女			
總計	男	218	231	100%
	女	13		

五、擬訂試用課程標準

教育部暫行中小學課程標準未頒布前，本市各中學課程向不統一，畢業升級，亦無相當標準。往往有甲校初中一年級生，插入乙校高中一年級，或初中三年級。此外高中文理科師範科必修選修科目，亦無統一標準，甚至巧立名目，稱設圖文專修科等等。本局有鑒於斯，於教育部未規定中學課程標準之前，特組織中學課程標準委員會。由中學第一次校長會議推定張民權，李清悚，裔一凡三人爲起草委員，徵集本市各校所訂課程標準，採取優點，酌量本市需要之情形，訂定中學試行課程標準。規定初中學生須習滿一百八十學分；高中學生須習滿一百五十六學分，方能畢業。初中必修科學分一百六十六，選修學分十四，於第三年起，方得選科，高中學程分爲必修科，選修科，分組選修自由選修四種。選修學程須有系統，普通科得分設文史地與自然科學二組。師範科得分設文史地，自然科，藝術科三組，依學生之興趣與志願，由教員指導，分別選修，組別選完後，不得中途變更。其細則由各校自行訂定。高中必修科定爲一百一十學分，分科選修及分組選修三十學分，自由選修至多不得過十六學分。此項草案，經起草員多時期之討論與研究，復付中學校長會議議決，採擇施行。

六、舉行中學演説競進會

本局爲發展青年之思想，練習青年之口才起見，每學期舉行中學演説競進會一次。藉以訓練青年於文字發揮之外，兼重言語之發表，茲將經過情形，及成績，列載於後。

子・第一屆演説競進會　第一屆演説競進會於本年四月二十日，假座青年會大會堂舉行。參加者有金中，青中等十校。由本局聘請陳劍脩，黄曝寰，夏承楓，林子碩，鄭曉滄，張士一，顧局長七人爲評判員。演講結果，初中組第一名金陵中學張訓禮，講題爲「現代青年對於革命的認識和努力」。第二名中區實中湯崇烈，講題爲「對於首都建設的意見」。第三名鍾南中學張羣範講題爲「怎樣做黨治下的青年」高中組第一名青年會中學卜少夫，講題爲『實施鄉村教育的重要及其方法』。第二名鍾英中學鄔玉田，講題爲「怎樣做中國現在的一個青年。第三名金陵中學鍾志剛，講題爲「人」。上列諸員均由本局給予獎旗獎章，以示鼓勵。

丑・第二屆演説競進會　第二屆演説競進會於本年二十九日，假江蘇民衆教育館大會堂舉行。參加者有市立中區實中，金陵中學等十一校。分初中高中兩組比賽。初中講題爲「青年與職業的選擇」。高中講題爲「科學與物質建設之關係」。演説學生共十八人。由本局聘請陳劍脩，黄曝寰，劉季洪，許體綱，顧質先爲評判員。結果高中組第一爲金陵中學黄念田，第二爲五卅中學張德銘，第三爲鍾南中學程志瀛，第四爲青年會中學張守信，第五爲中區實中顏實定。初中組第一爲育羣初中朱蕙芳，第二爲鍾南中學吳國英，第三爲青年會中學鄭汝鏞，第四爲中區實中馬宏謨，第五爲金陵中學劉樹藩。優勝諸員仍由本局將徵得各機關及局中獎品多種，分別給予，以留紀念。

七、提倡軍事訓練與黨義研究

子・提倡軍事訓練　軍事教育足以鍛練青年之體魄，養成獨立自强之精神，實軍國民教育良好之實施。本局對於高中以上學校，異常注意。先後奉到教育部轉訓練總監部頒布軍事教育方案，及軍事教官任用簡章，服務及待遇規程等件，並派定譚惕生爲金陵中學軍事教官，劉積溶等兩員爲其他私立八校軍事教官。當時以私立各中校，經濟支絀未能按照頒布之待遇規程聘請，各中學曾聯名呈請本局，轉呈教育部請示辦法。後蒙教育部轉商訓練總監部批准待遇方法，准予變通，與其他各科教員同一待遇。至於分配教授方法，由本局提交中學校長會議討論，妥爲分配以便實施。

丑。令各校教職員研究黨義　欲實施三民主義教育，非使各校教職員先明瞭黨義不可。查各校教職員，除本局會同市黨部檢定少數之黨義教師，及訓育主任外，其餘教職員，多數尚非黨員，對於黨的實施，恐多忽略。本局遂提交中學校長會議討論組織黨義研究會辦法，一面呈請中央，頒布各級校學校教職員研究黨義辦法。令各校組織教職員黨義研究會，切實研究三民主義。至相當時期，由本局會同市黨部出題測驗，以考核研究之成績。

八、考核中學畢業生成績

各校畢業生，本局本擬進行會考，以同一試題，同一時間，考驗各校成績之優劣。此項辦法，於十六年度已有實行之動機。嗣以各校立案未久，請求延遲一年，再行會試。本年度會考問題，提交校長會議通過。後各校因課程既未統一，又未作充份之準備，勢難實行。由是修正考試辦法，仍由各校自行考驗，由本局派員監試，以昭鄭重。並將試卷送局審核，以看成績之優劣。經本局核准發畢業證書者計七百一十名，因成績不佳，品性不良，而扣留畢業證書者三名，成績未能整齊，或畢業證書未貼照片，手續不完，不蓋驗局章者十一名。茲將各校畢業生人數，列表如下。

南京特別市市私立中學畢業生一覽表

類別	校別	高中師範科	高中普通科	前期師範	初中	備註
市立	中區實驗中學				20	
私立	金陵中學		22		53	試卷未繳者十一名未蓋局章
同上	安徽中學		13		90	
同上	青年會中學		8		4	
同上	鍾南中學	10	11	25	14	成績不及格者二名
同上	成美中學				20	
同上	鍾英中學		23		89	
同上	五卅中學		44		64	
同上	東方中學	50	49		46	品性不良者一名
同上	正誼中學		28		41	
合計		60	198	25	441	

共計七百二十四名由本局核准者七百一十名

九、檢定黨義教師

自從中央明令頒發「檢定各級學校黨義教師條例」暨「各級學校黨義教師檢定委員會組織通則」以後，本局即照章協同南京特別市指導委員會，組織南京市中小學校檢定黨義教師委員會，於十七年九月舉行第一次檢定，十八年九月舉行第二次檢定，第一次檢定合格者，高中黨義教師八名，初中黨義教師四名，小學黨義教師十三名，代用小學黨義教師五名，第二次檢定合格者，高中黨義教師兼訓育主任二名，初中黨義教師兼訓育主任一名，初中訓育主任一名，小學黨義教師兼訓育主任八名，小學黨義教師二名，小學訓育主任五名，計前後舉行兩次檢定及格人員共高中十名，初中六名，小學三十三名。現將第一次及第二次檢定合格中小學黨義教師名錄暨黨義教師服務概況一覽表附後：

南京特別市第一次檢定合格中小學黨義教師名錄

高中部八名

陳康和　章兆直　丁宣孝　胡九皋　向培豪　吳肇基　陶定怡　朱育才

初中部四名

李國器　趙振鐸　蘭菊如　呂曉道

小學部十四名

許　健　劉　曦　項時化　王芷湘　李　曄　姜國仁　陳鶴書　臧子純　張濟平　仰華棠　李百仞　張化濟

陳　濤　王　越

小學部代用五名

鍾景平　張奎五　嚴汝達　金志磬　張學玉

南京特別市第二次檢定合格黨義教師及訓育主任名錄

高中部黨義教師兼訓育主任二名

邱有珍　王蔭棠

初中部黨義教師兼訓育主任一名

李佑辰

初中部訓育主任一名

周禮章

小學黨義敎師兼訓育主任八名

陶清涓 張紹彭 陸秋齊 賈書法 吳金鑑 戴郇 姜崇臨 丁宣孝

小學黨義敎師二名

李健民 朱翰題

小學訓育主任五名

梁永凱 劉錦焜 楊仲通 孟謙之 王耀堂

黨義敎師服務概况一覽表

校名	黨義敎師	全校級數	黨義課級數	黨義分數	車資及薪水	備考
中區實校	陶仲和	十級	五級	三〇〇	一〇・八〇元	
東區實校	黃鏑	十四級	五級	五〇〇	二四・四〇元	
北區實校	李健民	十一級	四級	三〇〇	一九・〇〇元	
南區實校	薛士傑	九級	三級	三六〇	二五・四〇元	
新廊小學	薛士傑	九級	五級	三六〇	一七・四〇元	
西區實校	鍾景平	十一級	五級	三六〇	一七・四〇元	
馬道街	鍾景平	九級	四級	二七〇	一四・〇〇元	

漢西門小學	鍾景平	七級	三級	二四〇	一一・六〇元	
崔八巷小學	鍾景平	九級	三級	二七〇	一二・八〇元	
考棚小學	鍾景平	六級	三級	二四〇	一一・六〇元	
普育小學	鍾景平	八級	二級	二七〇	一二・八〇元	
盧妃巷小學	張濟平	七級	三級	二四〇	一一・六〇元	
米行街小學	張濟平	五級	二級	一八〇	八・二〇元	
荷花塘小學	張濟平	四級	一級	六〇	三・四〇元	
仙鶴街小學	張濟平	五級	二級	一八〇	八・二〇元	
督糧廳小學	戴子純	八級	三級	二七〇	一二・八〇元	
倉頂小學	戴子純	六級	三級	一八〇	八・二〇元	
砂珠巷小學	戴子純	六級	二級	一五〇	七・〇〇元	
經緯小學	戴子純	四級	二級	三七〇	一八・〇〇元	
崇淑小學	戴子純	七級	三級	三六〇	一七・四〇元	
夫子廟小學	王越	十四級	六級	五四〇	三二・八〇元	
新菜市小學	王越	六級	二級	一五〇	九・〇〇元	
昆明小學	王越	二級	一級	九〇	五・八〇元	

船板巷小學	卻華棠	六級	三級	二七〇	一六・四〇元	
老府橋小學	卻華棠	四級	一級	六〇	三・四〇元	
倉巷小學	邵華棠	七級	三級	二七〇	一六・四〇元	
登隆巷小學	邵華棠	六級	三級	二四〇	一四・八〇元	
大行宮小學	丁宣孝	七級	四級	二七〇	一六・〇〇元	
興中門小學	朱翰題	八級	三級	三六〇	一九・六〇元	
昇平橋小學	王芝香	八級	三級	二七〇	一六・四〇元	
高井小學	朱少青	六級	二級	一五〇	七・〇〇元	
三牌樓小學	張學玉	四級	三級	三一〇	一〇・四〇元	
鄧府巷小學	劉振華	三級	一級	一一〇	五・六〇元	
老江口小學	樊子山	二級	一級	九〇	三・四〇元	
信府河小學	王光華	三級	一級	六〇	三・四〇元	
總計三十五校	十七人	二四三級	一〇〇級	八七〇〇分	四五二・四〇元	

十、市私立小學校概況

全市共有小學三十四所，男女教員計有四百五十餘人，級數計百九十三級，學生計一萬餘人，私立小學計四十八所，學生計有四千餘人茲將概況簡述於后：

學區制度　本市於十六年度起試行學區制度，分全市爲東南西北中五學區，每區設實驗學校一所，每一實驗學校各指定一種研究科目，并設各科研究會，即以各實驗學校爲主持人員。學區之劃分如下

一、東區五校　東區實驗學校一所　完全小學二所　前期小學二所

二、南區九校　南區實驗學校一所　完全小學三所　前期小學五所

三、西區七校　西區實驗學校一所　完全小學三所　前期小學三所

四、北區六校　北區實驗學校一所　完全小學一所　前期小學四所

五、中區八校　中區實驗學校一所　完全小學四所　前期小學三所

浦口暫不分區　前期小學一所

附本市市私立小學校一覽表

南京特別市市立學校名單十八年度

校名	校址	校長	校名	校址	校長
東區實驗學校	大行宮東街	劉學志	砂硃巷小學	砂硃巷	張明義
大行宮小學	大行宮	周仁華	督糧廳小學	督糧廳	夏瀲琬
盧妃巷小學	盧妃巷	閔紹謇	崇淑小學	大全福巷受本局補助者	程志芳
鄧府巷小學	鄧府巷	徐雁賓	西區實驗學校	評事街	張曼和
高井小學	二道高井	汪慧秀	倉巷小學	倉巷	戴湘嵐
南區實驗學校	小心橋	袁健安	崔八巷小學	崔八巷	童文旭
馬道街小學	馬道街	吳瑞芳	漢西門小學	漢西門	梅棨生
新廊小學	新廊	查鴻藻	登隆巷小學	登隆巷	仇良弼

普育小學	小西湖	吳幼之	老府橋小學	老府橋	郭澄江
米行街小學	南門外	丁正圖	船板巷小學	船板巷	鄭德瑾
仙鶴街小學	仙鶴街	朱庭燎	北區實驗學校	蓮花橋	張季信
荷花塘小學	荷花塘	錢瀛	新菜市小學	新菜市	王桂林
倉頂小學	倉頂	劉渤	三牌樓小學	三牌樓	顧開軒
經緯小學	南門外三藏殿受本局補助者	杜比田	昆明小學	五洲公園	孫咸貴
中區實驗學校	府西街	李清悚	興中門小學	興中門	張化清
夫子廟小學	夫子廟	葉繼祖	老江口小學	下關	樊子山
考棚小學	下江考棚	施福貞	浦口第一小學	浦口	朱冕子
昇平橋小學	昇平橋	王芷湘			
信府河小學	信府河	孫遂文			

南京特別市已立案私立小學簡表 十八年十一月

學校	地址	校長	備註
私立崇淑小學	大全福巷	程志芳	受本局補助經費者
私立經緯小學	南門外三藏殿	杜龍翔	同上
私立誠本小學	門西胭脂巷	戴笠儔	同上

南京特別市未立案私立小學簡表

十八年十一月

校名	校址	校長	立案備註
私立清涼村第一小學	古林寺	李德錦	受本局補助經費者 該鄉農民協會主辦
私立清涼村第二小學	清涼山	谷世春	同上
私立鼓樓村小學	老菜市	黄先生	同上
私立孝孺初級小學	雨花台	方秉彝	
滬甯滬杭甬鐵路局第三小學	下關滬甯站	劉漢鐸	滬甯滬杭甬鐵路局辦
私立西城鄉農村小學	西城鄉管家橋	陳紹文	該鄉農民協會主辦
私立豐潤鄉農村小學	豐潤門內	錢敵	同上
私立崇穆小學	大禮拜寺巷	馬儉[illegible]	囘教主辦
私立崇文小學	興中門大街	李汝寅	教會設立
私立育羣小學	花市大街	蔡汝霖	同上
私立中華女子小學	保泰街	童潤之	同上
私立鼓樓小學	鼓樓前街	吳敬堂	同上
私立定淮鄉農村小學	定淮鄉	陶意誠	該鄉農民協會主辦
私立鼓樓幼稚園	鼓樓前街	陳鶴琴	

私立儉德小學	下關天保路	陳漢清	校董會立案	鐵路局儉德會主辦
私立龍江小學	興中門大街	葉楚良	同上	下關商民主辦
首都佛教會小學	公園路	劉光耀	同上	首都佛教會主辦
安徽公學實驗小學	登隆巷	李幸白	同上	安徽公學附設
私立吉兆營敲穆小學	吉兆營	程修鏞	同上	回教會主辦
私立草橋敲穆小學	七家灣	劉惠民	同上	同上
私立膠巷敲穆小學	大膠巷	陶傑	同上	同上
私立普善小學	南城崗	張雨亭	同上	普善堂主辦
私立三民小學	黑廊街	周慧芳	同上	私人創辦
私立務本小學	小王府巷	金念劬	同上	回教會辦
私立正本小學	大輝復巷	左鍾嵋	同上	回教私人辦
私立清涼小學	天青街	林克雄	同上	私人創辦
私立湖南小學	釣魚台	蔣育寰	同上	湖南同鄉辦
私立皇城鄉小學	黃埔路	張雲卿	同上	該鄉農協會主辦
私立勸業鄉小學	馬台街	張維新	同上	同上
私立姜家圩小學	漢西門北晏公廟	馮沛霖	同上	私人創辦

私立益智小學	戶部街	王佐周	未	教會設立
私立畬清小學	估衣廊	鍾美璉	未	同上
私立尙德小學	府東街	朱爾文	未	同上
私立益智第二小學	雙塘	潘濟塵	未	同上
私立明德小學	四根桿子	鮑忠	未	同上
私立道勝小學	挹江門外	陳宗良	未	同上
私立智德小學	紅紙廊	王仲宜	未	同上
私立進修小學	估衣廊	周立三	未	同上
私立匯文小學	彩霞街	鶴義德	未	同上
私立匯文女中附設小學	富民坊	鍾美璉	未	同上
私立武太鄉農村小學	鷄鳴寺	劉涵之	未	該鄉農民協會主辦
私立小北門農村小學	小北門	靳文仲	未	同上
私立求實小學	胭脂巷	孫德卿	未	私人創辦
金陵兵工廠工人子弟學校	南門外	黃公柱	未	金陵兵工廠辦
和平門中心小學	和平門外	陶知行	未	曉莊師範辦
中山門中心小學	中山門外	丁葆崗	未	總理陵園主辦

太平門中心小學	太平門外	葉破浪	未	同上
岔路口中心小學	太平門外	王鑫如	未	同上
極樂庵中心小學	極樂庵	湯藻	未	同上
中華民國指紋學會東台庵小學	下關黃泥灘	韓丙炎	未	指紋學術研究會辦

十一、舉行各種大會及競賽

1 暑期研究會

過去數年中，各地往往利用暑期，辦理講習會，或暑期學校，以爲學校教職員講習研究之所。惟細考結果，與實際問題之關係甚少。本局有鑒於此，並應事實上之需要，特於十八年暑期，舉辦研究會，以代暑期學校。計參加研究者三十五校，出席研究者一百三十餘人。分學校行政，教學，及訓育三組。會期四星期。前三星期各組分別研究，後一星期集會討論。解決問題凡九十九案。成績甚佳。

2 學校行政 低年級教學 成績展覽會

本市欲將二年來之市校改進實況。表現於社會。曾於十七年六月，將全市各校之行政成績，及低年級教育之設施成績，舉行展覽會。會址在東區實驗學校，會期三日，參加者三十五校，出品達一萬二千五百餘件。經朱經農，陳劍脩，鄭曉滄等專家十餘人之審查，認爲有特殊價值者一千三百餘件。會畢，並將此項特殊成績，運送杭州，陳列于西湖博覽會之特種陳列館。

3衛生教育講習會

十八年夏，教育衛生兩部，合辦暑期衛生教育講習會於上海。並通令全國各省市中小學校，選派教師二人，報名參加聽講。本局以人才及經濟兩方面之關係，特呈准教育部會同衛生局，在本市另設暑期衛生教育講習會。俾本市各校衛生教員，均能獲益。當由本局派張民權郎奎第二人，會同衛生局所派朱洵士李行遠二人，共同籌備。會址假私立安徽公學，講習時間自七月二十五日起，至八月十七日止。計三星期。報名聽講者計五十餘人。課程計分學校衛生概論，急救處置法，學校傳染病，及其預防法，消毒方法，免疫之意義，健康檢查，個人衛生，性的衛生，校醫之任務等九種。除講師由衛生局科長主任分擔講授外，並聘請衛生專家褚民誼，劉瑞恆，金寶善，胡定安四先生及醫師余霖張逢怡金鳴宇三先生担任特別演講。結束時，考核各學員成績，並發給修業證書，藉資憑證。

4全市運動會

本市第一次中小學校聯合運動會，於十八年五月十一十四兩日(十二十三兩日下雨)假公共體育場舉行，計參加者五十餘校，運動員一千餘人，事前佈置，分裁判部，獎品部，總務部，佈置部，招待部，糾察部，衛生部，編配部，編輯部，販賣部等十大部。由本局會同各市立學校分別籌備。運動方面，分團體操，及田徑賽兩大項。並舉行全市學生集合操•田徑賽，分中小學兩大組，又各依體高體重分甲乙丙及男女各組，分別比賽。運動成績，中學組私立金陵中學第一，小學組北區實驗學校第一。所有各項重要節目，均攝成影片，以資紀念。茲將運動員分組標準及各項運動成績列表如後：

小學組及中學組運動員分組標準

小學男生組

組別	標準體重	標準高	備註
甲組	在九十磅以上者		
乙組	在九十磅以下七十五磅以上者		
丙組	在七十五磅以下者		

小學女生組

組別	標準體重	標準高	備註
甲組	在八十磅以上者		
乙組	在八十磅以下七十磅以上者		
丙組	在七十磅以下者		

中學組(男生)

組別	標準體重	標準高	備註
甲組	一百十五磅以上	六十三英寸以上	凡兩項均在此標準以下者爲乙組
乙組	一百十五磅以下	六十三英寸以下	凡體重高任何一項過此標準者均爲甲組

✓小學男生甲組田徑賽運動成績

運動項目	成績	運動項目	成績

運動項目	成績	運動項目	成績
五十米賽跑	七秒・伍	一百米賽跑	十三秒・七
二百米賽跑	三〇秒・三	跳高	一米・三六
跳遠	四米・二六又壹	三級跳遠	九米・二六
擲鐵球（六磅）	十一米・一二		

小學男生乙組成績

運動項目	成績	運動項目	成績
五十米賽跑	八秒・	七十五米賽跑	一一秒・四
一百米賽跑	一五秒・	跳高	一米・二〇
跳遠	三米・九三	三級跳遠	八米・四五
擲鐵球（四磅）	二米・〇九		

小學男生丙組成績

運動項目	成績	運動項目	成績
二十五米賽跑	四秒・五	五十米賽跑	八秒・二
七十五米賽跑	一二秒・	跳高	一米・一五
跳遠	三米・六九		

小學組女生甲組田徑賽運動成績

運動項目	成績	運動項目	成績
五十米賽跑	九秒●	七十五米賽跑	一二秒●
一百米賽跑	一五秒●七〇	立定跳遠	二米●〇四
擲籃球	九米●六五		

小學女生乙組成績

運動項目	成績	運動項目	成績
二十五米賽跑	五秒●	五十米賽跑	八秒●七〇
七十五米賽跑	一三秒●四	立定跳遠	一米●八一
擲籃球	八米●一〇		

小學女生丙組成績

運動項目	成績	運動項目	成績
二十五米賽跑	四秒●八〇	五十米賽跑	八秒●八〇
立定跳遠	一米●八五		

中學組甲組田徑賽運動成績

運動項目	成績	運動項目	成績
一百米賽跑	一二秒・五	二百米賽跑	二四秒・六
四百米賽跑	五九秒・	八百米賽跑	二分二七秒・
二百米低欄	三〇秒・九	一百十米高欄	二〇秒・四
跳高	一米・五二	跳遠	五米・四〇
撐竿高跳	二米・七四	三級跳遠	一一米・一六
擲鉄球（十二磅）	一〇米・五三		

中學乙組成績

運動項目	成績	運動項目	成績
一百米賽跑	一三秒・四	二百米賽跑	二八秒・五
四百米賽跑	六七秒・	八百米賽跑	二分三六秒・七
二白米低欄	三三秒・九	跳高	一米・四二
跳遠	四米・八八	撐竿高跳	二米・五五
三級跳遠	九米・九八	擲鉄球（八磅）	九米・七八

小學組學校總分一覽表

等第	學校	分數	備註

第一	北區實校	四〇分	
第二	昇平橋小學	三八分	
第三	夫子廟小學	二九分	
第四	考棚小學	二八分	
第五	大行宮小學	二六分·五	
第六	新廊小學	二四分·一	
同上	興中門小學	二四分·一	
同上	中區實校	二四分·一	
第七	督糧廳小學	二一分	
第八	盧妃巷小學	一五分	
第九	三牌樓小學	一四分	
第十	崔八巷小學	一三分	
第十一	東區實校	一二分·一	
第十二	船板巷小學	一一分·五	
第十三	馬道街小學	八分·五	
第十四	南區實校	七分	

等第	學校	分數	備註
第十五	倉頂小學	六分	
仝上	倉巷小學	六分	
第十六	漢西門小學	五分	
仝上	老府橋小學	五分	
第十七	鄧府巷小學	四分	
仝上	經緯小學	四分	
第十八	西區實校	三分	
仝上	普育小學	三分	
第十九	新菜市小學	一分	

中學組學校總分一覽表

等第	學校	分數	備註
第一	金陵中學	一二五分・五	
第二	東方公學	二六分・〇	
第三	成美中學	二三分・〇	
第四	中區實中	七分・五	
第五	安徽公學	一〇分・五	

第六	鍾南中學	六分‧五
第七	青年會中學	四分‧五
同上	五卅公學	四分‧五

5 小學演說競進會

本局爲啓發兒童思想，及增進兒童發表能力起見，特於十七年十二月，舉行第二屆市私立小學演說競進會。聘請本京著名實驗小學校長爲初賽評判員，又聘請中央大學教育學院院長鄭曉滄先生，中大行行政院擴充教育處處長俞慶棠先生，市黨部代表張繼堯先生，劉市長，顧局長，爲決賽評判員，其比賽辦法，計分高年，中年，低年，幼稚四組。先由各校每組選派二人，分區比賽，然後集合各區優勝者，每組二人，舉行決賽，結果高年組第一名爲昇平橋小學吳祖貽。中年組第一名爲馬道街小學鄭婉貞。低年組第一名爲盧妃巷小學方鴻標。幼稚組第一名爲盧妃巷小學方繼標。總成績以學區分之，計東區九分，南區七分，中區七分，西區二分，北區二分，學校第一名爲盧妃巷小學，計一二五六分。

又十八年十二月二十二日，上午九時，假姚家巷南京大戲院舉行第三屆市私立小學演說競進會，計參加演說學生三十一人，仍分高年中年低年三組比賽。由吳研因黃曝寰許體綱胡叔異曹伯權五先生爲評判。結果：高年組第一爲曹昆嵛，昇平橋小學。第二爲李長源，北區實驗小學。第三爲鄭婉貞，馬道街小學。中年組第一爲劉長瑞，大行宮小學。第二爲宋才寶，昇平橋小學。第三爲張正明，督糧廳小學。低年組第一爲繆德華，大行宮小學。第二爲保志珍，盧妃巷小學。第三爲王冠武，漢西門小學。學校總分第一爲昇平橋小學。學區總分第一爲中區云。

十二、訂定各種標準

1 訓育標準

本局鑒於學校訓育之重要，與市校訓育之尙無統一標準，爰於本年春間規定全市市立學校校訓爲智仁勇。並荷戴院長書成橫額，分贈市立各校，以爲實施訓育之目標，關於訓育具體辦法，卽責成市校研究會詳細規訂。旋經研究會之討論，簽以規訂訓育標準，須根據三民主義，發揚中國固有之美德。如如何本着兒童天賦的智能，和其學力經驗，養成其愼思明辨，篤學力行之習慣。如何發揮兒童孝友仁愛的天性，並便其深信三民主義，具有犧牲精神，樂於救人，救國，救世。如何訓練兒童，有堅強的毅力，勤勞習慣，鋼鐵的紀律，使能忠實服務，義勇知方，而養成其大無畏的精神。此等問題，關係重大，決非短時期內可以訂成，因於暑期研究會中，鄭重提出，卽由訓育組，推舉起草委員，主持規訂，迭經該委員會之討論研究，完成草案，再由本局加以修正，其總德目爲「智仁勇」，總德目之下演繹爲十大信條，而於每信條之下並詮註包含若干德目，更就德目發爲合於兒童生活的具體信條，按其實質之難易，分爲十二度，對於實施方面，並規定訓練方法，與考查方法，俾全市各小學均得依據施行。

2 行政標準

行政科學化，爲時下識者所提倡。一校校政之進行，如何可事事出發於教育學理，如何可免去少數人一時間主觀的主張，而不犯畸形發展之缺點，凡此問題若無科學的量尺，常不易得準確的測度。教育局曾注意於此，經長時期之設計討論，構成草案，最後並提出於暑期研究會，經多數人之審查修改，方始完成。內分全校的事業」，「各部的事業」兩大綱，綱下又分教務事務等九目，各目中又分經濟衛生等十餘節。每節各根據具體事實，分類列項。凡學校中之設施，無論巨細，均有最低限度之明白規定。使實施者有所準繩。而在行政機關之視察指導，亦有考成之標準。

3 市校教職員俸給標準

本市小學教職員之待遇，向甚菲薄，自民國十六年市政府成立以來，本局爲提高小學教職員待遇起見，曾規訂小學教職員待遇標準。惟際此首都新建之期，生活程度繼長增高，原訂待遇標準，已覺不甚適用。不予修正，教師爲維持生活計殊難安心厥職。且原訂待遇標準，于敎職員之畢業資格，任事經歷兩端，未能兼籌並顧，亦難以言平衡適當。本局爰於十八年春間，先行調查社會上生活程度和現在敎師之經歷及待遇，更參照上海特別市市立小學敎職員新待遇標準，重訂本市小學校敎職員俸給標準十七條。其主要之點，爲(一)注意敎職員畢業資格與任事經歷兩項之差別，酌定薪俸等級，使有相當學歷與經驗者，其俸給各有等差。(二)注意總務及敎務訓育之待遇及授課時數，俾得專心分掌校務，克盡厥職。(三)注意學校級數之多寡，及實驗學校與普通學校之異同，酌定校長俸給，及主任之授課時數與專科敎師每週授課時數和俸給等差等。此外並酌定年功加俸辦法，用以鼓勵其安心服務之興趣，俾不致見異思遷。總之此次重訂市校敎職員俸給標準之意義，在使本市直接設施小學敎育者，各得平衡適當之服務酬報。俾獲各盡其能，各安其職。於本市小學敎育前途，實有重大之關係。惟以首都新設，百端待建，市府收入有限，敎育經費一時無從增加，故本標準雖經規定，而實現尙須待以時日。

十三・調查全市學齡兒童

本市學齡兒童數，於十七年九月社會調查處調查全市戶口時，曾有一次統計，然一年來市內戶口，就社會表面上觀之，增加變遷定屬甚大。爰於十八年七月，又重行調查，由本局主持，幷請市校敎職員及公安局戶籍警，協助辦理，結果查得本市學齡兒童數爲四萬六千四百五十六名，就中男童數爲二萬四千四百九十七名女爲二萬一千九百五十九名，附表如左

南京特別市學齡兒童統計

十八年七月第一次調查

區別	東區		西區		南區		北區		中區		下關區		總計			百分比
性別／項別	男	女	男	女	男	女	男	女	男	女	男	女	男	女	計	

私塾	1372	526	3173	1280	3026	1425	1279	395	1706	900	1199	574	11755	5100	16855	36.3%
民衆學校	24	40	15	10	26	41	3	32	15	26	3	11	86	160	246	0.5%
初小修業	641	602	978	644	1774	1324	512	433	999	836	301	167	5205	4006	9211	20.0%
初小畢業	21	16	4	49	30	28	39	2	17	18	3	3	114	116	230	0.5%
未就學	916	1544	2099	2389	1525	2834	937	1529	859	1789	1001	1492	7337	12577	19914	42.7%
總計	2974	2728	6269	5372	6381	5652	2770	2391	3596	3569	2507	2247	24497	21959		100.0%
	5702		11641		12033		5161		7165		4754				46456	
百分比	12.4%		25.1%		25.4%		11.3%		15.3%		10.5%		52.7%	47.3%	100%	——
未達年齡	924		1507		1703		866		1005		843				6848	——
備註	1.未達年齡者指五歲兒童而言未滿五歲者未列入 2.私塾項中包括私立學校及教會學校等															

十四、舉行時事測驗

本局爲欲使本市各小學高年級學生明瞭本國時事，及國際大概情形起見，特於本年一月，舉行時事測驗，由局長委派職員八人組織委員會，籌備一切。并為各校學生來往便利計，測驗地點計分五實驗學校，及新廊馬道街，夫子廟三小學等八處。命題四十。完全為測驗選擇法。是日參加學生計五年級有五八一人。六年級有四一四人。測驗時期適值雨雪霏霏，道路濘泥，而各校學生均能按時前往指定學校聽候測驗，果毅精神，殊屬難得。結果西區實驗學校及船板巷小學成績為最優。昇平橋經緯兩小學次之。崇淑馬道街新廊等小學又次之。自本局舉行是項測驗後，各校對於學生時事之灌輸，靡不注意云。

十五、甄別師資

學校辦理之良窳，及教學合法與否，全賴師資之良否為斷。本局於十七年度，曾舉行教師登記一次，計審查合格者，四百七十三人，本年度（十八年度）將登記辦法重行完密規定，除須親來本局當面口試，并繳驗相片畢業證書服務證書及著作獎狀外，并須填登記表及登記證各一紙，一存局備查，一發給登記人自存，現修正之教師登記規程，及登記表證已由市政府核准備案，由局長委派夏科長等五人組織教師登記委員會，先審查從前在本局登記合格之現任教職員，其餘手續不完全者，一律補繳畢業證書，卽手續完全者，亦須交驗服務證書，以備年功加俸有所標準。此次登記之教師，完全為現任各校之教職員，通令各校限兩週內遵辦完竣，至志願欲為本市小學教師者，須於下學期開學時，再行辦理。

十六、檢查兒童體格

本局為注意兒童發育並辨別兒童有無疾病以便設法醫治起見，規定每年檢查兒童體格一次，于春季舉行，在未舉行檢查前，先由本局體育指導員，招集各校體育教師，及衛生教師，詳解檢查方法。並發給講義，作一度之實習，待各教師對檢查方法了解後，則由本局指導員，隨帶檢查器具，先後赴各校會同各該校體育衛生教師，將兒童一一檢查。茲將檢查記載表附列于後：

南京特別市立學校體格檢查表

市立……………………小學校　中華民國　年　月　日檢查				
姓名………………	性別………	年齡……歲……個月	……省……縣人	………年級
身長	………………………………公分			
體重	………………………………公兩			
營養	佳良………………	中等………………	不足………………	
貧血	血色正常………	微蒼白………	蒼白………	極蒼白………
頸腺	正常左右——	大如蓮子左右——	大如胡桃左右——	有疤痕左右——
扁桃腺	正常左右——	已割除左右——	腫大左右——	有凹窩左右——
口呼吸	有………………	無………………		
甲狀腺	正常………	微大………	中等大………	極大………
鼻	阻塞………………	流涕………………		
耳	聽力左右——			
	流膿水左右——			
眼	視力左右——			
	疾病　結膜炎………	沙眼………	凸眼………	
骨	正常………………	畸形………………		
關節	正常………………	畸形………………		
皮膚	牛痘疤痕……有……無………	發痒……	癬……	疥……
牙	整齊………	清潔………	腐爛………	牙痛………
心				
肺				
備考				

十七、一年來之小學視察

十七年度第一學期，因局長更調，學校教育科科長辭職之關係，視察工作開始甚遲，直至冬季方進行。因時間短促僅視察全市小學概況一周。即將視察所得之各校優良設施，介紹于全市各校，幷酌予奬勵，受奬及撤懲者各二校，其詳情己載于第一期首都教育不再贅述。十七年度第二學期之視察工作，照上學期之辦法，舉行一次概況視察外，其餘均爲實際問題之視察。其關于全市者，若校舍有無危險之視察；學校應否增級之視察會同各校計劃校基擴充辦法之視察；督促實行朝會，早操，經濟公開辦法等法令之視察。其關於一部分學校者有學校與社會交涉問題之視察；較大修理問題之視察等其十八年度上學期之視察工作：其辦法除與十七年度下學期。類似之實際問題的視察外，又根據本局所頒布之市立小學最低限度之行政標準，另訂表格，視察各校之行政一周，以作考成之根據。惟其結果，尚不及統計，應待日後之續行報告。

十八、一年來之小學調查

一年來對於市立小學之調查工作，約可分爲二大種：一爲行政上應有的統計材料之調查；一爲應付實際問題之臨時調查。前者一學期調查一次，第一學期，在四月中舉行，第二期在十一月中舉行。其調查範圍：關於敎職員者如數量，學歷，任務，俸給等事項；關於學生者，如數量，性別，程度，籍貫等事項；關於校舍者如面積，支配等事項；關於設備者，如校具敎具之數量，種類等事項；以及經費支配、敎學概況，兒童活動等事項。其詳細辦法，請參閱首都敎育第一期視察指導號，此不贅述。應付實際問題之臨時調查，則視事實之需要，隨時舉行之。此一年間所舉行之臨時調查，比較重要者，計有三項。一爲調查各校己有桌椅之式樣數量，與須添置數量以資整理添置。一爲調查市校現有校舍實況，及面積數量：以備向中央請求補助。當經中央決議，補助市校建築費一百萬元。一爲調查各校平素收費實況。用作參考，以訂定統一全市各校收費辦法。

十九、一年來之小學指導

一年來之小學指導工作，大別之有三：(一)各科教學上研究之指導；此種工作，因時間人才等關係，此一年間尚未作有系統之進行。不過在各科事實之需要上，如教材之編訂，方法之供給，辦法之改進等，亦常有所指導。關於全市各校者，則在各科研究會中指導之；關於一校或一教師者，則在視察後，召集談話會指導之。(二)學校事業上之指導；此一年間所舉行之工作，在學校行政及低年部教學之成績展覽會前，即就學校行政及低年部教學上種種問題指導之。在市校聯合運動會前，即就小學生應有之運動教材，運動方法等問題上指導之。又如欲編造全市同一之小學生學籍，欲檢查全市小學生之體格，即就編造學籍及檢查體格之二種方法上加以指導。(三)暑期研究之指導；有許多教學上之實際問題，因平時無相當時間，故在本年暑期內，召集各校校長及教務事務訓育三主任，舉行研究會。俾對於其職務上有相當之指導。

二十、改進私塾

1 調查本市私塾情形

(1)以前的情形　本市私塾林立，數以千計，其教材百分之九十以上，為三字經，百家姓，四書五經。教室多僻陋黑暗，空氣閉塞。教法則純為舊法，自民國元年以後，漸倡言改良，至五年始由江寧縣舉行塾師檢定，頒發許可證。六年復有私塾研究會之設，自是以後，又寂無聲息。直至南京特別市政府成立，本局乃將其重新整頓，使其改良。據本局民國十七年所調查，得以下之結果：

子．全市私塾共七百一十所（實際上當在千數，因當時調查塾師發生誤會，多匿而不報）

丑．男女塾師共計七一五人未進學校者三四八人約占百分之五十，老者八十三歲，教塾在五十年以上者五人。

寅．男女塾童共計一五五〇二人。

（2）最近的情形　本局對於私塾年來厲行整理，優者改爲單級學校，劣者則停止其設立，玆將本年三月第二次調查結果列下

子•全市塾數共四百八十所（實際上仍多誤會，匿而不報）

丑•塾童男一一三三五女二二二二八總數爲一三五五七人附表如下：

南京特別市私塾一覽表

區別	塾數	學生數		
		男	女	合計
東區	51	1219	272	1491
南區	149	3374	666	4040
西區	124	3099	542	3641
北區	33	1023	228	1251
中區	66	1528	362	1890
下關區	57	1092	152	1244
合計	480	11335	2.222	13557

寅•塾師共四八〇人內女性一五人已入學校者占三分之一强老者七十八歲，教塾五十年者一人資格及年齡列表如下

塾師資格表

大學畢業者	八人
高等學校畢業者	十七人

中等學校畢業者	五十二人
師範學校畢業者	三十三人
小學校畢業者	十一人
其他學校畢業者	三十一人

（說明）未入學校之塾師不在此內

塾師年齡表

五十歲以上	一百零六人
六十歲以上	四十七人
七十歲以上	六人
二十歲以下	一人

（說明）此表係特種年齡表，二十歲至五十歲者不在此內。

2 實施改良私塾辦法　改良私塾非徒託空言所能濟事，必須有具體之方案，俾便實施時有所遵循•茲將本局改進私塾方案列後：

子•舉行塾師登記　凡本市塾師須一律來本局登記，其資格合本局所定之設塾師資格者，經驗明證書後，得免塾師外檢定驗驗，登記時並加以口試，作爲初步試驗，計自十八年一月起，第二屆登記塾師共三百九十八人。

丑•實行教學指導　塾師中雖有文學尙佳者，但新知識大多缺乏，故指導工作，實爲改良之要圖，本局於派員調查，並同時作切實之教學指導，以改革其陳腐氣象，使其趨於學校化，現已具有學校形式者約有數十所。

寅•開辦塾師講習所　本局爲灌輸塾師教育知識，以破除其成見，使之銳意改進起見，特舉辦塾師講習所，其辦法分全市爲東南西北中下關六區，每日下午七時教授二句鐘，以三個月爲畢業期，及格塾師，由本局發給證書，分發塾牌，以示區別，至一定時期，如無塾牌之塾師，一律加以取締，下關區先行開辦，已於本年六月九日開學，課目爲黨義，單級教學法，教育原理，小學行政及組織，各科教學法，教育測驗，小學教導綱要，兒童心理學等科，九月中舉行畢業試驗，共及格塾師五十五人，在講習期間內，除固定講師外，曾由本局局長及教育部社會教育司司長陳劍脩先生，前往演講，並領導該區塾師分赴本市各有名小學作實地參觀，以資效法，本年十二月，東區塾師講習所相繼開辦，辦法與下關區同。

卯•頒發各種規程　本局爲確定改良私塾標準起見，本年曾頒發各種關於改良之規程及辦法，以資遵守，茲將各種規程及辦法列後：

1私塾暫行規程　規定塾師塾舍塾牌塾訓塾教等項之大綱

2私塾最低限度的規定　規定改良方法塾舍設備衞生及兒童應有活動之最低規定

3兒童須養成的習慣　分做工的遊戲的衞生的黨化的美化的五項

4塾舍應有的工作表　分每日的與每月的

5課程表　規定所教科目及時間

6訓育標準　規定智仁勇爲各塾訓育標準

辰•舉行兒童各科測驗　爲督促私塾之改良明瞭私塾之教學效率起見，於本年四月舉行兒童寫字測驗一次，成績尚佳。刻正舉行其他各科測驗。

巳•組織私塾改良研究會　該會由本局設立，凡已經檢定之塾師，均須入會，分本市爲六區，每兩星期開會一次，每次開會時提出一中心問題，由本局派員指道。

午•取締不良私塾　現擬於最近先取締已經查實之最腐敗私塾若干，以後則按照本局所定標準，逐年加以取締，以期全部私塾學校化。

3補助私塾計劃　私塾爲個人所辦，經濟極感缺乏，故欲圖私塾之改良，非有相當補助，殊難達到目的。

子•設置巡迴教師　本年設巡迴教師十二人，分赴各塾示範助教。

丑•津貼設備費　按照成績分甲乙丙三級，津貼金額每月甲級十五元，乙級十元，丙級五元規定本年度，受甲級津貼塾數，不得過十塾，乙級不得過二十塾，丙級不得過四十塾。

寅•設單級教師　受津貼各塾，成績優良者，各得指派單級教師一人，駐塾施教。

卯•私塾蛻化

1改單級學校十所。

2歸併最優良之私塾十所　於年度終了時，擇受津貼之私塾，改組或合組爲市立學校。

上項計劃刻因經費困難，未能完全實現，但希於最近期間實行之。

丙，關于社會教育者

一、舉行識字運動

首都民衆據警廳最近調查，計有五二四，六九六人，值此實施民衆教育之時，試一計算不識字民衆數目，便大可驚人，茲依照警廳之調查統計，共有不識字民衆二五九五五八人(包涵學童及老人)已占全人口半數以上，是則本市民衆之普通程度，已可概見，本局成立以來對於辦理民教，素極注意，自十七年度開始，益復努力，因鑒於本市不識字民衆之多，欲實施各項訓練殊覺困難，乃於十七年十二月十八年九月舉行識字運動二次，茲分述如次：

（子）第一屆識字運動

第一屆識字運動，於十七年十二月八九兩日舉行，爲雄厚宣傳力量起見，函約本市各黨政軍機關及學校，共同參加，同時開辦民衆學校四十七所，以饜民衆求知之慾，其宣傳方式，約分數項。第一，文字方面：分發傳單及小冊多種，張貼標語，并懸掛布標語於通衢要道，以資觀感，及招待新聞記者，在報紙上儘量宣傳。第二，圖畫方面：繪畫不識字的各種故事，分發各界，俾資普及，并請各影戲院加映此次識運之各項影片。第三，口頭宣傳：聯合各機關學校，組織演講隊，分別出發演講，并敦請名人，在府東街大舞台演講。第四，組織宣傳隊：由本市各機關各學校，共同參加組織，共分八十隊，分區集合，出發游行宣傳。第五，大會時的情形：十二月九日上午，首都各界，齊集公共體育場，舉行識運大會，到會團體，有一百有餘，人數在一萬以上，由市黨部市政府教育局教育部各代表爲主席，開會順序爲，（一）開會（二）行禮（三）主席劉市長報告舉行本屆運動之意義，（四）教育部陳祕書石珍演說（五）攝製影片，（六）高呼口號（七）出發游行。此次運動，爲期雖祇兩日，然宣傳所及，一般民衆，均有相當之覺悟，同時四十七所民衆學校，一律開學，不感難於招生之苦矣，

（丑）第二屆識字運動

本屆識運，係在十八年九月舉行，爲求實在之功效起見，所有運動方式，與上屆略有不同，注意實際之調查工作，作親切之勸導，一方引起民衆同情，努力識字。一方調查文盲之數目狀況，以定普及計畫，故凡開會游行等一切儀式，概不舉行，將全市劃分五區，逐日挨戶調查勸導，同時飭令市內各游藝場所，排演勸導識字戲劇，各說書游藝人員，所有之彈唱表演，亦須采用勸導識字資料，使民衆於無形之中，得到深刻影響，并由本局根據民間流傳音調，編撰勸導

二區

正誼民衆學校	揚覺		一	一	一三	三七	五〇	一	五〇	二〇	•四〇	信府河
府東街民衆學校	周瑞璋	一		一	三二		三二	一	三二	二〇	•六二	府東街青年會
經緯民衆學校	杜心田	二		二	九〇	一〇	一〇〇	二	五〇	四〇	•四〇	南門外三藏殿
米行街民衆學校	丁正圖	一		一	三三	一〇	四三	一	四三	二〇	•四六	米行街
考棚民衆學校	施福貞	一		一	二二	一	二三	一	二三	二〇	•八六	下江考棚
崔八巷民衆學校	董文旭	二		二	七〇	二二	九二	二	四六	四〇	•八六	崔八巷
大香爐民衆學校	周寄高	一		一	四〇		四〇	一	四〇	二〇	•五〇	大香爐成美中學
第一工友夜學校	房堅	一	一	二	二四	二三	四七	一	四七	二〇	•四七	下江考棚

第三

倉頂實驗民衆學校	劉渤	二		二	五一	八	五九	二	三〇	六〇	一•〇一	門西倉頂
仙鶴街民衆學校	錢逸雲	二		二	三四	一六	五〇	一	五〇	二〇	•四〇	仙鶴街
荷花塘民衆學校	錢瀛	三		三	二七	一七	四四	一	四四	二〇	•四五	門西荷花塘
船板巷民衆學校	鄭德瑾	三		三	五〇		五〇	一	五〇	二〇	•四〇	船板巷
登隆巷民衆學校	仇良弼	三		三	三〇	五	三五	一	三五	二〇	•五七	水西門
老府橋民衆學校	郭澄江	二		二	四七	一六	六三	一	六三	二〇	◦三一	老府橋
倉巷民衆學校	戴湘嵐	二		二	九	三七	四六	一	四六	二〇	•四三	水西門大丁家巷
漢西門民衆學校	梅榮生	二	一	三	三八	三	四一	一	四一	二〇	•四八	漢西門

區	評事街民衆學校	張曼龢	一		一	五〇	二〇	七〇	一	七〇	二〇	•二八	評事街
區	南捕廳民衆學校	張承典	三		三	二六	四	三〇	一	三〇	二〇	•六六	南捕廳
區	胭脂巷民衆學校	蔣瀚	二	一	三	三七	四	四一	一	四一	二〇	•四八	胭脂巷
區	朱狀元巷民衆學校		一		一	七四	一	七五	一	七五	二〇	•二六	朱狀元巷
第四區	大行宮民衆學校	楊超	一		一	二三	四	二七	一	二七	二〇	•七四	大行宮
第四區	大行宮東街民衆學校	劉學志	一		一	一〇	三五	四五	一	四五	二〇	•四四	大行宮東街
第四區	鄧府巷民衆學校	李廣聲	一	一	二	六五	二八	九三	二	四五	四〇	•八八	鄧府巷
第四區	乾河沿民衆學校	張邦銳	一二		一二	三五	一〇	四五	一	四五	二〇	•四四	乾河沿
第四區	蓮花橋民衆學校	孫毓驊	三	二	五	三九	二二	六一	一	六一	二〇	•三二	蓮花橋
第四區	第二工友夜學校	錢肇昌	七		七	四二	五	四七	一	四七	二〇	•四七	曹都巷
特別區	老江口民衆學校	洪修昆	一		一	二〇	六	二六	一	二六	二〇	•七六	下關老江口
特別區	儀鳳門民衆學校	張化清	二		二	七五	一三	八八	一	八八	二〇	∘二二	儀鳳門
特別區	和平門民衆學校	丁贊熙	三		三	五八	八	六六	一	六六	二〇	•三〇	和平門外
特別區	新棨市民衆學校	王桂林	三		三	三〇	六	三六	一	三六	二〇	•五五	新棨市
特別區	三牌樓民衆學校	張汝綱	一	二	三	五六	四三	九九	一	九九	二〇	•二〇	三牌樓
特別區	綠筠花園民衆學校	靳文伯	三		三	四四	四	四八	一	四八	二〇	•四〇	三牌樓小學第二院

區	五洲民衆學校	顧開軒	一	一	二	五六	二	五八	一	五八	二〇	•三四	後湖
	中山門民衆學校	查貫有	一		一	三六	七	四三	一	四三	二〇	•四六	中山門茶園內
合計		四七	九七	一八	五	一八四四	六七八	二五二	五四	二二〇八	一一九〇	二四•二三	
平均			二		二•五	三九	一五	五四	一	四七	二五•三二	•五一	
備註	夫子廟露天民衆學校每月經費十五元另請一人專任其責因學生數無定額故不列入本表												

(丑)第二屆民衆學校狀況

第一屆民校學生畢業以後，對於實施方面，頗多可供研究之點，故自本年七月開始，卽行從事改進，以便舉辦第二屆民校，先從下列各項着手辦理。

一，慎選師資，凡學校教師之良否，直接關係於學校成績之優劣。故對於教師之選擇，不能不特加注意第二屆民校開始時，本局卽擬訂民衆學校教師登記規程，舉行民衆教師登記，一方注意其經驗和學歷，一方並考察其所擬之實施計畫，俾可選錄優良人才。

二，規定課程標準，民衆學校所授課程，事前應有一定之標準，俾全市學校有所依據，故由局中擬定第二屆民衆學校各科課程教學標準，分發各校，以爲準繩。

三，增設體育課程　普通民衆學校每不注意體育，殊非所宜，特由局中編定民校五分鐘體操教材，分發各校，利用休息時間，教授學生，以資鍜鍊身體

四，舉行黨義演講　民衆學校學生，除受識字教育以外，更須明瞭黨義，以爲運用四權之準備，故除教授黨義課外，並請本市黨部同志，分任各民校輪流演講，使民衆對於本黨，有深切之認識。

工作述要

五，編印教材　民衆學校用書，坊間流行者，祇有識字常識等課本，其他各科均付闕如，本局爲便利各校教授起見因自行編印各科教學法，已編就者，有珠算寫字黨義等三種

六，訂定訓練歴　民校學生除受智識教育以外尤宜注意於品性之訓練，以養成良好市民，特由本局編定民校每週訓練歴，以作各校實施訓練之依據

七，舉辦高級民校　民校修業期限，暫定四月，但一般學生畢業以後，其求知慾望，尚未滿足，要求繼續讀書，乃擬定舉辦高級民衆學校，偏重生計教育，爲補習性質之學校。

以上各項，爲本年七月中第一届民校結束後，擬定之工作，現已次第實行，自九月八日起舉行第二届識字運動一週全市文盲，均希望早日解除自已痛苦，乃由局開辦第二届民校共計五十四級，招收學生二千二百餘名，業已舉行第一學月成績測驗，平均成績尚屬優良茲將最近各校一覽開列如下

南京特別市市立第二屆民衆學校一覽　十八年十月調製

區別	校名	學生人數	級數	校長姓名	教員姓名	校址	備註
第	小西湖民衆學校	四五	一級	吳幼之	索祖蔭　郭功傑	小油坊巷小西湖	
	馬道街民衆學校	四二	一級	吳瑞芳	陸挽沉	南門馬道街	
	考棚民衆學校	三七	一級	施福貞	梅嶰然	南門下江考棚	
	第一工廠民衆學校	六〇	一級	房堅	王雲珍	南門下江考棚	
	信府河民衆學校	四二	一級	孫達文	高春沂　王承仁	城南信府河	

一區	米行街民衆學校	三八	一級	丁正圖	程柏森	周廸忱	南門外米行街報恩寺
	經緯民衆學校	五五	一級	杜心田	吳國翰	杜國安	南門外三藏殿
	白露洲民衆學校	三五	一級	徐卓夫	王幼恭		門東白露洲義興善堂
	五洲民衆學校	四三	一級	孫咸貴	賴明亮		五洲公園
	夫子廟民衆學校	三四	一級	葉繼祖	汪慶深	沈國鈞	夫子廟內
	新廊民衆學校	九三	二級	査鴻藻	王衛泉	胡澹然	門東新廊
	小心橋民衆學校	七七	一級	袁健安	楊羨青	鄭怡	小心橋
第二區	興中門民衆學校	二九	一級	張化淸	朱文峯	陳朗瑩	興中門外
	老江口民衆學校	三三	一級	樊子山	沈丹卿	王叉厂	下關老江口
	船板巷民衆學校	四二	一級	鄭德瑾	姚謇		門西船板巷
	胭脂巷民衆學校	四四	一級	蔣瀚	孫德卿	蔣瀚	門西胭脂巷
	老府橋民衆學校	四九	一級	郭澄江	尹紫滄		門西老府橋
	荷花塘民衆學校	四二	一級	錢瀛	章星南	王文樞	門西荷花塘
	仙鶴街民衆學校	三七	一級	朱公毅	潘正煌	周克清 沈壽保	門西仙鶴街
	倉頂民衆學校	四六	一級	劉渤	吳紹連	黃錫璋	門西倉頂
第	崔八巷民衆學校	九九	兩級	童文旭	杜文炘	武協三	三道高井崔八巷

區	校名					
第三區	登隆巷民衆學校	三六	一級	仇良弼	黃瘦石 劉仇東	水西門登隆巷
	大王廟民衆學校	四〇	一級	謝戀	仝上	水西門大王廟
	大行宮東街民衆學校	四八	一級	劉學志	徐松濤	大行宮東街
	大香爐民衆學校	五二	一級	韓春樹	仝上	大香爐成美中學內
	高井民衆學校	四九	一級	汪慧秀	陳霈舟	二道高井
	漢西門民衆學校	四八	一級	梅榮生	楊一民 郭裕民	漢西門牌樓街
	倉巷民衆學校	三五	一級	戴湘嵐	楊時雨 郝宗瑾	倉巷燈家巷內
	中山門民衆學校	三九	一級	查有貴	仝上	中山門雙和茶園隔壁
	止馬營民衆學校	四〇	一級	陶濱	仝上	倉巷止馬營紫竹林菴內
	評事街民衆學校	三〇	一級	張曼和	倘其達	評事街中段
	鄧府巷民衆學校	四九	一級	徐雁賓	張輪秋 張聖秋 劉勛山	大行宮鄧府巷
	中正街民衆學校	一〇一	二級	胡叔異	劉漢良 金輪海 王葆元 杜經祥	中正街女中實小
	盧妃巷民衆學校	三五	一級	閔謇	錢漢平 汪嘉蓀 柯玉仲 沈石秋	內橋盧妃巷
	新桀市民衆學校	四二	一級	王桂林	達應錚 張華藩 高瓶笙	中央黨部新桀市
	蓮花橋民衆學校	一〇三	二級	張季信	許浩如 馮祥寶 孫貽谷 包意恬	蓮花橋
	大行宮民衆學校	五二	一級	周菊莊	陳濂	大行宮

四區	砂珠巷民衆學校	四〇	一級	張世義	盧世澂 孫調之	砂珠巷	
	黑簪巷民衆學校	三八	一級	吉靄人	仝上	黑簪巷	
	戶部街民衆學校	五八	一級	周劍溪	仝上	戶部街	
	三牌樓民衆學校	三九	一級	顧開軒	顧開軒 楊仲達 李逢春 王達夫	三牌樓	
	督糧廳民衆學校	三四	一級	夏澂琬	鍾暖軒	督糧廳	
	大全福巷民衆學校	四六	一級	程志芳	徐金榜	大全福巷	
	府東街民衆學校	三三	一級	周瑞璋	姚品三 馬成驤	府東街青年會內	
特別區	露天民衆學校		一級	張鴻儒	仝上	夫子廟內	
	小北門民衆學校	四九	一級	靳文仲	靳文仲	三牌樓小北門鍾阜鄉農村小學內	
	和平門民衆學校	五二	一級	余仲箎	仝上	和平門外	
	婦女協會民衆學校	六四	一級		彭明慶 朱正淳	下關寶塔橋	

三、開辦職業指導所

（子）組織經過

青年擇業之不當，自關個人經濟，尤足使社會生計感受不安，而青年失業，關係國計民生，尤爲重要，試觀近來各處盜匪充斥，刼案頻仍，推厥原因，不外青年擇業錯誤，與謀生無策，迫而出此，嘗聞各機關招考職員，應試之人，輒超過定額數十倍或百倍，又如機關中易一新領袖，則求薦位置者應接不暇，此足證社會上失業者多，而莘莘學子，每年畢業於學校欲入社會謀生者，更難數計，論者每謂人浮於事，供過於求，實不盡然，蓋社會上事業無限，需材孔殷，不患眞材之多，實患人材之不適於用。或供求兩方，不能溝通，各不相遇，凡此種種弊害，欲圖免避而補救者，實有賴於職業指導機關，本市爲首都所在之地，係全國教育中心，值茲建設伊始，各方之需材，既甚殷切，而未定職業之青年亦甚多，失業者尤衆，職業指導機關之需要，益覺重要，爰於本年二月創設本所，以應社會需要。

（丑）事業概況

本所成立以來，已經十月，因限於經費，所中職務由民衆教育股職員兼任，一切測驗器械尙未齊備，對於事業之發展，自不免感受影響，然所中同人，黽勉自勵，在過去十月中，以最少之經濟，創此責任綦重之事業，所得成績，未能盡饜社會之慾望，而使本市民衆，獲知職業指導之急要，稍足以自慰，茲將已辦事業條舉如次：

（甲）人才介紹　在訓政時期，政治改良，工商事業日漸發達，無論建設何種事業，均需用專門人才，本所有鑒於此，因設立人才介紹一部，以溝通供求兩方，如公私團體欲聘請人才，或個人欲謀職業者，可來所塡寫登記表，以便相機介紹，遇有特別技能之專門人才，並可隨時代爲登報徵求，或分向相當機關介紹，所有登記表格，現分兩種：甲種爲委託介紹表，乙種爲介紹登記表，九月以來，請求介紹登記之人數，計一百六十二人，茲分析如左：

登記人之資格

1大學畢業——一六人　2中等職業學校畢業——九人　3專門學校畢業——二五人

4師範學校畢業——二〇人　5中等學校畢業——三九人　6小學畢業——二九人

7軍事學校畢業——七人　8其他——一七人

介紹各種職業成就者之人數

1 學校——四五人　　2 機關——七人　　3 報館——一八人

4 工廠——九人　　5 遊藝場——四人　　6 商店——三人

7 其他——一五人

附介紹登記片甲乙兩種

介字第＿＿＿號

市立職業指導所介紹登記片

民國　　年　　月　　日

(一)姓名…………字…………年齡…………性別…………

(二)通訊處……………………………………籍貫…………

(三)郵信可直達否……快信通否……長途電話通否………

(四)何校畢業或肄業……………………………………………

(五)黨籍…………………………(黨證……字第……號)

(六)擅長的學科……………………………………………

(七)能操國語或英語及其他外國語…………………………

(八)以前的經歷各有若干年…………………………………

……………………………………………………

(九)現在有無職業……………………………………………

(十)願就何種職務(並須註明理由)…………………………

……………………………………………………

(十一)每月願得薪金若干(最低數)…………………………

(十二)家庭狀況……………………………………………

……………………………………………………

(十三)附記事項……………………………………………

……………………………………………………

……………………………………………………

市立職業指導所職業指導片

體格診察

(一)身體——身長……體重……肺量(出)……(入)……

(二)健康——健康否？…………何故不健康？……………

(三)評語——好，平常，平常以下；或祇宜於一種職業，或現在不能爲何種職業，至少須若干時後始能工作。

(四)附註——能否勝任下列各項動作之工作：

(甲)須用體力或常坐常立及常走動之工作；

(乙)須用極强視力或極强聽力之工作；

(丙)有特別意外之危險者及品行上之危險者；

(丁)其他工作。

(五)醫生簽字…………………………………………

性情觀察

(一)生活志願—(甲)生活及工作之地位；

(乙)志願（强，弱，不定，無節制的，放肆的）。

(二)特　點—(子)智力(近於理論，抑近於實務)；

(丑)觀察(獨立，不獨立，富，弱)；

(寅)理解(迅速，遲鈍，無定)；

(卯)記憶力(遲，速，强記，持久，可靠，不可靠)；

(辰)思想（獨立不獨立，敏，笨，澈底，浮泛）；

(巳)發表能力（特別發達，口頭，書面創設，仿效，繪圖等）

(三)工　作—宜於……………………………………

(甲)用腦，用手，(乙)有變化之工作，無變化之工作，(丙)其他

委字第　　號

市立職業指導所委託介紹片

民國…………年…………月…………日

(一)委託機關	機關名稱(須蓋印章)		內部組織大略
	主管人姓名		
	詳細地址		

(二)對於任職者之待遇	薪金	年金若干分幾次發		(三)需人擔任之職務	職務名目
		用何種貨幣合國幣若干			須何項學校畢業或有何稱技能者為合格
	膳宿	膳宿在何處相距若干路			須自備用（如係教課須註明用何書）
		費由那方負担每月約需若干			每日服務時間
	川旅	首都至服務地約需旅費若干			任期
		歸何方負担			

市立職業指導所委託介紹片

民國……年……月……日

（四）服務地點之交通	由首都至服務地點旅行法如何（須若干日亦須註明）
	快信通否中信是否直達
	電報長途電話可通否或須從何處轉達
	途中應注意之事項
（五）附註事項（第五第六兩項專備本所填記委託人請勿寫入）	

（六）介紹經過情形

月 日	事由

（乙）升學指導　青年學生畢業於學校時，對於繼續升學問題，往往本人絕無準備，家長亦漠不關心，以致取入學校不能適合個性，或志願升入某校，而不能獲悉該校內容，本所爲解除此種困難起見，特聘請專家組織升學指導委員會，並令各校，同時組織分會，先行調查畢業生之志願，再行分區召集各校畢業生，請指導委員，分別演講，使明瞭欲升入學校之內容，及投考各校應注意之點，并搜集各校簡章及歷屆招考試題，彙印分發各生，以資參考，如有外埠青年來京就學，未悉學校內容，亦可隨時來所請求指導，十月以來在本所登記者共七四三人。

附升學指導卡片兩種

指字(中)第＿＿號

市立職業指導所職業指導片

初級中學三年級用　民國＿＿年＿＿月＿＿日

(一)學生姓名＿＿年齡＿＿籍貫＿＿性別＿＿

(二)住址＿＿學校＿＿

(三)父母姓名＿＿職業＿＿

(四)你是不是黨員？＿＿(　年　月入黨黨證＿字第＿號)

(五)你以前預定的計劃有變更麼？＿＿

(六)如已有變更,試述新訂的計劃＿＿

(七)如預備升學,你對於求學計劃,有何具體辦法？＿＿

(八)你所預定的上項辦法,理由何在？＿＿

(九)如要求工作,你對於職業計劃,有何具體辦法？＿＿

(十)你所預定的上項辦法,理由何在？＿＿

工作述要

65

市立職業指導所職業指導片

體格診察

(一)身體——身長……體重……肺量(出)……(入)……

(二)健康——健康否?…………何故不健康?……………

(三)評語——好,平常,平常以下;或祇宜於一種職業,或現在不能爲何種職業,至少須若干時後始能工作。

(四)附註——能否勝任下列各項動作之工作:

(甲)須用體力或常坐常立及常走動之工作;

(乙)須用極强視力或極强聽力之工作;

(丙)有特別意外之危險者及品行上之危險者;

(丁)其他工作。

(五)醫生簽字……………………………………………

性情觀察

(一)生活志願—(甲)生活及工作之地位;

(乙)志願(強,弱,不定,無節制的,放肆的)。

(二)特　點—(子)智力(近於理論,抑近於實務);

(丑)觀察(獨立,不獨立,富,弱);

(寅)理解(迅速,遲鈍,無定);

(卯)記憶力(遲,速,强記,持久,可靠,不可靠);

(辰)思想(獨立不獨立,敏,笨,澈底,浮泛);

(巳)發表能力(特別發達,口頭,書面創設,仿效,繪圖等)

(三)工　作—宜於………………………………………

(甲)用腦,用手,(乙)有變化之工作,無變化之工作,(丙)其他

指字(小)第……號

市立職業指導所職業指導片

高級小學最高級用　民國………年………月………日

(一)學生姓名……年齡……性別……

(二)住址……籍貫……

(三)學校……年級……

(四)父母姓名……職業……

(五)父母對於你將來的計劃……

(六)你所擅長或喜學的科目……

工作述要

(七)你不擅長或不喜學的科目……

(八)你自己將來的計劃……

(九)你畢業後預備繼續求學呢，還是找工作？……

(十)如繼續求學，想到何種學校裏去讀書？……

(十一)如果繼續求學，你預備畢業麽？……

(十二)你中學畢業後，是預備升學呢，還是找工作？……

(十三)如果要工作，你希望到何處去服務？……

何種職務？……

(十四)你選擇職業的理由？……

(十五)你有了工作之後，還願意補習何種教育麽？……

67

市立職業指導所職業指導片

體格診察

(一)身體——身長……體重……肺量(出)……(入)………

(二)健康——健康否?…………何故不健康?……………

(三)評語——好,平常平常以下,或祇宜於一種職業,或現在不能爲何種職業,至少須若干時後始能工作。

(四)附註——能否勝任下列各項動走之工作;

(甲)須用體力或常坐常立及常走動之工作;

(乙)須用極強視力或極強聽力之工作;

(丙)有特別意外之危險者及品行上之危險者;

(丁)其他工作。

(五)醫生簽字…………………………………………

性情觀察

(一)生活之志願—(甲)生活及工作之地位;

(乙)志願(強,弱,不定,無節制的,放肆的)

(二)特　點——(子)智力(近於理論,抑近於實務);

(丑)觀察(獨立,不獨立,富,弱);

(寅)理解(迅速,遲鈍,無定);

(卯)記憶力(遲,速,強記,持久,可靠,不可靠):

(辰)思想(獨立,不獨立,敏,笨,澈底,浮泛)

(巳)發表能力(特別發達,口頭書面創設仿效,繪圖等)。

(三)工　作——宜於……………………………………

(甲)用腦,用手,(乙)有變化之工作,無變化之工作,(丙)其他

（丙）就業指導　聘請職業指導專家，及各業領袖，組織就業指導委員會，專爲本市中小學畢業生，不能升學，而願就各種職業者設，其辦法先調查各種職業之狀況，再行聯絡各業領袖，隨時演講各種職業之内容，及服務上必要之條件，并領導該生等參觀各著名職業團體，使明瞭某項職業之性質，引起對於從事職業之興趣，最後召集各家長舉行個别談話，徵求家長之同意，一方接洽職業機關，請其試用畢業學生，統計上學期中受就業指導之學生共一〇七人。

（丁）職業演講　凡市内各學校，隨時可請本所職員前往演講，或委託本所代請講員，上學期中共舉行職業演講四次，分區召集各市校最高級學生到會聽講，由職業界領袖及本所職員講述中外職業界偉人事績，與服務某業之注意點，并由學校邀請畢業生服務某職業界者，報告某業内容及服務狀況。

（戊）職業調查　欲施行就業指導，必先調查本市各種職業之内容，爲就業學生之參考。調查要項如下：（1）本業之歷史，（2）本業之職員及學徒待遇。（3）本業之習慣，（4）本業之業規。（5）從事本業所需要之條件。（6）本業用人之方法及手續，（7）本業對於社會之關係，（8）本業將來之希望，（9）本業未來之趨勢，（10）本業之領袖人物。（11）本業之成功人史略。（12）本業最需要之人才。（13）本業領袖對於雇用學生之意見等項：現在已經調查過的職業有三十八種，每業調查上中下三家，其餘各業，正在繼續進行。

附已經調查過之職業如左：

籐工業　紙　業　人力車業　肥皂業　貸款業　木行業　印刷業　北貨業　紗　業　馬車業

汽車業　油糖雜貨業　鷄鴨業　綢布業　布廠業　古董業　錢　業　漆　業　洋貨業　染　業

西藥業　絲　業　緞　業　絲線業　煤炭業　茶　業　中藥業　水烟業　旱烟業　米　業

衣　業　南貨業　銀樓業　機織業　料器業　醬園業　建築業　菜館業

附職業狀況調查片

工作述要

職業級

業

市立職業指導所職業狀況調查片

民國……年……月……日

(一)職業機關名稱……

(二)機關地址……

(三)機關歷史……

(四)負責人姓名及履歷……

(五)職業之性質……

(六)成年職工數目，男……女……

(七)未成年職工數目，男……女……

(八)商品之來源……

(九)商品之行銷地點……

(十)製造品或商品之種類及數量……

(十一)該業在本地範圍及其程度……

(十二)該業逐次發達抑逐次衰落……

(十三)該業營業狀況，終年是否一律……

(十四)該業有無危險或有礙衞生否……

(十五)該業每日之工作時間……星期日休息否……

(十六)該業係繼續性質抑占每年中若干時期

(十七)薪金一主任或經理……辦事員……職工

(十八)初任事者平均薪俸……

(十九)升擢之機會

(二十)從事該業之人數

(二一)該業所需要之品行

(二二)該業所需要之特殊技能

(二三)初任事者須注意何項預備

(二四)習該業後,可獲得何種訓練

(二五)僱主對於僱工能否於未僱之前令其先受訓練,抑
先行僱用再令其於工作之暇入補習學校?

(二六)僱主能否與職業指導所合作實行下列三事?

甲___僱用職業指導所所荐之適當人才;

乙___願送年幼職工入相當之補習學校;

丙___有位置時告知職業指導所。

(二七)僱主願用下列之何種學生:

(甲)高小畢業生,(乙)中學畢業生,(丙)職業學校畢業生

(二八)其他

(二九)調查者之意見

(三十)調查人姓名　　　　(印章)

四、施行工人教育

本市各項工業，尚未完全脫離手工業時代，故所有工人，無組合之團體，散處市內，絕少聯絡機會，欲實施教育，殊屬不易，本局於辦理歷屆民衆學校時，每就工廠商店集中地點，儘量設立，以便職工利用工作餘暇，補受教育，本年度開始，益加注意，并開辦高級民衆學校，偏重職業訓練，以饜職工之慾望，因工廠商店職工，泰半具有前期小學程度，就其需要而論，生計教育，尤爲切要，然多數職工，往往以雇主，不明事理，延長工作時間，無暇到校，本局有鑒於此，爰依照工商部訂定之工人教育計劃大綱，規定本市工人教育設施辦法，會同社會局協力進行，其內容：凡本市工廠商店職工人數，在十人以上者，均須舉辦補習教育，以利職工。如設立補習學校，舉辦圖書閱報處，布置格言標語圖畫，表演電影戲劇，發行讀物等等，或自行單獨舉辦，或聯合附近同業合力進行，其督促設立之責，屬諸社會局，所有規畫進行等一切事項，則本局任之，其餘工廠商店之職工人數，不滿三十人者，或聯合同業舉辦，或督促其職工，入附近之補習學校肄業，其舉辦時之一切經費，大部分均由廠店自行負担，必要時由本局酌量情形，予以協助，以資普及使全市職工，均有受教育之機會。

五、開辦盲啞學校

特殊教育之在吾國，向鮮注意，而盲啞教育，更無規畫舉辦之成績，坐視此輩可憫民衆，不加訓教，使國家長存此殘廢份子，甚則流爲乞丐星卜之流，蠹賊社會，殊爲憾事。然環顧國內，除外人創設之幾處外，國人自辦者，寥若晨星，而公家設立者，則除本市外，更不多見矣，處此環境，吾人應如何奮勉努力以完成其任務。

本市盲啞學校，在船板巷內，於民國十六年，先設盲科，至十八年四月添設啞科，一切設施亦漸完備，現盲科分三級，啞科分兩級，學生三十五人，其教學方針，則趨重於職業方面，學習各種小工藝使有一技之長，以爲謀生之基礎，故盲科學生，除用凸字教授國語算術常識外，並注重音樂工藝，啞科則除發音等普通科目外，則以形象藝術爲主其成績之進步，亦較普通學生爲速，惟所招學生，大牟爲貧苦子弟，一切食宿衣着，均由學校供給值此市帑支絀，教育經費不足，維持現狀，已屬不易。最近有募捐之舉，期能集有成數，除補充給養以外，添置各項職業用具，俾於教學方法，益加改進，務使畢業於學校以後，能自謀生活，爲國家之健全民衆。

六、舉行通俗演講

通俗演講，在社會教育中，實占重要地位，其目的在啓導民智，改良社會，值兹訓政時期，喚起民衆，尤爲當務之急，本局因於十八年六月中，舉辦通俗演講團，以資灌輸民衆常識，所有演講人員，就本局各附屬社教機關，指定一人充任之，必要時，幷請市校學生共同參加，演講種類，暫分巡迴，特約，無線電播音，三種，巡迴演講無一定地點，每週由演講員巡迴各區舉行，特約演講由講員應特約機關之請，分往演講，如分往殘廢院，監獄，遊民工廠演講等。無線電播音，則假中央廣播無線電台舉行，講員由本團講員或臨時敦請名人任之。演講日期，巡迴特約，每星期一次，無線播電音每月二次。所有演講材料，由本局根據民衆需要，擬定大綱，分發團員，由團員自編講稿，一切演講設備，除應有之旗幟外，幷備留聲機幻燈片及儀器標本圖表等以資號召聽衆，增加興趣。

七、整頓通俗教育機關

(子)第一通俗教育館

該館前爲江寧縣立通俗教育館，於民國十六年八月，由本局接收，改稱今名。組織分爲三部(一)總務部，辦理庶務，會計，文牘，保管，等事項，(二)圖書部，選購各種通俗圖書報章，以供市民之閱覽，(三)科學部，蒐集各種普通動物，植物，礦物，標本，及地質模型，理化器械等，以供市民之參觀考證。全館本年度經常費爲五千八百三十二元。職員除主任一人外，總務員一人，文牘兼會計一人，圖書管理員一人，儀器管理員一人，事務員一人，書記一人，圖書共二千七百六十一冊，科學模型圖表，共七百三十八種，又二百三十六件。

該館原有體育場一方，範圍甚廣，學生及民衆於業餘之後，來此運動者甚多，現已劃入市立中區實驗學校以內，用以建築教室，而現有演講廳一所，將來因子午線路關係，亦在拆除之列，以後所留存之館舍，實不敷陳列圖書與科學儀器兩部之用，現擬在最短期間以內，計劃改爲民衆科學館，將所有圖書除與科學上有關係者留存外，一律歸并民衆圖書館。

（丑）第二通俗教育館

該館原名第一公園圖書博物體育管理處，成立於民國十七年十二月一日，即由前第一公園內歷史博物館，圖書館，閱報館，體育場，合併組織之。於民國十八年七月，更名爲第二通俗教育館。館內組織分爲三部，(一)圖書部，內分圖書及公報雜誌報章兩部，總計圖書有五千八百四十三冊，(二)博物部，陳列古代文具武器，彫刻，金石，書畫，等類，總計有一千六百九十九件，(三)體育部，設有彈子台一張，網球場及籃球場各一方，全館本年度經常費，爲四千八百元，職員除主任一人外，圖書管理員一人，體育管理員一人。

該館館址居第一公園中，於民衆散步之時，隨意到各部遊覽，至爲便利。各部遊覽人數，以歷史博物館爲最多，每日均在數百人以上。是以擬於該館增設革命紀念館，陳列革命偉人肖像著作及種種紀念物品，使民衆於瀏覽之餘，並可景慕革命偉績，現計劃已經草擬，於最短期間內，從事設立。

（寅）通俗圖書館

該館成立於民國十六年六月，迄今三載，初定名爲南京特別市立第一通俗圖書館，借平江府佈道會爲館址，於十七年改名爲南京特別市立第一圖書館，並遷移孔子廟。孔教會舊址內。於十八年七月後，又改名爲南京特別市立第一通俗圖書館。館內分爲二室；一•閱書室，二•兒童閱書室，三•分類雜誌報章室。組織依事務之性質，分爲六股；一•總務股，二•編目股，三•選購股，四•參考股，五•典藏股，六•推廣股。全館本年度經常費爲四千〇八十元，圖書共計四千九百四十九冊。

該館館址適當孔廟便利市民麕集之所，每日平均來館閱覽書報者，均在二三百人以上。惜館舍僅有十二間，無法擴充，致來館者，常有人滿之患。現孔子廟之大成殿，已由本局接收，决定將孔廟內東西兩廡大成門及聚星亭等處，作爲通俗圖書館館址，改名爲民衆圖書館，並擬將巡洄文庫露天閱報處問字處代筆處等，同時興辦。

八、籌設九龍橋游泳場

游泳爲夏令最合宜之運動，發達肌肉刺激內臟，其功用甚大，有急宜提倡之必要，惟市內關於水上運動場之設施，素無良好場所，殊爲憾事。本局爲適應民衆之需要，在九龍橋附近設立游泳場一所，於本年六月下旬開始籌辦，擇定通濟門，武定門間之護城河一段，先建初步練習場，及跳台，木筏等設備。至八月底更衣室告竣，同時公佈游泳規則，並派員指導。民衆到場運動者在夏令秋初之時，日以數百計，其能演習技巧運動作者，亦復不少。將來於經費寬裕時，設備方面，當力求擴充以期完善。茲約述概況如下：

（一）關於設備方面

（1）初步練習場　此場在水深六尺處，打下木樁，圍以鐵絲網，使初習游泳者，亦得在場內放胆練習。

（2）跳台　在水深二丈的水面，築兩丈高度跳台，與高低跳板二，專爲嫻習游泳者練習各種角躍技巧動作。

（3）木筏　設木筏一（一丈長八尺寬）繫定在河之中心，以備游泳者橫渡護河，休憩與跳躍之用。

（4）更衣室與參觀室　臨河邊築房屋一所，前面爲參觀室，後面隔成八間更衣室，專供男女更衣休憩之用。

(5)救護船　設救護船一，專司救護者瞭望全場，準備救援。其他救護竿以及救護圈袋等，亦一一備置，以防不測

(二)關於指導管理方面　由本局派指導員管理員各一人，負指導管理之責。

九、開辦民衆茶園

民衆茶園，爲實施通俗教育的要端，具有簡易民衆教育館的功能，迎合民衆喜入茶肆之心理，採取娛樂的方式施以相當的社會教育。綜我們試辦民衆茶園之目的有下列數項：

(一)灌輸市民應有的普通常識

(二)培養市民高尚人格與良好習慣

(三)使市民享到娛樂均等的機會

(四)使市民對於市政府一切設施計劃有正確的認識

本局原擬在本市東南西北中下關浦口等處各設一所，因限於經濟，在夫子廟貢院街先行試辦一所，就舊有江南書局改建，於本年三月着手籌備，五月底建築告竣，六月二日行開幕禮，公布簡章，派員指導，內容布置除茶室外有民衆閱書報處，民衆問字處，彈子房，乒乓室，及簡單衛生藥品並組織音樂，棋枰研究等會，茶點招商承辦，一切教育環境布置，統由指導員負責，辦理以來甚爲發達，依數月來每日到園人數之統計平均有一千二百人以上，足徵此項教育之設施，於市民甚爲需要，一俟經費寬裕，仍當按照原定計畫，逐漸推廣。

十、籌設民衆教育館

本市孔子廟位于本市之東南，交通極爲便利，遊覽民衆最夥，明德堂尊經閣等處，現爲夫子廟小學校舍，大成殿及左右各祠房屋，向爲駐軍之所，久未修理，荒蕪殘破，不知利用，殊爲可惜。該廟現由本局接收，遵照內政部令，辦理民衆教育事業，現已决定利用該廟及各祠房屋，設施社會教育事項，以啓油民衆之智識，陶冶民衆之品性。所擬之整

個計劃，業經市府批准，先將市立第一通俗圖書館遷設孔廟東西兩廡內，改名爲民衆圖書館，並增設巡迴文庫問字處代筆處及動植物園等，於青雲樓及崇聖祠兩處，籌設民衆藝術館。俟第一通俗圖書館遷移孔廟東西廡以後，即以該處籌辦民衆衛生館，而後按各祠房屋之形式大小，分別籌設民衆遊藝館，革命紀念館，學校成績館，公共大會堂等；以上各館均可次第開放，以應市民求知，審美，健康，集會之所。正招工修葺陸續舉辦。

十一、籌設簡易體育場

體育場之籌設，爲提倡體育之要端，以增進市民身體之健康，並改善民衆業餘生活爲主旨。關於民衆教育，至重且大。以目前首都情形論，公共體育場之充分建設，雖不能期之於最短時間內實現，而籌設順序，則不得不先事計及。茲擬先籌設簡易體育場數處，然後再設較完備之體育場以應市民之需要。現從事籌設，擬於十九年元旦正式開放者有下列二場：

(一)市立第一簡易體育場　夫子廟一帶爲遊人集合之處，亦實施民衆教育之良好場所。本場利用夫子廟小學操場，略置普通體育設備。於課餘之暇，予民衆鍛鍊身體之機會。

(二)市立第二簡易體育場　本場利用興中門小學操場籌設，位在該校北部，獅子山之西麓，借靜海寺隙地五畝爲場址。場中有三星岩，岩之北部，設籃球場，西部設網球場及體育器械，西北則設迴道與足球場。惟場地低窪，起伏不平，周圍居民雜處，鷄犬羊豕牧畜其間，擬築短牆圍欄，保持清潔。將來能充分添置設備，不難成爲下關區民衆體育之中心。

十二、審查戲詞鼓書

戲詞鼓書，對民衆教育，影響甚大。西哲有言：「戲劇是人類道德之救星」，實非過語。本局有鑒於此，特先後訂定各種戲詞鼓書審查細則，并確定審查順序自本年一月七日起先審查電影，五月二十二日起審查京劇，十月二十五日起審

工作述要

查清音，十一月十一日起審查大鼓。其餘雜耍說書於十二月內亦已次第實行審查。其審查經過和審查結果，約如下述：

(一)審查戲詞鼓書之範圍：

(1)京劇　(2)話劇　(3)電影　(4)清音　(5)大鼓　(6)雜耍　(7)說書

(二)審查戲詞鼓書之方法：

(1)凡本市各娛樂場所，須將每日所演遊藝名稱及內容，送局審查。

(2)各娛樂場所申請審查時間，爲每日上午九時，至十二時。

(3)各娛樂場所申請審查時，均須塡具申請書，京戲院須塡寫劇情摘要，電影院須粘附說明書，於前三日呈送本局審查。

(4)審查時認爲與本市管理公共娛樂場所規則，無甚抵觸者，則塡發本局製定之許可證，違者禁演。

(5)申請書審查後，塡發許可證時，同時將准演之遊藝名稱等通知社會局警察廳，以便隨時檢查。

(6)電影說明書有詞句穢褻者，責令其改正。遇有疑異時，須由局派員，至該電影院令其預演。

(7)電影預演後，認爲有違反審查規則者，禁止其開演，或截割該片之一部分，由局暫行收存。俟該片演放時期完畢後發還。

(8)各娛樂場所每日須將許可證粘附在核准戲目公布欄內，以便檢查。

(9)各公共娛樂場所逐日演唱劇目，由局分期公布，以便其採用。

(10)本局派定公共娛樂場所視察員十八人，持審查證前往各該場所審查。遇有內容與申請審查時不符認爲須臨時禁演者，則通知所在地附近警察局取締之。

(11)視察員須將視察狀況，塡表送股主任科長核閱，俾憑獎懲。

(三)本市各公共娛樂場所之數量統計：

(1)京劇　一〇

(2)電影　一〇

(3)話劇　三

(4)清音　二一

(5)說書　八四

(6)鼓書　八

(7)雜耍　三九

(四)審查後准演與禁演電影京劇如下：

(1)准演電影　四二五種

(2)禁演電影　一〇種

(3)第一期公布准演京劇戲目一百七十齣

(4)第一期公布禁演京劇戲目六十二齣

(5)第二期公布准演京劇戲目一百五十齣

十二、審查民衆讀物

民衆讀物流通於本市者甚多，新編讀物亦日見增加，內容難免不含有封建思想或違背本黨主義者，若不加以審查，危險殊甚！嗣後凡本市各書坊發行或販賣之民衆讀物，非經本局審查，領有許可販賣執照者，不得在本市範圍內自由發售。現審查民衆讀物細則，審查申請書，許可執照等，皆已製定，日內即行公布，通令本市各書坊，一律遵章呈請審查。此外本局并自編有壁報與通俗畫報兩種，壁報之作用，在報告時事新聞，灌輸市民智識，每週出版一種，張貼於通衢之旁以備市民遊覽，至今出版己有四十六期之多，頗得一般市民之歡迎。通俗畫報係不定期刊物，因經費困難，出版期數較少，現擬增加刊印，以廣宣傳。

十四、舉行本市名勝古蹟登記

本市夙稱名都，素擅山水園林之勝。奠都以來，尤爲中外人士瞻觀所繫，關於各地勝蹟，年久毀廢，今若不加考證，卽將湮沒無彰，本局爲徵顯名勝古蹟起見，於今年一月，派員分往本市東西南北及下關五區調查，并一一爲之攝影製片。綜計此次調查共三十餘處，攝影百二十五幅，悉加論說，編列成冊，名曰首都名勝古蹟，於六月一日出版，適當總理奉安之期，中外人士來京參禮者甚多，爭相購賭，以作遊覽首都名勝者之南針。當時銷數，在千數以上。此次調查，因時間迫促，未克周詳，挂漏在所難免，現擬繼續調查，並公布名勝古蹟登記細則，通令保管者一律遵章來局登記，以資保護。

十五、設立民衆閱報處

本局所設民衆閱報處，始於十七年度上半年，地點大都附設在學校或其他機關之內，如貢院街，剪子巷，三牌樓，大行宮，倉頂，新廨，新菜市，米行街，興中門，夫子廟，昇平橋，唱經樓，等十二所。十七年十二月，因唱經樓一處，辦理不善，隨卽停辦，添設五洲公園，綠筠花圃，和平門三所，計算十七年度具辦民衆閱報處十四所。十八年一月，貢院街一處，因房屋問題停辦，同時在倉巷添設一所，七月昇平橋閱報處停辦，又在鼓樓村及民衆茶園兩處各設一所，十一月份，又派員調查，切實整頓，內有綠筠花圃、和平門，倉巷，鼓樓村、夫子廟，倉頂六處，或因交通偏僻，或因辦理欠善，均自十二月份起一律停辦，現所存者，僅有九所。各處報紙種類，訂購者計有七種，卽京報，民生報，民國日報，時事新報，新聞報，時報，申報等。各地贈閱者，有華北日報，河北民國日報，廣州日日新聞等，此外幷陳列有數十種黨義書籍及各種公報，以供民衆閱覽。每處每月經費管理員津貼費洋四元，報費六元二角五分。以九處計算，每月經費共九十二元二角五分。

十六、整頓本市學術團體

本市私人組織之社團，以研究學術爲目的者，統稱爲學術團體，每有假借研究學術爲名，而實行其研究學術範圍以外之事，若不加以管理，殊與社會治安及風化有關。本局有鑒及此，呈請教育部指示辦法，旋奉教部指令，遵照民法總則及現行教育行政機關管理學術團體辦法辦理，玆將此項辦法錄之於左：

教育行政機關管理學術團體辦法

一，凡私人組織之社團以研究學術爲目的者概稱學術團體除遵照民法總則及他項法令之規定外依本辦法辦理

二，學術團體之目的或行爲不得有左列各項情事

甲　違反黨義

乙　妨礙治安

丙　敗壞善良風俗

丁　涉及迷信

戊　干涉行政及其他一切學術範圍以外之事

己　籍端斂財

三，學術團體之設立須由發起人擬具章程呈請所在地之省或特別市教育行政機關許可其章程應遵照民法總則第四十七條之規定記載左列各項

甲　目的

乙　名稱

丙　董事之任免

丁　大會召集之條件程序及證明之方法

戊　社員之出資

己　社員資格之取得與喪失

四，學術團體成立後應開具左列各項連同所有章程規則向所在地之省或特別市教育行政機關登記

甲　事務所地址

乙　董事之姓名年齡籍貫學歷及職業

丙　資產資金或其他收入之詳細項目

丁　社員之姓名年齡籍貫及學歷

登記後如章程規則及甲乙丙三項有變更時應隨時呈報備案

五，學術團體應受所在地之省或特別市教育行政機關之監督遇必要時教育行政機關得查核其財務或事務狀況

六，學術團體須於每年度終結後詳開左列各項呈報所在地省或特別市教育行政機關以備查核

甲　前年度所辦重要事項

乙　前年度收支金額數目

丙　前年度新加社員之姓名年齡籍貫及學歷

七，學術團體爲謀學術上之發展起見得在各地方設立分社但須向所在地之教育行政機關登記

八，省或特別市教育行政機關對於學術團體之請求登記年終報告及臨時發生重要事項應隨時核轉教育部備案

丁，關於教育研究者

△按本局本年十月設立教育研究部掌理編審測驗統計調查圖書等工作該部於十月十六日正式成立本報告所載實際祗兩個半月的工作。

一、編訂教育論文索引

本科鑒於教育論文之重要，特從四五十種定期刊物中，搜集數年來國內人士關於教育方面之零篇著述，編爲索引。分教育行政，教育通論，教育法，比較教育，教育報告，教育制度，教育重要問題等十數門，由編審股主其事。本工作自十一月二十號開始，閱時一月，成教育行政，教育制度，教育重要問題三門，計三四千言。

二、編輯兒童讀物

本局鑒於兒童缺少適當讀物，因編訂「好朋友」多種，作爲兒童補充教材。此刊取材於中外名家小說歷史故事及其他富於教育價值文學興味之資料，用淺顯文字，表演深奧意味，內容豐富，圖畫新穎，甚合兒童自由學習之用。編輯方法暫分六類，第一類係革命故事，第二類科學故事，第三類歷史故事，第四類童話，第五類普通故事，第六類國恥。第一類出版者，有名人傳，中山先生上中下三冊，林肯上中下三冊，及各種革命紀念日各冊，第三類出版者，有三國志六冊，第四類出版者，有西遊記，小人國，金河王三種，第六類編有五三國恥，五九國恥等冊，第五類水滸，野人記等在編印中。此刊編制，原是根據整個教學法，把兒童各種生活，根據一個中心，編成各個單元並依照各種材料之性質，分編甲乙丙丁戊己庚辛八套，以便分別使用，得收各課互相參證，互相聯絡之効。後因他種關係，改將乙丙…………辛等套停編，專編圖畫讀本。出版以來，多承教育界同人之指導和贊許，並蒙教育部通令全國各小學校採用。推行頗廣。惟本局限於經費，不能按時出版，殊爲憾事。

三、審閱兒童讀物

兒童生活，和成人不同，兒童之世界，亦和成人不同，一般人忽於此點，每將兒童不能了解之成人事項，免強兒學習，兒童之黃金時代，由是完全犧牲。本局有鑒及此，對於本市坊間發行或銷售之兒童讀物，特予以審查，以免發生流弊。凡流毒社會貽害兒童之讀物，一律禁止發行，其適合兒童心理，而內容爲兒童經驗想像所及，饒有興味者，則加以獎勵，以資提倡。今按期送請本局審查者有商務印書館，中華書局，世界書局等書店發行之兒童讀物，審查結果，除間有失當者外，大體尙無不妥之處。至審查方法，另訂有審查兒童讀物細則，作爲審查標準，合於該標準者均可給與發行執照，准其在本市銷售。而本局另編兒童讀物索引，分童話，歌謠，古事，寓言，神話，物話，兒童研究等門，用備參閱。

四、編輯首都教育月刊

本局自成立以來，即創辦教育月刊，宗旨爲研究教育學術，傳布教育消息；內容分論壇，研究，教學，參考，文牘，規程，記事，報告諸欄，每月出版一冊，遇必要時，則出版特刊，發行專號，計第一卷有黨化教育特刊，第二卷有識字運動等專號，截至本年六月止，計出至第二卷第三期。七月起，改名爲首都教育，仍爲每月一期，內容較前更爲豐富，汰去文牘記事兩欄，而代之以專著譯述，以期切於實際。計第一期爲視察報告專號，第二期第三期均爲普通號，第四五兩期合刊，爲社會教育概況號，現四五期已付印，不日即可出版。自第六期起，擬繼續編輯「首都教育計劃」「新課程標準討論」「實驗教育」三專號，現正在編輯中，又本局爲力求充實首都教育」內容起見，特聘請教育專家，担任特約撰述，現已聘定者，計教育行政組，朱經農，郜爽秋，杜佐周；社會教育組，陳劍脩，俞慶棠，劉季洪，顧天樞；小學行政組，雷震清，胡叔異，薛滌舲，袁健安，劉學志，張曼和，小學教學組，吳增芥，尙仲衣，施仁夫，趙欲仁；小學課程組，王祖廉，馬客談，俞子夷，鄭曉滄；實驗教育組，陶知行，羅良鑄，李清悚；中等教育組，廖世承，姜琦；師範教育組，汪典存，常道直；教育原理組，舒新城，孟憲承，邱椿，莊澤宣；黨義訓育組，王克仁，吳研因，段錫朋，顧克彬；幼稚敎育組，張宗麟，金海觀，陳鶴琴；敎育心理組，陸志韋，唐鉞，朱君毅，艾偉。

五、編輯南京市校半月刊

南京市校，原爲月刊，係南京特別市立學校敎職員聯合會研究科之出版物，目的專在報告各市立學校之教育新聞，每月出一單張，中途曾因故發生短時期之停刊。自本年十月一日本局成立敎育研究部以來，鑒於該刊停版之可惜，乃與該會研究科合作，重新恢復出版，使學校與行政方面可以聯絡溝通。編輯責任由本局研究部與京市學校敎職員聯合會研究科共同負責。自第二卷第一期起，改爲半月刊，爲充實內容起見，改單張爲小冊子，除學校新聞外，幷加研究論著一欄，學校新聞，由各市校負責，研究論著，則由本局研究部負責，以收分工合作之效。現已出版至二卷三期，內容豐富，深得閱者歡迎。第四期業已集稿，不日卽可付印，又本刊除學校新聞及研究論著外，每月並附印敎聯會務報告一次，隨刊附送，編輯責任，由敎聯會任之，

六、編譯敎育叢書

本局從前本有敎育叢刊之編輯，計已出版者，有「小學校長」「兒童體格檢查法」「油漆校舍的起碼知識」數種，嗣因經費困難，原定計劃，難以見諸事實，自本年十月本局成立敎育研究部以來，對於本局出版物，力求擴充改良，幷擬將從前小冊子式的敎育叢刊，改爲大規模的敎育叢書，但本局工作人員有限，且各人皆有其專任之職務，欲其專於著述，實爲事實上所不能；故不得不採徵稿辦法，以期有成。此種辦法，現已擬定，卽約定局內外編輯人員及著作家，任撰述責任，其著作物用首都敎育叢書名義發行之，版權稿費，均係照所訂規程辦理。又爲編譯有系統起見，擬將叢書分爲若干種類，暫時所擬定者，計有敎育原理，敎育心理，小學敎育，中學敎育，社會敎育，職業敎育，實驗報告等，現在已經約定之著作，計有三民主義敎育實施法，一個小學課程實驗報告，職業指導三書，前者爲著述，後二者爲譯述，約明年六月間，可以脫稿付印，

七、組織教育研究工作委員會

本部爲求研究便利起見，特組織教育研究工作委員會，除本部研究員實驗學校研究員爲該會當然委員外，市立學校各推定主持教務或研究之教職員一人爲委員，由本部函聘之。凡爲教育研究工作委員，應負敦促各該校進行研究之責，并担任本部與各該校間之接洽事項。

此項委員會，每月開會一次，由本部主持，商定研究題研究程序及工作之分配執行等事項。

此會于十一月初組織完成。十一月八日舉行第一次委員會，當經會員議决本期研究工作爲「研究記分法」，并商定先由測驗股擬具表格，調查各校現行之記分方法，然後從事研究。十二月十日舉行第二次委員會，將測驗股所擬之記分方法研究報告，詳細討論，并决定本期之研究工作爲「舉行團體智力測驗」，分配各委員担任測驗，已於十二月十一十三兩日分別舉行甲乙兩種測驗矣。

八、組織各學科研究會

市立各學校之教師，爲增進教學效率起見，原有分科教學研究會之組織，本年度開始，仍照常進行，分爲國語，算術，社會，自然，藝術，黨義訓育，體育衛生七種。

國語，算術，社會，自然藝術等各科研究會之籌備事宜，由各實驗學校主持之。黨義訓育研究會及體育研究會，由校長會中公推弁平橋小學督糧廳小學兩校主持之

本學期中，各種研究會均開會二次，第一次開會地點，設在主持該會之學校，第二次則分設於各校，由校長會指定之。每種研究會開會，各校至少有教師一人參加，教育局中，并有各科指導員出席指導。開會時間，自下午二時起，至四時止，不得改遲，亦不得延長。會員所提之研究問題，均須擬具體辦法、并力求適合於實際上之應用，决非憑空立論，爲口頭之研究也。

九、規定各校實驗研究問題

本市各實驗學校，均設研究員一人，其所研究之學科，經本局分配如左：

東區實校研究員　國語

南區實校研究員　算術

西區實校研究員　藝術

北區實校研究員　自然

中區實校研究員　社會

各科研究員對於担任學科之實驗與研究，固負完全之責任；但在一時期內，無確定之研究目標，進行上殊感困難。

爰集合本局各科指導員及各實校研究員，將本學期內各科之研究問題，共同商定，然後提交研究工作委員會中決定之。

本學期內決定各科研究員之實驗研究問題爲：

國語　編訂各級國語閱讀的階段錯字調查

算術　自製算術教具

社會　蒐集，編訂各紀念日所用之教學綱要，讀物及教學用具

自然　編訂自然科實驗目標

藝術　編訂美術科各學年之中心研究教材

又十八年度下學期實驗工作亦經擬定如次：

十八年度下學期實驗工作進行辦法

一，中小學新課程的實驗

(1)實驗目的

1依照教部新課程標準的各科作業要項和時間，排列各年級的課程。

2依照各科作業要項就本市各科研究會研究的結果編定綱要和精讀的教材，實地試驗（能編造補充讀物尤好

3就各學月試驗的結果會同教育局研究部商量各科標準測驗的編造

(2)實驗方法

1各實驗學校必須擔任的科目：

初中課程	中區
小學國語	東區
社會	中區
自然	北區
算術	南區
工作美術音樂	西區
體育	中區
幼稚園	西區

2各實驗學區內的學校如自願擔任此項實驗工作，其科目暫以該區所担任者爲限。方法和材料的供給，仍由實驗學校負責。如有兩校以上加入可組織「新課程某科目實驗委員會由該區實驗學校委員總其成」。

3在新舊課程有顯著異點的科目可設「對比級」或「對比組」將兩方不同之點隨時紀錄

4參攷書籍和材料由實驗學校擔任徵集。遇有困難時可和教育研究部接洽。

5每一學月開一次討論會，教育研究部須參與討論，遇必要時得請專家出席指導。

6每週工作的經過和結果須有一次報告。

7新課程標準中應注意發現其「分量的支配」「要項應增删」各點

8實驗工作在開學第一週卽須着手。至少於開學前一週決定以便籌備。

二，教學方法的實驗

(1)整個的設計教學

現在行設計教的學校很多，但是發現兩個缺點，(一)各個單元不相聯絡(二)各個單元不能有顯然的進度。倘若將一學年，或一學期的單元使得有自然的銜接和進度便可補救以上的缺點。

(2)設計教學不僅限於低年級

高級和中級有無行設計教學的可能。至少在中級採取設計精神，是做得到的

(3)道爾頓制和一部分的道爾頓制

(4)比較學習的實驗

就智力相同的兩組兒童，用同樣教材用不同樣方法，比較學習的結果

三，不同編制中特殊教法的實驗

(1)能力編制　(2)單級　(3)複式　(4)分團

四，特殊兒童的教育

(1)天才生　(2)低能兒

五，本市亟待研究的問題

(1)小學訓育的具體標準和各個標準的成績考查方法

(2)社會自然及其他科目有系統的自製教具

(3)中小學聯絡方法

(4)『教學做』原則的徹底試驗

(5)『學校社會化』原則的具體試驗

(6)兒童字彙的編造

(7)幼稚園的教材

(8)唱遊的教材和教法

(9)各年齡兒童的體育標準

(10)各科補充讀物

自二至五各項實驗工作，實驗學校至少能擔任兩種，其他學校，就環境和興味最好亦能各認定一種。

六，教師的自定研究工作

(1)一個教學問題的解決

(2)其他教育論文

十、組織幼稚教育研究社

幼稚教育，爲各階段教育之基本，但非有深切之研究，不足以固基礎而資推廣。本部有鑒於此，爰與中大實校，南女中實校，南中實校，市立中區實校等，共同發起，組織一幼稚教育研究社，先後加入者，有鼓樓幼稚園，東區實校幼稚園等十三處。旋經發起人開一籌備會議，決定十一月九日，假南女中會堂開成立大會，除開會，通過簡章及選舉職員外，并請各幼稚園之幼稚生，表演游藝以助餘興。

十一月九日開成立會，到會之機關社員，計有中大實校，南女中師範科等十八處，個人社員計有三十八人，下午二時開會，表演節目達二十餘，頗極一時之盛，四時表演完畢，繼以攝影，然後邀集社員，開會通過章程，并規定四個月內之研究工作，爲調查，討論，編輯，實驗，展覽，娛樂等六種；次由社員選舉該會幹事，機關社員當選者，爲中大實校，南女中實校，南中實校，市立中區實校等，個人社員當選者爲夏承楓君。

十一、成立初等教育參攷部

本局爲改進本部初等教育起見特設初等教育參攷部，從十月起開始徵品，已於十二月底完成。該部共三室，中間一室，陳列本局行政圖表及各學校概況表，并作爲圖書閱覽室。左邊一室，劃三分之一爲圖書室，三分之二爲學校行政，兒童活動，及參攷品等陳列室。右邊一室，爲各科教學成績，兒童成績，設計活動成績，等陳列室。

學校行政之圖表，各校至少須有學校概況，歷任教職員，歷屆畢業生數統計歷年各級男女生統計，校舍平面圖，歷年經常費收支統計，校中經費出納手續等七種。教學實況之成績，一二年以各科聯絡教學的整個活動爲單位，三年以上，則以科目爲單位，內分教材，教學順序，測驗，成績，自製教具，參考書籍等六項。教師著作書學校出版物，個人出版物，研究報告三種。兒童活動分組織及各項事業的活動兩項。實驗成績，分設計活動及實驗教學報告二種。參考品分兒童玩具，土產，及各地搜集之參考品三種。該部因房屋太小，不敷陳列，目下各校送來之成績，尙係少數，將來如全部送來，更屬無法陳列，故非將該部房屋設法擴充不可也。

十二、研究成績考查記分方法

本年暑期全市小學教師研究會，曾有研究成績考查記分方法之懸案，經十一月八日研究部第一次研究工作委員會之議決對於研究記分方法之進行步驟，決定先由本股擬具表格，調查各校現用之記分方法，然後從事研究。

十一月十四日，發出記分方法調查表，內分記分方法，記分表，成績考查規程，學業總評四項。

十二月九日止，收到之調查表，計有東區，中區等二十五校。

十二月十日第二次研究工作委員會，將收集之調查表，整理報告，并經該會詳細討論，議決採用左列各種方法：

(子)TBCF記分法　用於標準測驗。

(丑)標準差(S)記分法　用個學月測驗或學期測驗時能用問題測驗的各學科之批判成績。

(寅)常態分配法　按常態分配比例，分超優中可劣五等。用于平日各科成績的記分，用于學月或學期測驗時求各科學業成績的等第，用于學月測驗或學期測驗時不能用問題測驗的各科學科之批判成績。

(卯)等第用數記分法　用于計算學業總評。計算之方法，根據等第因數與學點分數。(等第分數×學點分數＋等第分數×學點分數……÷學點分數之和＝總評) 等第分數爲超5優4中3可2劣1，學點分數以三十分鐘爲一學點，餘類推。

以上之議決案，再由本股加以詳細說明及舉例，編印成冊，然後發給各校試用。

十三、舉行團體智力測驗

十一月七日研究部第一次之部務會議，議決半年內應舉行全市各校團體智力測驗一次，旋由本股計劃進行方法，決定採用廖世承氏之團體智力測驗甲乙兩種爲測驗材料，并請各校工作委員，担任測驗。

十二月十日研究部之第二次工作委員會，決定十二月十一日測驗團體智力測驗甲種，十二月十三日測驗團體智力測驗乙種，分配担任各校測驗之工作委員及測驗卷，請定本局熊藻高，潘平之，郎奎第，黃龍先，薛天漢先生等爲分區監試，同時分發被測驗者之年齡生日調查表一紙，請各校塡寫以備查考，并將查驗之方法及應行注意之點，詳細說明。

十二月十一及十三兩日，如期測驗，担任測驗者爲研究工作委員三十六人，(如遇學級數過多之學校，由工作委員請人襄助，惟對於工作方法及注意點，亦須詳爲說明) 担任助理者爲各該校之教師，担任收卷者爲分區監試員熊藻高先生等五人。

此項團體智力測驗卷，計共九千餘本，擬儘寒假期中，批閱完畢，卽著手編製統計云。

十四、舉行全市兒童正常體重之測量

人之年齡身長與體重，有一定比例，此卽所謂正常體重。美國紐約地方，曾測量一萬兒童之正常體重，其統計之結果、高出于我國兒童的平均體重十分之二三，其中原因，固甚複雜，而我國體育成績之不良，實爲原因之重且大者。早年美國體育家麥克樂氏，曾在中國做過同樣之測量，但以人數過少，不能得確定之標準。本局有鑒於此，特由體育指導員王健吾君，會同中央大學體育科之教師與學生，舉行全市兒童正常體重之測量自一月二十七日起，至十二月三十日止，共計測量之兒童，達一萬餘人，一俟統計完成，卽可求得一標準，分省各校試用。茲將此次所用之測量表附後：

正常體重測量記驗表

校名	立　　學校
年級	年級　　學期
學生姓名	
性別	
虛年齡	歲　　月生
實足年齡	歲　　個月
身長	公分
體重	分兩
測量日期	年　　月　　日
測量者	

南京特別市政府教育局研究處

十五、試編書法量表

欲評定書法成績之優劣，應以量表爲客觀標準。而坊間現有之書法量表，又皆不甚適用，故本股擬先。編造書法大楷量表，計劃如下：

一，量表範字選材的標準

（子）各種筆法要平均支配。

（丑）各種字的形高，要平均支配。

（寅）書寫難易的程度，要平均支配。

（卯）要用常見的字。

二，規定用紙及格子式樣

（子）用毛邊紙。

（丑）格子大小，爲一寸見方。

（寅）用方格。

三，組織驗造書法量表委員會 請定長于書法者若干人組成一委員會。量表所用之範字，即由此委員會選定之。

四，擬定大楷測驗說明書

（子）成績上不塡年級與姓名。

（丑）測驗不限時間。

（寅）測驗前須預備硯，墨，羊毛筆等用具。

（卯）測驗時教師應說：「今天要你們寫八個字，大家要照着範本的字寫，不要多寫，也不要少寫。大家要用心寫，墨要磨得濃些。」

五，成績批判及統計方法

(子)將成績編列號數。

(丑)假定全部成績爲若干階段，幷規定每段的分數。

(寅)先分全部爲各階段，再用常態分配法批閱成績，幷將號數記於各階段。

(卯)統計各階段之代表成績

a 選出各委員評判同在一階段之某號數爲代表成績。

b 如果不能選出同在一階段之某號數，祇能就該階段得分最多之各號，求平均數最多者爲代表成績。

十六、編造十七年度教育狀況統計

本市十七年度教育狀況，前經陸續調查，曾編造統計圖表多幅，送往西湖博覽會陳列，當時謬荷各方推許，譽爲精善，惟是內容材料方面，率至十七年上期而止；下期事業增展，情況隨之變遷，故項目既待補充，內容亦賴續纂，教育研究部成立，統計亦爲工作計劃之一，當卽將十七年度教育狀況統計，開始工作，補充整理，審核校勘，期成爲一完整之年度教育統計，此項工作現告完竣，內容計分：「學校教育」與「社會教育」兩編，圖表都六十餘幅，學校教育編內，除市立學校，私立學校，私塾方面之各項統計外，更有關於本市學齡兒童之調查統計圖表七幅，此外最近調查所得之十七年度市校畢業學生畢業後狀況，亦爲統計製表列入，藉資研究焉。

十七、編造十七年度教育研究統計

十七年度下期（卽十八年春季）本局曾舉行全市市立小學兒童體格檢查一次，受檢兒童數，凡四千九百餘人，實足年齡自四歲至十八歲，檢查項目，有身長，體重，胸圍等項，此次受檢人數既多，檢驗事項，又在求精而不求多；實爲教育研究上絕好資料，教育研究部成立，當將此項材料，就體重，身長二項，分別性別，年齡，逐項統計，計求出身長最長，最短，平均數，中數諸數；又體重最重，最輕，平均數、中數諸數，並身長體重二者之相關數等，體格統計外，倘於十七年度末全市市立學校將畢業學生會考時，舉行算術四則標準測驗一次，現亦分別計算TBC分數，分校分項，加以統計矣。

十八、編造十八年度最近概況統計

本學期開始以後，本局即令發學校概況調查表暨教職員調查表等於各校，限期塡報；藉爲編造本年度最近概況統計之根據，教育研究部成立，復調製最近學務狀況調查表等，函致各校按項塡報，收到以後，復加核勘，遇有漏塡項目及其所報數目不符者，更分頭調查探詢，以期眞確，截至最近，關於市立小學部分之材料，始告齊全，現著手統計，已有結果者，計有：各級男女學生數，學生年齡，籍貫；男女教職員數；學級編製，學級數；各校經費比較，各校每生平均佔費比較；各校校地面積比較，各校每生平均佔地比較……等，凡此各項結果，業亦精細圖表，陳列於本局之小學教育參考部內，並擬彙合最近本市學區暨市教育機關地址詳圖，刊一最近本市教育一覽。

十九、徵集教育研究參考資料

本局自教育研究部成立，對於教育研究材料之需要，至爲殷切；故即首先計劃搜集徵求辦法，當時由研究部擬具徵求函啓，寄發於國內外各教育研究機關，各教育行政機關，各大學，各著名中小學校，請其將所有刊物，及其他參考資料，惠贈一份；或開示名稱價目，以便採購，計當時發出之函啓，凡五百餘通，荷蒙各方雅愛，不久即收到各地惠贈之刊物，不下千餘册若各種行政規程，表格，教材，測驗材料，統計材料……等，靡不琳瑯滿目，俾助研究工作殊非淺鮮，除分頭函謝外，一面並寄贈本局所出首都教育南京市校……等刊物，藉伸謝意，此外又曾與中華書局……等各書店接洽，請其將現行各項小學用書，教育研究參考書等，檢贈全套，旋亦即荷贈下全部或一部分，每種一份或兩份不等，又尚有其他各處所出各項定期刊物，亦曾詳細調查，凡局內所未有者，現亦分別函商與本局所出定期刊，互相交換，覆函贊同者，已有多起，凡此種種徵集材料，現均按其性質，分別陳列藏置於小學教育參考部及教育研究用書室內，俾得永久保存，並可隨時參考也。

二十、成立教育研究用書室

本局原有圖書室一所，惟藏書寥寥，且管理亦極簡約，殊不足以饜本局同人參考研究之需，教育研究部成立，需要參考圖籍尤多，且在研究部簡章上，即有附設教育研究用書室之規定，爰由局務會議議決：所有全局圖書，概歸研究部教育研究用書室整理保管，旋由教育研究部第三組著手籌備：一面擬訂教育研究用書室簡則，提由局務會議通過；一面整理原有圖書雜誌，依照王雲五氏所訂中外圖書統一分類法，分類編碼；並陸續擬訂管理上各項表格，章則等，于十二月初開始就本局同人部分，依照新訂辦法，開放閱借，此後在最短期間內，擬即編製卡片式圖書目錄，俾便稽索管理。下學期開始後，並擬將閱借者範圍，更擴充至本局各附屬機關之職員，蓋市校教職，曾有請本局設置中心教育研究圖書館之議，以格於經費而未果，今本室成立，雖目前規模尚狹，但續漸擴充；當亦可為各校教職員研究上之一助也，至於圖書之添購擴充方面，經費備感困難，現除向商務預約萬有文庫一部外，並先就中外重要詞典及教育研究之雜誌先行盡量採購，又擬訂徵借本局同人圖書辦法，提由局務會議通過，廣徵本局同仁私有圖書，使彙列本室，流通展覽，則又經費支絀中之一補救辦法也。

南京特別市教育局十九年一月至六月工作計劃

計劃

(一)學校教育之部

一、實現本市普及教育計劃

首都失學兒童，數逾二萬，應急籌普及辦法，以爲全國倡，茲已擬定第一步實施計劃，擬於三年內，使全市內所有失學兒童，有入學機會。

二、整理私立中學

本市私立中學，固有辦理合宜，成績尚佳者，而敷衍塞責者亦甚多，本期對於私立中學之整頓，擬有整個計畫，期其漸上軌道。

三、舉行第三次訓育主任檢定

本市中小學校訓育主任不敷分配，迭冈中央訓練部教育部及市黨部請示辦法，茲擬會同市黨部舉行第三次檢定，俾各校再不致感訓育上之困難。

四、準備鄉村教育改進計劃

此期中山陵園附近六校劃歸市辦，又省市劃分後，市區將收回鄉村學校二十餘所，對于鄉村教育應如何改進，亟宜準備完善計劃。

五、完成在職小學教師登記

小學教師登記規程已經公布，在此期內，登記事項應辦理完竣，俾師資整頓易於着手。

六、私立學校之立案與取締

市內私立中小學尚未遵令立案者尚多，擬訂限制及取締辦法分別處理。

七、陸續舉行分區塾師講習會

塾師講習會，已舉行者爲下關及東區，本期擬在中區南區陸續舉辦。

八、整頓私塾

本期擬舉行私塾調查，私塾改進討論會，並規定關于私塾之限制指導及獎勵等事項。

九、舉行全市運動會

四月一號，全國運動會開成立會，本市爲預備選手起見，擬組織全市運動會。凡市內大學中學及各界業餘運動，均得出席比賽，將來即代表本市參加全國運動會。

十、舉行中小學演說競賽會

是會每學期舉行一次，本學期仍擬照例辦理。惟辦法方面則時酌定之，以避先期準備之嫌。

十一、公布訓育標準

本市學校訓育標準，已完成草案，並提交學術研究會討論，俟通過後公佈。

十二、實行分科指導

分科指導，早已試行，本期擬再求進一步辦法，如長期駐校指導實驗教學等。

十三、編視察評點用表

本市小學行政視察標準已經規定。惟每一標準，擬更分細目，以便定其各種應佔之分數，則視察可更客觀。至教學訓育方面，亦應有同樣評點記載。擬在此期完成是項工作。

十四、修訂關於學校教育部分之法規

自市府成立以來，先後公布法規不下數十種，其中應存應廢及需修改補充之點甚多，擬重行加以整理，呈請市府鑒核施行。

十五、與衛生行政機關合作

市內學校衛生，擬會同衛生局規定辦法，實施學校衛生種種計畫。

(二)社會教育之部

一、實施普及成人補習教育初步計畫

本市應受成人補習教育人數，據最近統計有二十一萬餘人，若賴公家辦理學校，經濟人才，兩感不足，在短時間內，決無普及之望，現經本局擬定實施辦法，其普及責任，由市內識字民衆担負，務於最近二年內，使全市不識字民衆，均受初步之公民識字訓練、

二、舉辦第三屆民衆學校

本局普及成人補習教育計畫中，有識字捐一項，係由識字者繳納教授不識字者之代價，局中即以此項經費，舉辦民衆學校，依照各區文盲之多寡。酌辦學校，其校舍即借用學校私塾及公共機關廟宇等。

三、舉行第三屆識字運動

在實行普及成教計畫之前，爲喚起民衆注意起見，須舉行大規模之識字運動，分區實行，并調查不識字民衆之地址

，及其生活狀況，作實施教育之根據。

四、舉辦職業補習學校

成人補習教育之最終目的，當以充裕人民生活，增進社會生產爲主旨，本年中擬舉辦農工商各項補習學校十所，以補充各業民衆生活必需之智識技能

五、舉辦勞工教育

本市勞工教育，由本局依照工商部頒行工人教育計畫綱要，參酌本市情形，會同社會局訂定實施辦法，凡工廠商店滿三十人以上者，均須設立補習學校，不滿三十人者則設讀書處或閱書報處，並督促職工入附近補習學校讀書。

六、推廣盲啞教育

本局原設有盲啞學校一所，以限於經濟，未能充分發展，本年中擬用最經濟方法，添設職業科目，俾可養成盲啞學生之生活能力。

七、舉行私立補習學校登記

本市私立補習學校已有十餘所，爲整頓改進起見，須規定辦法，舉行登記，以便監督指導。

八、編輯民衆學校教材

民校教材，素感缺乏，坊間所出者，亦不完善，本局實施普及成教計畫時，須參照地方情形，編印市民識字讀本一部，字數不限一千，使常人能在四個月內讀畢，並以足敷初步之應用爲目的

九、舉辦職工訓練班

本局爲實施職業訓練起見，擬先召集各公共機關職工，開辦職工訓練班，所有教材，均由市立職業指導所編印

十、舉行民衆教育研究會

本局關於民衆教育之研究，原有民校教師研究會，及民教研究委員會，本年實施普及成敎時，一切規畫，有賴於專家之指導者甚多，故須另組委員會，以資研究討論。

十一、籌辦民衆學校成績展覽會

本市民校，已辦一百五十餘級，尚稱發達，本年中擬蒐取各校成績，及局中行政狀況，舉行展覽會一次，以資觀摩。

十二、編訂成人補習教育畢業標準

實施普及成教時須檢查市民，是否已受相當敎育，故須編定畢業標準測驗一種，以爲甄別文盲之用。

十三、編輯民衆讀物

普通市民，於工作餘暇，往往閱看淫邪小說，淆惑意志，爲害匪淺，本年中須編印適合民衆之讀物，材料新穎，以補充常識爲主旨。

十四、添裝民衆閱報牌

本局原有報牌十五處，懸於民衆之需要，實不敷分配，上半年中須擇定相當地點，推廣至廿處，幷將式樣改良，以求完善。

十五、推廣露天民衆學校

露天民校在上年中試辦一所，成績尚佳，本年在每一識字區中，設立一處，每日用同樣教材講授，以便民衆可流動學習。

十六、舉行巡迴演講

本局通俗演講，舉行以來，極合民衆需要，每次演講，聽者均極擁擠，本年須擴大組織，普及各處，以利宣傳。

十七、籌設公共講演廳

本市之公共講演廳，久爲軍隊借用，以致舉行公開演講時，苦無相當場所，現須設法收回，或另覓適當地點，重行興建。

十八、舉行幻燈及無線電播音演講

本年俟天氣温和後，在相當露天地點，舉行幻燈演講，幷商假中央廣播無線電台，舉行播音演講

十九、舉行職業指導演講

暑假時本市各校，均有畢業學生，由本局會同職業指導所，邀請各業專家，分區召集畢業生，舉行演講，俾學生對於職業，有相當之認識。

二十、舉行中小學校學生升學就業指導

學校學生畢業時，對於升學就業，每苦無所適從，除由本局舉行職業演講外，幷調查各業概況及各著名學校內容，裝成表格，實行指導。

二十一、組織戲詞鼓書研究會

本市各公共娛樂場所表演戲詞鼓書，業已次第審查，惟爲積極改進起見，擬於上半年中組織是項研究會，爲進一步之研究，將原有劇本幕表唱本等，加以改進，並編訂劇本公開表演，以增進民衆藝術的興趣。

二十二、開辦戲劇人員訓練班

各娛樂場所戲劇人員大多數未受訓練，未能適應藝術潮流，本期擬開辦戲劇人員訓練班，以增加戲劇人員之常識。

二十三、籌設電影預映所

本市各電影院影片送局審查時，有認爲須預映後方准開演者，惟預映時間往往與電影院營業時間衝突，爲便利審查

計，擬特設一電影預映所，以備應用。

二十四、組織西樂國樂研究會

本局擬於最短時間內，組織一中西音樂研究會，地點在第一公園內。

二十五、設立巡迴娛樂團

連絡本市各法團所組織之劇社，或戲劇研究會，組織一巡迴娛樂團，每逢假期在本市舉行巡迴娛樂。

二十六、組織民衆體育研究會

本局為研究設計本市民衆體育起見，擬於本年二月內，組織民衆體育研究會，連絡首都體育界同志，互相研究，互相切磋，以期首都民衆體育臻於完美之境。

二十七、擴充九龍橋游泳場

九龍橋游泳場自去年八月開幕後，一般民衆到場練習遊泳者甚多，足見是項體育設施，對於民衆甚為需要，本年五月內，擬加以擴充，添置設備，以適應其需要。若經費寬裕，並擬在五洲公園內添設一處。

二十八、籌設市立體育場

本市原有第一通俗教育館體育場為子午線所衝破，全場體育事業完全停頓，本期內擬籌設一規模較為完備之體育場，以應民衆之需要。

二十九、開辦市立第一第二簡易體育場

市立第一二簡易體育場已於去年十二月着手進行。係利用夫子廟與中門兩小學校操場，添置普通體育設備開辦。是種場所，務期於最短時間內完成。

三十、舉行市民業餘運動會

市民業餘運動會，爲增進民衆體育之良好方法，擬於本年杭州全國運動會開會前舉行，將成績優良者加入全國運動會比賽。

三十一、編輯民衆體育刊物及圖表

民衆體育研究會成立後，即將各組研究結果，發行刊物，同時調製各種體育圖表，以喚起民衆之注意。

三十二、添設市立民衆茶園

市立民衆茶園在夫子廟一帶僅有一所，每日到園人數，平均有二千人以上，其合於市民之需要可知，十九年上半年內，擬在籌設之民衆教育館內，設立一所，環境完全教育化，以適應市民之需要。

三十三、擴充通俗圖書館

市立第一通俗圖書館，館舍狹小，不敷應用，現已決定將該館遷入夫子廟內東西兩廡。以資擴充，並改名爲民衆圖書館。

三十四、舉辦本市學術團體登記

學術團體之管理，甚關重要，擬於一月內，舉行全市學術團體總登記，以便整頓。

三十五、籌設民衆藝術館

孔廟內崇聖祠，廢棄已久，靑雲樓作爲職員宿舍之用。以地點及屋舍論之，均屬可惜，現已擬定計劃，決將兩處房屋合併，籌設民衆藝術館，整頓計劃業已完全擬就，擬於一月內修葺完竣，實行開幕。

三十六、籌設民衆衛生館

在一月內將市立第一通俗圖書館移入孔廟內東西兩廡後，即將該館空屋充作民衆衛生館之用，籌設計劃正在草擬中

三十七、擴充壁報

本局壁報並用作民衆學校常識敎材已出至四十八期之多，每期印數，雖有三百五十張，尙覺不敷應用，十九年開始每期擬增印五百張。

三十八、調查本市名勝古蹟

本市名勝古蹟，自十八年上半年調查後，因急於編印首都名勝古蹟專冊，時間迫促，遺漏之處，在所不免，茲擬於十九年三月內，繼續調查，以期完備。並擬公布名勝古蹟登記細則，舉辦名勝古蹟登記。

三十九、審查民衆讀物

民衆讀物有關民衆思想，不予審查，殊爲危險，十九年上半年中擬特別注意此事，以免發生流弊。

四十、編印通俗畫報

畫報宣傳，比文字之效力猶大，不識字者亦可觀貴會意，前時經費支絀，印數甚少，十九年始，擬每月至少出印兩期。

四十一、籌設革命紀念館

本市第一公園，遊人衆多，宜有革命紀念之設置，以引起民衆於遊覽之餘，思慕革命偉人，及革命光榮事跡。現已令第二通俗敎育館計劃，擬於四月內籌備成立。

四十二、籌設民衆科學館

現在市立第一通俗敎育館有一部份劃入子午線路以內，所餘房屋不足充敎育館之設備，擬於十九年五月中，改爲民衆科學館，以備各校自然科實驗之用。

四十三、裝設常識格言標語牌

用鉄琺製成常識格言標語牌裝設路旁各電桿上，宣傳各種常識，及立身格言，以便民衆隨時隨處領會注目。

四十四、籌設市立圖書館

市立圖書館，業已興工建築，十九年六月內當可成立。

(三)教育研究之部

一、完成智力測驗結果之統計

上期舉行智力測驗，計試卷萬冊，本期擬定計算其結果，編造統計五十餘種。

二、完成十八年一年來統計報告

十八年份之教育行政及教育研究各種統計，擬定數十種，將編成小冊，以資保存。

三、完成十八年體格測驗統計

全市兒童已於十八年十一二兩月舉行體格總檢查，其結果將於本期製成統計，公布各校。

四、完成學籍統計

各校學生每生有學籍片一張，詳載其身心及學業環境狀況，本期須一律填報逐項統計其結果。

五、刊印關於教育研究之小冊

凡關一個教育問題之解決，其方法比較具體適用而有價值者，刊成小冊發交教師，以便參考，本期擬刊成十冊。

六、編審各科教材

兒童讀物及各科用書，坊間發行未必盡善，本期擬將各書館所編者加以分析，指出其優劣，並擬編印各科最缺乏之教材以謀補充。

七、完成初等教育參攷部

上期布置之初等教育參考部，本期正式開放。並規定參考研究討論等辦法。同時刊印說明，使參觀人對本市教育留一整個印象，市內教師得一研究場所。

八、舉行教育測驗

各科教學效率之高低，全憑測驗斷定。本期擬舉行三種科目之標準測驗，以求得其結果。

九、規定與市外研究機關聯絡合作辦法

各地研究教育機關，各有其精詳之結果。自宜互通聲氣，以免隔閡。本期擬制定此種辦法，互相供給便利。

十、規定中小教新課程試用辦法

本期擬完全試行教部所頒新課程標準，但試用辦法，必需規定，以資統一。擬成立新課程研究會規畫一切。

十一、開放並補充教育研究用書室

本局籌備教育研究用書室，所有編目整理等工作，即將完成，即須開放。惟書籍仍感缺乏，擬陸續補充西書及西文雜誌。

十二、規定實驗學校實驗辦法

五區實驗學校，應各負擔一種實驗工作，本期擬切實進行使有效果。

十三、研究國內外都市教育狀況

都市教育自有其特徵，本期擬徵集此項材料，刊成專冊，以便比較。

十四、編造體育標準

中小學各級學生體育，應至何程度，擬規定具體標準，請專家公決，然後公布各校遵行。

中華民國
十九年一月
南京特別市
教育局編印
售銀半圓